RÉCITS CHAMPÊTRES

RÉCITS

CHAMPÊTRES

Le Secret de Marguerite.
La Moissonneuse.
Les Vanniers.

PAR

EUGÈNE MULLER

PARIS

LIBRAIRIE ACADÉMIQUE

DIDIER ET Cie LIBRAIRES-ÉDITEURS

35, QUAI DES AUGUSTINS, 35

1873

A MA FEMME

C'est à toi, ma chère Eugénie, que fut d'abord confié le *Secret de Marguerite*, comme aussi celui de *la Moissonneuse*, et c'est toi qui donnas la première larme aux chagrins de mes pauvres vieux *Vanniers*; car c'est près de toi que naquirent ces drames intimes, dans cette maison où ton règne est béni, qui n'est fait que de tendresse et d'affectueuse sollicitude; au sein de la petite famille dont je te dois l'amour; en la douce et fortifiante paix, qui est chaque jour pour moi l'œuvre de ton excellent cœur.

Je veux donc que ce livre soit, ou plutôt reste le tien.

Tu le sais, je suis de ceux qui aiment encore

à croire à la mission morale de l'écrivain, et qui tiennent à honneur de chercher le succès ailleurs que dans les fanges sociales ou dans les fièvres des âmes malsaines.

J'ai toujours pensé que l'intérêt de la fiction pouvait résulter du simple choc des sentiments avouables, et que l'action ne perdait rien à se mouvoir dans un milieu accessible à tous les regards.

Quelquefois déjà la sympathie des lecteurs m'a donné raison, pour avoir marché dans cette voie. Qu'adviendra-t-il de la nouvelle épreuve que je tente aujourd'hui? Je l'ignore. Mais j'ai confiance encore; puisque je mets les *Récits Champêtres* sous les auspices de ton nom — qui, je le sais bien, ne peut que leur porter bonheur.

Eugène MULLER.

RÉCITS CHAMPÊTRES

LE SECRET DE MARGUERITE

I

LE MOULIN COUDRET

Le moulin Coudret se trouve, à dix minutes du village, caché dans un pli du vallon feuillu, herbeux, comme serait une nichée de joyeux pinsons dans les ramures d'un grand tilleul.

Pour peu qu'on en soit éloigné, c'est à peine si on

l'aperçoit, tant il semble se tapir contre la roche échevelée où son pignon s'appuie; tant les peupliers, les aulnes de la rivière, et les noisetiers du coteau entrecroisent étroitement, jalousement sur lui leurs épais rideaux de pâle ou de brune verdure.

Mais ce n'est pas moins le moulin Coudret qui emplit les alentours de bruit, d'animation, de gaieté; c'est par le moulin Coudret que là tout prend un air d'heureux travail et de paisible fête. Otez le moulin, et la campagne environnante, quoique fraîche encore, quoique belle toujours, sera comme déserte et endormie; laissez le moulin, et la voilà éveillée, la voilà peuplée.

N'était le moulin, la rivière étourdie passerait en perdant ses eaux paresseuses sur un lit pierreux et trop large; mais non; elle s'avance plane, profonde, grave, sagement maintenue dans son biez tout brodé de glaïeuls et de boutons d'or.

Là haut, par-dessus la petite vanne baissée, saute en chantant le trop-plein qui fait boire le pré, où faucheurs et faneuses pourront bientôt venir; là-bas, elle se tord et gronde, en poussant la grande roue moussue : puis, entre deux rangées de vieux saules, elle s'éloigne en clapotant, en essuyant ses taches d'écume blanche aux poitrines grises des bandes de canards, qui voguent, qui plongent, qui s'ébattent, qui jabotent en nasillant.

Jour et nuit tourne la grande roue, et jour et nuit le claquet fait entendre sa sèche cadence, que, par instants, accompagne de ses tintements égaux la sonnette d'appel de la trémie.

Au soleil, sur l'échine rouge du toit, qui paraît entre les pointes vertes de deux arbres, des colombes dorment, roulées comme des pelotes de soie changeante; des pigeons pirouettent, se promènent en gonflant leur jabot nacré, tandis que vingt autres, au-dessus décrivent, en se poursuivant, de longs cercles accidentés dans l'air.

La chanson fière des coqs tranche sur le tumultueux caquet des poules, les dindons gloussent, les moineaux pillards se querellent; et le merle amoureux de la coudraie siffle de loin toute cette musique.

En contre-haut du biez, dans une grasse jachère, une jument paît entravée, en regardant le poulain aux longues jambes noueuses qui danse autour d'elle, et qui vient, tordant le cou, baissant l'oreille, chercher sa noire mamelle.

Sur le chemin qui raye de biais la colline, grimpe, chargé de sacs, le lent attelage de bœufs du montagnard haut-guêtré, armé de l'aiguillon.

Par la route qui sinue au long de la rivière, s'en retourne une commère du village, ses deux ou trois boisseaux de farine posés sur le bât d'un roussin, dont elle frappe la croupe avec une petite branche feuillée.

A l'issue du vieux pont à deux pentes, dont le cintre aigu est tout tapissé de pariétaires et de doradilles, la femme et le baudet devront prendre la marge du chemin, pour laisser passer la lourde charrette, portant le blé d'un fermier de la plaine, qui arrive en faisant claquer son fouet aux oreilles d'un gros cheval boulonnais, cravaté de grelots.

Mais si pressé qu'il puisse être d'avoir sa mouture, le fermier de la plaine sera bien forcé d'attendre que la meule ait passé sur le grain qu'ont amené, ce haquet dételé au milieu de la cour et cette mule qui, liée par son licou aux barreaux poudrés à blanc de la fenêtre, dort, le nez dans sa musette vide.

C'est qu'on vient de près et de loin, et de tous les points du canton à la fois, pour empêcher qu'elles ne chôment, les meules du moulin Coudret : car depuis bien des années, depuis plus d'un siècle, depuis deux, depuis trois peut-être, la double renommée d'habiles et honnêtes meuniers est acquise aux Coudret, de père en fils, maîtres et tenanciers du moulin ; et, partant, la clientèle n'a pu que se maintenir aussi bonne que nombreuse.

Depuis deux ou trois siècles, ai-je dit : en effet Xavier, le dernier vivant des meuniers Coudret, qui comptait alors soixante-quinze ans bien sonnés, ne parlait pas sans orgueil de son grand-père le meunier, qui lui parlait du meunier son grand-père, venu au monde lui-même petit-fils de meunier.

La souche enfin paraissait remonter si loin dans le passé, que parfois les esprits avisés du pays demandaient à Xavier s'il ne croyait pas que la lignée des Coudret dût son premier baptême aux *coudres* (noisetiers) du coteau, contre lequel s'adosse le moulin : et, d'instinct, Xavier s'était toujours fait honneur de cette supposition, qui mettait en relief le traditionnel, le fidèle attachement à la profession et au foyer des aïeux.

Mais si ancienne, si respectable que pût être cette origine, Xavier Coudret avait le profond déplaisir de penser que ce nom, depuis si longtemps si bien porté, était dès lors inévitablement condamné à s'éteindre ; car une fille de son fils formait seule avec lui toute la descendance des Coudret.

De ce déboire, Xavier semblait ne plus se préoccuper que pour reconnaître — en soupirant bien fort toutefois — qu'il fallait savoir accepter sans se plaindre un mal sans remède. Mais ce n'était pas la seule amertume réservée à la vieillesse, d'ailleurs si sereine, de l'honnête, du vénérable et vénéré meunier.

II

UN BEAU PROJET.

Orpheline de sa mère peu de jours après sa naissance, et d'ailleurs venue au monde avec les apparences d'une complexion si chétive qu'on put douter
de l'élever jamais, Marguerite, la petite-fille de
Xavier, avait eu pour nourrice une pauvre femme
du village dont les soins tendres et assidus étaient
parvenus — la nature aidant sans doute — à changer
en une magnifique enfant la créature souffreteuse,
presque moribonde, qu'on lui avait confiée.

Quand elle eut deux ans, Marguerite rentra au
moulin pour devenir la joie et la fierté de son père
et de son aïeul, mais sans cesser pour cela d'être
l'objet de l'affection toute spontanée de la brave
femme, qui n'avait pas cru que tout lien dût être
rompu entre elle et l'enfant d'adoption, le jour où
on lui avait mis dans la main le dernier écu du
prix convenu pour le séjour de Marguerite sous son
toit.

Traditionnellement, on le sait déjà, les Coudret
étaient gens d'une droiture rigoureuse, d'une pro-

bité absolue, mais traditionnellement aussi, notons-
le en passant, ils ne faisaient profession que d'une
libéralité qu'on pourrait appeler fort réfléchie.

Il n'est point rare d'ailleurs de voir l'instinct de
possession tendre naturellement à dominer chez ceux
qui doivent l'épargne aux rudes efforts d'un labeur
obstiné, et à une constante habitude de frugalité.

Toutefois en considération de l'heureux, de l'ines-
péré succès dont l'honneur revenait à la nourrice, le
père et le grand-père se départirent avec celle-ci
de la réserve qu'ils observaient ordinairement avec
les gens envers lesquels ils ne se croyaient liés par
aucune obligation.

La nourrice et la sœur de lait de Marguerite —
gentille fillette tout affectueuse, toute caressante —
reçurent donc une fois pour toutes le droit d'intime
et entière hospitalité au moulin, quand il leur plai-
rait d'y venir ; et il fut ouvertement promis du
même coup qu'au moulin l'on ne ferait jamais rien
pour désapprendre à Marguerite le chemin de la
maison où elle avait en quelque sorte trouvé une
seconde fois l'existence.

Ajoutons l'engagement que les Coudret prirent
tacitement avec eux-mêmes de faire que la plupart
de ces visites réciproques valussent à la pauvre famille quelque témoignage de leur gratitude — engagement dont Marguerite n'eût pas manqué de leur

susciter plus tard la généreuse idée, si elle ne leur fût point venue; gratitude dont elle ne se faisait jamais faute de leur rappeler les concluants motifs, s'il leur arrivait de paraître vouloir, eux ménagers, en restreindre la manifestation.

Quoi qu'il en fût, l'attachement de Marguerite pour la mère Pirot, sa nourrice, et pour Claire, sa sœur de lait, n'avait fait que devenir de jour en jour plus étroit. D'autre part, bien que sa condition fort précaire lui rendît plus appréciables les avantages de ses relations avec les Coudret, la mère Pirot avait su mainte fois délicatement prouver que l'élan de son cœur pouvait se passer de pareils stimulants, et la conduite de Claire avait offert, au cas échéant, les plus irrécusables témoignages du même désintéressement.

Avec les ans, les deux jeunes filles, — chacune semblant d'instinct emprunter pour se l'approprier ce qu'elle trouvait de meilleur dans le naturel de l'autre, — les deux sœurs, car Claire ne disait jamais que ma sœur Marguerite, aussi bien que Marguerite disait ma sœur Claire, avaient formé une sorte d'unité d'âme qui faisait de leur commerce intime quelque chose à la fois de naïf et d'imposant, de singulièrement doux et d'extrêmement énergique.

Quand son père fut prématurément emporté par une fièvre pernicieuse — elle entrait alors dans sa

quinzième année — Marguerite, nature essentiellement aimante et sensible, se trouva frappée à ce
point qu'un instant son état put inspirer de sérieuses
inquiétudes.

Mais Claire était là, dont l'infatigable sollicitude,
dont la persuasive amitié surent avoir raison de
l'abattement moral, aussi bien que de l'affection physique.

Deux ans plus tard, Claire — qui en avait alors
seize, car elle était d'un an l'aînée de Marguerite —
Claire faisait à sa sœur adoptive, non sans quelque
appréhension, l'aveu d'un sentiment qui venait de
naître en elle, et qui, sembla-t-il d'abord à Marguerite, allait peut-être faire obstacle au cher échange
de tendresse dont l'habitude était si bien prise.

Claire aimait, elle était aimée. Un honnête garçon,
pauvre comme elle, mais bon, mais laborieux, ouvrier estimé dans la profession relativement lucrative
de charpentier, avait parlé de l'épouser; et les deux
familles donnaient leur assentiment à ce projet.

Un involontaire mouvement ombrageux tout aussitôt dominé par la pensée qu'elle devait souscrire
sans réticence à la félicité de Claire, Marguerite n'eut
d'autres soins que d'applaudir au projet formé par
son aînée, et d'autres préoccupations que de concourir à en rendre plus riante encore la réalisation.

Elle voulut — le grand-père Xavier n'eut pas à le

refuser — que la petite fête nuptiale eût lieu au moulin, dont le claquet parut battre plus allègrement ce jour-là.

Dieu sait avec quelle grâce du cœur elle fit les honneurs de cette intime hospitalité! Dieu sait la pleine et douce joie montrée, les ardents souhaits conçus et exprimés!

Dieu sait aussi qu'encore qu'elle l'eût poussé pour cette circonstance solennelle à en exagérer la mesure, Xavier ne connut jamais l'état exact des munificences dont Marguerite s'était préalablement faite la dispensatrice, en opposant sans cesse la prétendue volonté de son grand-père aux scrupuleux refus de la mère et de la fille . . . .

. . . .

L'humble ménage prospérait où Marguerite, au lieu d'un cœur qu'elle avait d'abord cru perdre, en trouvait deux pour l'aimer, la fêter.

Puis au bout de quelques mois, l'on se mit à attendre impatiemment l'arrivée d'un petit être d'avance adoré. La chaude, la fine layette ne fut pas ruineuse à l'ouvrier charpentier, malgré ses franches objections, et quoi que pût représenter d'autre part le grand-père Xavier, qui ne s'inclinait pas sans conteste devant la qualité de marraine que Marguerite s'était attribuée, par une douce violence faite aux droits de la mère Pirot, et dont elle se plaisait à faire sonner haut les obligations en présence du vieux meunier.

Puis le mignon filleul de Marguerite arriva, qu'on baptisa non sans quelque joyeux carillon, et pour qui la tendresse de l'heureuse marraine s'affirmait chaque jour de plus en plus, et de toutes les manières.

A la vérité le grand-père trouvait en lui une bonne raison pour ne pas s'opposer trop énergiquement aux libéralités que Marguerite dispensait avec son aveu, et pour ne pas chercher à connaître celles qui échappaient à son contrôle.

Le brave homme n'avait plus qu'un rêve, qu'il formulait ainsi dans ses accès de joviale expansion : « Voir sa petite Marguerite bien appariée sur la terre, avant que de s'en aller compléter, chez le bon Dieu, la légion des meuniers Coudret. »

Peut-être à ce désir premier et majeur d'être tranquillisé sur la destinée propre de son enfant, une autre idée s'ajoutait-elle qui, pour sembler accessoire, ne laissait pas d'avoir à ses yeux une pieuse importance. Il eût été particulièrement pénible à Xavier de penser qu'avec le vieux nom des Coudret dût s'éteindre aussi la lignée, et que le toit qui avait abrité tant de générations de Coudret fût voué, dans un avenir appréciable, à couvrir de sa vieille ombre un groupe d'hôtes étrangers, venus on ne sait d'où,

Xavier attendait donc venir avec une certaine impatience l'époque où il pourrait prêter l'oreille aux ouvertures qui ne pouvaient manquer de lui être faites : étant données la bonne mine et le bel apport de Marguerite.

Et en attendant, il lui semblait que la fréquentation du jeune et heureux ménage, et la tendresse conçue pour le nouveau-né dussent inspirer à Marguerite les dispositions dans lesquelles il serait alors aise de la trouver.

Affriandés à l'envi, les soupirants ne firent pas défaut, en effet. Plusieurs même furent trop hâtés, que Xavier dut éconduire sans les avoir écoutés.

Mais, comme les dix-sept ans de Marguerite venaient de sonner, certain parti se présenta dans de telles conditions que Xavier put croire avoir mis du premier coup la main sur celui de tous qui devait le mieux répondre aux vues qu'il avait caressées, et que d'ailleurs semblait approuver pleinement Marguerite.

Vingt-cinq ans, bien fait, laborieux, d'une conduite exemplaire, d'une douceur de caractère notoire, fils d'un meunier aisé, habile meunier lui-même, et tout disposé à venir continuer au moulin du vallon les vieilles traditions des Coudret : tel était le successeur qui s'offrait à Xavier, et que Marguerite accueillit, sinon avec l'indice d'un amour qui n'eût

pu être que suspect, mais avec une facile sympathie, qui devait faire présager la naissance de sentiments plus solides.

L'on entra donc sérieusement en pourparlers : le
jour vint même où l'accord allait être définitif, car
tout souriait à ce projet qui semblait sourire à tous

A tous : non cependant...

III

UN MANIAQUE

C'est, on le comprend, une grosse affaire que le
service d'un moulin aussi bien achalandé que le
moulin Coudret.

Il faut noter d'ailleurs, pour qui pourrait l'ignorer,
qu'habituellement les clients d'un moulin de campagne sont de deux sortes. D'une part ceux qui
amènent eux-mêmes leur grain, s'installent de droit,
pendant que la mouture s'effectue, au moulin, où ils
trouvent au besoin, moyennant deniers, bien entendu, pitance et boisson, et qui, la mouture achevée,
s'en retournent emmenant farine et son au lieu de
grain. Ceux-là, ou demeurent trop loin pour que la
charrette du moulin en tournée dans les alentours
puisse leur éviter et l'embarras du transport et la perte

de temps du séjour au moulin; ou ce sont gens qui, en dépit du renom d'intégrité acquis au meunier, se piquent de venir exercer sur lui à son insu, pendant la manipulation de leur blé, une surveillance que le meunier qui veut être indélicat sait toujours mettre en défaut.

D'autre part se trouvent les clients qui par confiance entière, ou par tolérance obligée d'un tort échappant à la repression, ou pour toute autre cause d'impossibilité matérielle, laissent au meunier, avec le soin de la mouture, celui du charroi.

Il y a donc le service extérieur, en même temps que le service intérieur du moulin; double tâche à laquelle, en aucun cas, un seul homme ne saurait suffire.

En principe, le père et le fils Coudret, également vigoureux et actifs, quittant à tour de rôle la trémie et le bluttoir pour prendre le fouet du voiturier, se partageaient la besogne.

Mais la soixantaine vint qui — le fils fut le premier à y songer — devait marquer pour Xavier une période de labeur moins continu, sinon de complet repos.

On se mit donc en quête d'un honnête garçon de moulin, dont le rôle fut de réduire considérablement la tâche du père à la maison, pendant que le fils se consacrerait exclusivement aux tournées de charroi.

Le futur adjoint ou suppléant du vieux Xavier

apparut un beau matin, recommandé par un confrère
des Coudret, sous la forme d'un épais et velu cour-
taud, accusant aux entournures de son ample veste de
drap souris, une vrai musculature de buffle : le crâne
surbaissé, hérissé de crins noirs, la face large, plate,
envahie et élargie encore par les touffes disparates
d'une longue barbe rêche, brouillée de jaune et de
brun, ne laissant guère à découvert qu'un petit espace
de front tout plissé; deux yeux verts écartés, gros,
mais renfoncés, et comme drapés par un lourd repli
de la paupière supérieure; un fort nez s'épatant en
trèfle sanguin entre deux grandes oreilles rugueuses,
violettées, attachées presque à angle droit, comme les
anses d'un vase; les bras d'une brièveté rare ; les
mains noueuses, carrées, poilues jusqu'aux ongles...

Lorsque entra au moulin cet Ésaü, le fils Coudret
était en tournée; Xavier, assis sur les sacs pleins entassés près des meules, savourait, tout yeux, tout
oreilles, tout âme, cette indéfinissable ivresse de
l'aïeul qui se pâme idolâtre au babil, aux mines, aux
caresses de son petit-enfant.

Marguerite — qui avait alors un peu plus de cinq
ans, époque du plus charmant épanouissement physique et intellectuel de l'enfance — était debout entre
les genoux de son grand-père; un bras derrière son
cou, et lui faisant avec de grands petits airs d'importance quelque naïve confidence, à laquelle il ne

manquait pas de prendre le plus sérieux intérêt.

L'homme aux farouches dehors entra, dont la glauque prunelle s'arrêta d'abord sur l'enfant avec une si étrange fixité, que celle-ci se serra contre son grand-père par un sentiment d'effroi.

L'homme fit alors une sorte de grimace fort laide, qui était son sourire, mais qui ne sembla pas rassurer beaucoup la petite, car il put voir qu'elle prenait aussitôt le parti de s'éloigner, comme pour éviter d'instinct sa déplaisante vue : puis il hocha légèrement la tête, et s'occupa de sa présentation au vieux meunier.

Tous les frais en furent faits par quelques syllabes articulées d'une voix dont la moelleuse sonorité parut étonner l'enfant, à ce point, que près de sortir elle se retourna comme pour s'assurer si c'était bien le nouveau-venu qui avait parlé — tant sans doute elle trouvait, si nous pouvons parler ainsi (et d'ailleurs bien d'autres l'eussent trouvé comme elle), que l'aspect de l'instrument répondait peu à la nature des sons qu'il rendait.

L'homme grimaça encore en surprenant ce mouvement de la fillette, et s'occupa de satisfaire à sa manière aux questions que le vieillard devait tout naturellement lui adresser.

« A sa manière, » c'est-à-dire avec une parcimonie de paroles telle, que l'on pouvait se demander si les efforts de réflexion que cet homme devait faire pour parvenir à condenser ainsi la traduction de sa pensée, ne lui faisaient pas bien cher acheter l'épargne de locutions qu'il semblait tenir tant à réaliser.

« Enfin, mon garçon — dit Xavier — puisque nous pourrons, je crois, nous accommoder de tes services, comment t'appelles-tu? Il me faut bien le savoir.

— Luc.

— C'est ton petit nom, ça, mais l'autre?

— Mas.

— Luc Mas : voilà les deux, le petit et le grand. Eh bien! m'est avis que le grand ne saurait manger sa soupe sur la tête du petit. Eh bien! — remarqua gaillardement le vieux Coudret, qui aimait à trouver le mot pour rire, et qui, sans incliner à la fastidieuse hâblerie, était homme cependant à dissiper dans un quart d'heure toutes les économies verbales que son futur valet devait pouvoir faire dans une année — et quel âge as-tu?

— Trente-cinq.

— Trente-cinq ans? Je t'en aurais bien donné cinq ou six, ou dix de plus. Mais n'importe! Es-tu garçon ou marié?

— Pas garçon, pas marié, et Dieu témoin! pas prêt à changer de condition, — répondit cette fois Luc Mas, avec une prolixité relative si manifeste, que déjà Xavier en fut frappé comme d'une sorte de nouveauté.

— Pas garçon, pas marié : que veux-tu dire?

— Veuf et pas disposé à me remarier.

— Oh! oh! — fit Xavier, qui put croire qu'il avait recouvré un interlocuteur normal, et attribuer au cours préalable de l'entretien l'étrange façon dont Luc y avait tout d'abord pris part — tu as donc été bien malheureux?

— Rien que moi pour le savoir.

— Ta femme était donc une bien... » Xavier hésitait, sans doute par instinctive déférence pour la sainteté de la tombe.

« Bien méchante femme, se hâta de reprendre Luc, qui décidément n'était pas l'espèce de trappiste entrevu par Xavier. — Elle méchante, ma pauvre Catherine! Ah bien oui! pas méchante, non; tranquille, travailleuse, ménagère. S'il y a un paradis, elle y est, oui, elle y est. »

Luc n'avait pas prononcé ces paroles sans un certain attendrissement.

« Mais alors, demanda le vieillard, c'est donc toi?...

— Moi! allons donc! fit, avec une candide immodestie, le bourru, dont le col disparut entre les deux orbes rebondis de ses épaules exhaussées — moi, pas plus méchant qu'elle: rangé, vaillant comme elle, assortis on ne peut mieux, quoi! Pourtant...

— Pourtant?

— Ça n'allait pas, pas du tout.

— Comment donc? pourquoi donc?

— Qui sait? Peut-on savoir? Elle, pas plus heureuse que moi. Moi pas plus heureux qu'elle. Voilà.

— Vous vous étiez peut-être mariés par seule convenance.

— Non. Nous nous aimions bien. Se serait fait griller pour moi, elle; moi, aurais passé dans les meules pour elle.

— Et pourtant... vous vous battiez peut-être, comme on dit que ça se voit entre gens qui s'aiment bien.

— Moi, la battre, ah! — riposta dignement Luc, qui ajouta avec la grimace qui lui servait de sourire — pour l'écraser, n'est-ce pas? »

Et le geste de l'épaisse main tannée qu'il ouvrait au bout de son bras court, pouvait rendre témoignage pour cette hyperbolique assertion.

« Alors, vous vous disputiez, il y avait du bruit dans la maison.

— Pas plus bruit que coups. Cinq ans de ménage, jamais voisins rien entendu, non.

— Enfin? fit Xavier complétement dérouté.

— Enfin, ça n'allait pas, pas du tout, voilà, répéta Luc qui semblait avoir cette phrase toute faite.

— C'est drôle, fit encore Xavier.

— Non, pas drôle.

— Je veux dire que c'est étonnant.

— Non, pas étonnant.

— Alors, tu connais la raison qui faisait...

— Pardieu ! mariage ne vaut rien.

— Ah ! c'est ton avis.

— Oui, repartit tout net Luc, qui ajouta avec la plus sentencieuse intention d'autorité : De bons ménages, point, non, point.

— Bah ! bah ! » fit le vieux meunier, qui à défaut d'autres objections trouvait sans doute cette généralité fort hasardeuse en face de ses pieux souvenirs personnels.

Et, coupant court à une discussion qui, en somme, ne lui offrait qu'un médiocre intérêt :

« Mais allons rompre une croûte et vider un verre, pour parfaire notre arrangement, » reprit-il.

Et il amena Luc dans la salle basse du moulin.

Ils s'attablèrent, mais en dépit de la double provocation, du choc des verres et de l'exemple qu'il donnait, Xavier retrouva Luc tout aussi obstinément avare de parole qu'en premier lieu, sinon quand, par aventure, l'entretien dériva encore vers le sujet qui avait déjà quelque peu débarrassé de ses liens la langue du ci-devant époux de Catherine, et sur l'appréciation duquel Xavier le trouva encore obstinément retranché dans sa première façon de voir.

Xavier put donc, dès ce jour, tirer cette conclusion, d'ailleurs peu inquiétante, que pour pousser le garçon meunier hors de son laconisme normal, il suffisait d'aborder devant lui cette question sur laquelle il professait une opinion si radicalement exclusive, et reposant, au moins en apparence, toute généralisatrice qu'elle était, sur une base de considérations singulièrement étroite.

Quant à rechercher le principe réel de cette bizarre disposition, Xavier ne s'en inquiéta guère, ni ce jour, ni plus tard.

Il se borna, et bien d'autres avec lui, à voir là une de ces innocentes manies, comme il en vient germer dans le cerveau le plus sain, une de ces partielles aberrations dont l'individu, sur tout autre point le plus judicieux, peut donner le divertissant exemple.

Agaric très-évident sur le tronc de chêne, mais pour la destruction duquel l'idée ne viendra pas d'abattre l'arbre, d'ailleurs net et robuste; travers qu'on signalera en souriant chez l'homme, mais qui n'ôtera rien à la sérieuse estime que son caractère inspire.

« Après tout, où est la brave personne qui n'a pas quelque petite idée biscornue logée sous la calotte de son crâne? » disait en riant Xavier, et bien d'autres avec lui.

Et quand on avait ri, le procès de la petite idée biscornne « logée sous la calotte du crâne du brave

Luc » semblait à l'ordinaire suffisamment instruit.

Si l'on en discutait avec lui, c'était par manière de plaisanterie, pour le taquiner un peu, par simple passe-temps.

Mais quelque bonne humeur que ses tranchantes conclusions pussent causer à ses contradicteurs, c'était toujours avec la même gravité, pour ne pas dire avec la même solennité, que Luc entrait dans la discussion, et s'y maintenait.

Et nul ne voulait songer que pour qu'un homme, dont les facultés mentales, peut-être bornées, étaient du moins exemptes de tout autre dérangement, fît de la défense d'une opinion insolite l'affaire majeure et pour ainsi dire unique de sa vie morale, il avait fallu plus que la simple et accidentelle affection d'une fibre du cerveau; nul ne s'avisait de soupçonner que cette manie — comme bien des prétendues manies dont on s'égaie sans examen — pût avoir sa source dans quelque touchant, dans quelque respectable mystère d'une âme exceptionnellement trempée.

Et cependant touchant, respectable mystère, en effet, que celui où la manie du garçon meunier avait sa source; et cependant, par un côté du moins, âme exceptionnellement trempée que celle que le Créateur avait renfermée dans le corps si vulgairement disgracié de Luc Mas.

IV

TROP ÉTROITE CERVELLE, TROP LARGE CŒUR.

En réalité, l'intelligence était fort humble, de Luc, qui n'avait jamais pu apprendre à relier deux syllabes. Mais dès l'école, où on l'avait envoyé en pure perte, il eût été facile de constater en lui un singulier développement des douces facultés du cœur.

Jamais de querelles, de batteries auxquelles il prît part, sinon pour employer l'autorité de sa force physique, déjà surprenante, à séparer les adversaires.

Sa bonté envers tous ses camarades était notoire, et à diverses reprises, son attachement pour quelques-uns d'entre-eux avait ressemblé à une sorte de culte primitif. On n'aurait point trouvé d'exemple qu'il eût trahi d'un mot, d'un geste seulement, l'affection conçue, mais on avait pu le voir pleurer pour quelque simple marque d'indifférence..

L'âge venu, Luc aima avec l'abandon irréfléchi, complet, qui devait être la façon d'aimer de ce cœur auquel le sommeil avait conservé une espèce de candeur originelle.

Luc se maria pour rendre plus continu, plus du-

rable, le bonheur que l'amour lui avait fait entrevoir.

Mais par l'étroit et constant assujétissement même
des deux destinées qu'il identifie, à toute heure, en
toute circonstance, le mariage, si bien harmonisé
fût-il, ne devait qu'apporter des mécomptes à un
cœur tout simple, tout vrai, tout expansif, pour
qui l'amour signifiait naturellement don de soi-
même, absolu jusqu'à l'oubli, confiance infinie, entière communion de pensées et de vues, abnégation
de volonté, aveugle approbation de l'être préféré.

Cette parfaite unité sans laquelle ne pouvait exis-
ter pour Luc ce bonheur extrême qu'il avait pres-
senti possible dans l'amour, elle ne se réalisa pas
près d'une femme qui, si douce, si aimante, si dévouée fût-elle, devait à un instant donné laisser se
traduire quelque divergence de but, quelque ombre
de doute, quelque sentiment tout personnel, quelque
restriction dans l'assentiment.

Frôlements d'épines auxquels bien d'autres n'eussent pas pris garde, ou qu'ils n'eussent qu'à peine
ressentis, mais qui, pour Luc, étaient autant de profondes et durables blessures dont il souffrait sans
oser, ou plutôt sans pouvoir se plaindre, car, le plus
souvent, il eût été fort empêché de savoir formuler sa
plainte.

Quelquefois, en effet, il avait voulu s'y aventurer :

alors, non-seulement il n'avait réussi qu'à paraître injuste et fâcheusement ombrageux à la bonne créature qui, sa conscience interrogée, ne croyait avoir aucun reproche à s'adresser; mais encore il était arrivé à se trouver méchant ou ridicule.

Il s'efforçait donc d'être insensible à ces froissements infimes, mais vainement. Atteint, il tâchait au moins de dissimuler sa souffrance; mais il ne parvenait point à la rendre complètement invisible.

Alors il y avait dans la maison deux tristesses au lieu d'une, et qui ne pouvait être jamais que passagèrement dissipées.

Tristesse du mari, d'autant plus lourde et pénible qu'il luttait sourdement pour la dominer; tristesse de la femme qui comprenait que le malheur de son mari venait d'elle, mais à qui le naturel, ni même la tendresse n'inspiraient rien pour conjurer ce malheur.

Ce n'était pas sa faute à elle si Dieu ne l'avait pas douée d'une plus délicate intuition du cœur : mais ce n'était pas non plus sa faute à lui s'il avait reçu une puissance d'affection, de sensibilité si excessive que, dans l'intérêt même de l'être aimé, il devait se voir condamné à en réprimer la manifestation.

Quoi qu'il en fût, Luc et Catherine n'avaient passé ensemble que des jours malheureux : et naturellement Luc, quoique peu apte à cet ordre de méditation, avait dû chercher une cause à cette double infortnne.

La majorité des erreurs ne vient-elle pas de la recherche inconsidérée des causes ?

Le problème eût été facile à résoudre même pour un observatenr ordinaire, à la condition cependant qu'il fût complétement désintéressé dans la question : « C'est que tu aimais trop » eût-il dit à Luc.

Mais Luc lui eût bien vite, et dédaigneusement reparti, à l'instigation même de son extrême instinct : « Est-ce qu'on peut aimer trop? »

« Alors, c'est que Catherine n'aimait pas assez. » Mais Dieu sait si Luc eût vertement rabroué le malavisé qui se fût ainsi permis de toucher à la douce, à la chère mémoire qui était la plus sincère, la plus vive piété de son âme.

— Et pourtant, eût hasardé l'ergoteur irrévérencieux, il fallait bien que la faute fût à l'un ou à l'autre, sinon à tous les deux à la fois.

— Ni à l'un, ni à l'autre, ni à tous les deux à la fois.

— Alors?

— Alors, c'est que le mariage ne vaut rien en lui-même, c'est qu'il ne peut y avoir de bons ménages; car enfin, voyons, si, par exemple, on prenait d'une part du bon grain, de l'autre un bon moulin, et qu'on n'obtînt que de piètre farine, que faudrait-il en conclure, sinon qu'il est impossible de faire jamais de bonne farine? »

Il serait hasardeux d'affirmer que l'étroite logique du garçon meunier lui eût présenté jamais l'énoncé et la solution du problème sous cette forme figurée; mais cette solution, il l'avait une fois trouvée sous sa forme positive, elle lui avait paru faire en même temps le compte et de sa vénération pour la morte aimée, et de la paix de conscience dont il se croyait très-naïvement en droit de jouir; et quoi qu'on pût lui remontrer, quelque exemple qu'on pût alléguer, que d'ailleurs il récusait toujours, Luc ne sortait plus de là.

C'était l'aberration de ce pauvre cerveau associé à un si riche cœur, l'agaric de ce chêne; l'innocente manie enfin de ce brave homme.

V

PATERNITÉ.

« As-tu des enfants? »

Ce fut une des questions par lesquelles Xavier crut devoir compléter l'enquête sur l'état civil de son nouveau serviteur.

« Point, ce fut la réponse que Luc donna à la suite d'un long soupir.

— Tu n'en as jamais eu?

— « Non, » soupira encore Luc.

La petite Marguerite, sous le coup de la première impression, s'était d'abord tenue dans un coin de la salle, d'où elle examinait, avec une reste de méfiance, le nouveau venu. Mais bientôt elle s'était aventurée jusqu'au bout du banc sur lequel son grand-père était assis, puis elle avait pris place à côté lui; et enfin, pour observer plus attentivement cette physionomie, qui sans doute ne lui semblait plus qu'étrange, pour écouter mieux cette voix dont le timbre trouvait sans doute en elle un heureux écho, elle s'était accoudée sur la table où roulaient les boucles de son abondante chevelure blonde.

Tout en devisant avec le vieillard, Luc avait suivi furtivement des yeux le petit manége de l'enfant, en laissant entrevoir son singulier sourire.

Mais voilà que, faisant toujours mine d'être entièrement captivé par l'entretien, il allongea comme machinalement la main, le dos en dessous, et, comme machinalement, la glissa entre la table et les lourds écheveaux blonds, sous les flots desquels il la laissa, mais non sans que par instant on pût comprendre qu'elle frémissait, comme ferait une main d'avare plongeant dans l'or.

L'enfant se borna d'abord à guetter, en amenant ses claires prunelles dans l'angle des paupières rapprochées, et à sourire, en entr'ouvrant et froissant ses jolies lèvres roses; mais tout à coup, se relevant vivement, et jetant sa tête en arrière, et montrant de ses petits index la grosse main qui restait seule et vide sur la table:

« Attrapé! » s'écria-t-elle follement, avec un frais éclat de rire, que la profonde poitrine de Luc répercuta longuement.

La glace était rompue entre ces deux êtres de nature, d'aspect si divers; l'un tout disgracieux, tout apathique, tout taciturne, l'autre tout charmant, tout leste, tout sémillant.

Et Dieu sait quel chemin rapide et prolongé devait faire la sympathie qui venait de s'établir ainsi.

Deux jours plus tard, on pouvait voir le grave, le massif garçon meunier en personne, juché comme le premier écolier dénicheur d'oiseaux, à la cime d'un peuplier pour en faire tomber certain cerceau que la petite fille y avait lancée en jouant, et qui s'était pris dans les branches.

. . . .

L'année ensuite, Luc ayant été obligé, par quelque affaire de famille à régler dans son pays, de s'absenter pendant une demi-semaine; le jour où il devait revenir, Marguerite avait disparu dès le matin. On l'avait cherchée partout, et l'on ne pouvait plus déjà que se confondre en alarmantes suppositions, lorsque, bien avant dans l'après-midi, on la vit revenir en compagnie de son ami. Il l'avait trouvée à plus d'une grande lieue du moulin, près d'un point élevé, dominant la route qu'il devait suivre. Elle s'était tout à coup élancée au devant de lui, du pied d'un arbre où elle avait passé bien des heures dans le simple but de le voir plus tôt et de lui faire une petite surprise.

Quand vint pour Marguerite la grande solennité religieuse de l'adolescence, le jour de la première communion, ce fut, le croira-t-on? le père qui se fit exceptionnellement garde-moulin pour que Luc, en compagnie du grand-père, pût aller à la paroisse constater qu'elle était la plus belle de toutes, dans la nombreuse troupe blanche.

Et comme il fallait à son orgueil qu'elle parût aussi la plus opulente, l'on avait dû laisser Luc ajouter de ses propres deniers un petit écu au prix fixé pour le cierge qu'elle devait porter à la cérémonie.

Lorsque, à la mort de son père, elle fut affectée jusque-là qu'on put la croire aussi en péril une nuit, Claire, qui veillait dans un fauteuil auprès d'elle, voulait e .voyer se reposer Luc, qui depuis que Marguerite était alitée, passait, debout au pied de sa couche, les yeux fixés sur elle, tous les instants que ne réclamait pas le service du moulin.

« Laisse-le, dit la malade, il ne pourrait pas dormir. Il se reposera après.

— Oui, après, » répéta tranquillement Luc, qui jamais peut-être n'avait vu son âme aussi bien comprise, mais qui n'attendait pas moins de Marguerite.

Et il resta à son poste, en essuyant furtivement toutefois deux grosses larmes qui l'empêchaient de contempler son idole.

Ainsi avait pris naissance, et telle était devenue l'affection mutuelle de Luc et de Marguerite.

Il fallait évidemment à Luc un but vers lequel pussent être dirigées les forces aimantes de sa simple nature.

Déçu dans l'amitié, malheureux dans l'amour, ces deux formes jalouses, exigantes si l'on peut ainsi dire, de l'expansion affectueuse, il paraissait avoir heureusement abordé le mode essentiellement tolérant, désintéressé, qui s'appelle la tendresse paternelle.

L'ami, l'amant aiment en voulant être seuls à aimer, à être aimés, et la moindre froideur aperçue, atténue leur ardeur : le père aime pour aimer, et souvent même sans que l'ingratitude qui l'afflige porte la moindre atteinte à son vivace attachement. On ne l'en jalousera point, on le flattera au contraire, en paraissant partager son amour : et c'est le propre de sa calme et indulgente passion de tenir presque pour aubaines les témoignages d'affection qui lui sont offerts en retour.

Luc semblait donc avoir trouvé dans la tendresse vouée à la caressante, à l'aimante petite-fille de Xavier, comme le consolant asile de son cœur : et Dieu sait qu'enfant ou jeune fille, Marguerite avait toujours su être en fond de précieuses aubaines pour accroître la félicité de Luc.

Il va sans dire que ni le père, ni l'aïeul de Marguerite n'avaient jamais songé à prendre le moindre ombrage de cette affection vraisemblablement toute spontanée, toute désintéressée qui, s'exerçant parallèlement à la leur, augmentait d'autant la somme d'égards, d'attentions, de soins dont ils aimaient à voir leur unique enfant entourée.

Et il va sans dire aussi que si, après de dix ou douze années de libre pratique d'une si active sympathie, l'on eût voulu démontrer à Luc qu'il n'avait pu se former entre lui et la jeune fille aucun lien positif, il eût fait paraître un singulier étonnement.

On eût été certainement mal venu à prétendre qu'elle ne fût pas un peu de droit *sa* Marguerite que, enfant espiègle, il avait promené sur son dos en arpentant à quatre pattes le plancher du moulin ; et qui, belle et réservée jeune fille, ne manquait jamais de venir le soir, quand elle devait rentrer dans sa chambre, et le matin quand elle en sortait, lui apporter ses fraîches joues à baiser, et qui tout le long du jour, tutoyant, tutoyée, était en somme peut-être plus ingénument familière avec lui qu'avec son grand-père.

On le vit bien, lorsque de sa pleine et unique décision, sans en avoir ouvert la bouche devant Luc, le grand-père s'avisa un jour d'octroyer l'entrée intime du moulin à ce jeune homme, qu'il trouvait de tous points accompli pour le plus grand bonheur présent et futur de Marguerite.

Sans doute, le prétendu père d'adoption n'alla pas jusqu'à quereller ouvertement le grand-père légal; car sans doute, il n'allait pas jusqu'à se persuader à lui-même que le droit en vertu duquel Xavier avait agi pût être contestabe. Mais quand le jeune homme parut, quand la présentation se fit, à laquelle Luc n'assista pour ainsi dire que par hasard, Marguerite ne manqua pas de remarquer le profond saisissement du garçon meunier.

Elle alla à lui, en la présence même du jeune homme, sans doute pour tâcher d'atténuer par quelques paroles caressantes la douleur dont elle le voyait atteint : mais, avant quelle eût pu l'aborder, Luc s'était levé brusquement, et avait quitté la salle.

Une explication suivit, provoquée par Xavier, qui, avec la plus conciliante bonhomie, s'excusa près de Luc d'avoir tout fait sans prendre en rien son avis.

Cette franche déclaration dérida tant soit peu Luc, qui, d'ailleurs, pouvait se féliciter d'y trouver reconnu son droit, d'abord mis en oubli. Mais Xavier ajouta qu'il restait convaincu que le résultat le leur commune délibération eût été en tout conforme à celui qu'avait donné son seul examen.

Il se prit à vouloir énumérer complaisamment les avantages du projet.

Alors il fallut voir comme Luc, sans se départir de son rigoureux laconisme, sut principalement, sinon démolir, du moins ébranler pièce à pièce le séduisant édifice du vieux meunier.

Autant de louangeuses assertions, de souriantes prévisions, d'heureuses exclamations d'une part, autant de dédaigneux haussements d'épaules, de moues répulsives, de grognements amers de l'autre. C'étaient aux prises, renchérissant à l'envi, le mieux et le pire; et le pire avait toujours l'avantage; si bien que Xavier finit par s'emporter, et qu'en dépit de la constante impassibilité de Luc, un véritable conflit faillit avoir lieu.

La verte conclusion du grand-père fut qu'après tout il était bien sot de perdre son temps à discuter des convenances d'une union contre un homme qui de parti pris déclarait mauvais, dangereux, impraticable, toute espèce de mariage : et que, du moment surtout où sa fille n'éprouvait aucune répugnance pour le prétendant, il n'avait à prendre conseil que e lui-même, et que ce conseil était tout pris.

La dernière réplique de Luc fut un énergique ho-
chement de tête accompagné d'un « bien! » ironi-
quement et sourdement articulé, qui pouvait res-
sembler à une menace, et, en tout cas, n'accusait ni
la soumission, ni la défaite.

Le lendemain cependant le grand-père eut la satisfaction de voir, non pas que Luc avait franchement désarmé, car le seul mot de mariage le faisait
encore grommeler significativement, mais au moins
paraissait-il résolu à observer une certaine neutralité.

Excellent homme au fond, Xavier n'était pas
sans nourrir une sérieuse et solide affection pour son
vieux et loyal serviteur, il ne voulut donc pas être en
reste de déférence avec lui.

Seul avec Luc, il laissa entendre en même temps,
et qu'il regrettait de l'avoir un peu brusqué la veille,
et qu'il lui savait gré de son ravisement.

« Heu! fit Luc, pour la petite, oui; mais moi, non.
Jamais. »

Ce qui, traduit en langage ordinaire, signifiait que
Marguerite avait obtenu de lui cette preuve de con-
descendance; mais qu'il n'entendait pas renoncer pour
cela à son entière liberté d'appréciation, et même
d'action, au cas échéant.

Quoi qu'il en fût, et encore que, même devant le
futur fiancé, Luc ne s'abstînt point de formuler —

comme thèse générale toutefois — son opinion coutumière, les négociations se poursuivaient tranquillement à la grande joie de Xavier.

D'une part, il apercevait bien de temps en temps passer sur la face narquoisement grimaçante de Luc — qui lorgnait de travers les deux accordés — certain sourire qui disait, à ne pas s'y méprendre : « Bah! ce n'est pas encore fait. Elle a trop de sens pour dire définitivement oui. Elle se ravisera. Il n'y a pas à en douter. »

Mais, d'autre part, le grand-père avait notamment surpris Marguerite se réjouissant avec Claire à la pensée du joli commerce d'affection qui allait s'établir entre les deux jeunes ménages. Il l'avait même une fois entendu s'écrier, en prenant les mains de Claire avec l'élan de la plus sincère expansion : « Vous avez acheté, vous, un beau petit homme; nous achèterons, nous, une jolie petite femme, nous leur apprendrons à s'aimer, à se vouloir; et nous les marierons; et ainsi nous deviendrons tous compères et commères. Ça sera gentil comme tout. »

Et il n'en fallait certes pas davantage pour assurer Xavier du parfait agrément que Marguerite donnait au projet en voie de réalisation.

VI

RIEN DE FAIT.

Mais voilà qu'un soir, au lieu du radieux jeune homme qui avait coutume de franchir le seuil au delà duquel l'attendaient les calmes joies d'époux et de père, la sœur adoptive de Marguerite ne vit paraître qu'un pauvre corps blême, sanglant, que des ouvriers portaient sur une civière.

Le charpentier avait glissé du faîte d'une maison en construction, et s'était tué sur la place.

Tout ce qu'il est humainement possible à l'amitié d'accomplir fut aisé au cœur de Marguerite, en cette suprême circonstance. Mais elle ne put faire qu'un coup irréparable n'eût été porté, qui devait laisser à tout jamais la veuve du charpentier maladive, sinon infirme.

Par suite de la profonde émotion, le tarissement subit du lait dans les seins de la jeune nourrice allait produire ces trop funestes effets.

Le malheur qui venait d'atteindre Claire était de ceux en face desquels s'amendait sans effort le naturel prudent, mais non impitoyable du vieux Coudret.

Marguerite n'eut point, en ce cas, d'arguments à faire valoir, ni de subterfuge à employer pour obtenir de lui, à l'intention de la pauvre Claire, maint témoignage positif de commisération.

Qui mieux est, le digne homme, faisant la part du deuil que le funèbre événement avait dû jeter dans le cœur de sa petite-fille, voulut même qu'une certaine période de temps s'écoulât sans qu'il fût à nouveau question devant elle du riant projet.

Il faut ajouter que le prétendant sut accéder de la meilleure grâce à cette délicate attention.

Mais le jour venu où il crut pouvoir revenir à cette importante affaire, quel ne fut pas le pénible étonnement de Xavier quand il entendit Marguerite lui déclarer net qu'elle avait réfléchi, changé d'avis, et que, s'il voulait lui être agréable, il ne serait donné aucune suite aux négociations entamées.

Invitée par son grand-père à formuler une raison, un motif, elle parut découvrir chez le futur fiancé, sinon certains défauts, au moins l'absence de certaines qualités qui lui semblaient indispensables pour le bonheur intime. Mais cela vaguement, confusément, sans que Xavier pût rien y voir de suffisamment fondé.

Comme Xavier insistait, et voulait faire ressortir encore les heureux auspices sous lesquels l'union projetée semblait devoir s'accomplir, non-seulement elle allégua qu'elle était peut-être bien jeune encore, qu'elle avait tout le temps de songer à prendre un engagement aussi solennel, aussi redoutable; mais elle sut de plus trouver un puissant enchaînement de considérations, d'exemples, de déductions pour étayer sa nouvelle manière de voir. Elle frappa d'une nouvelle suspicion les plus flatteuses apparences, elle nombra les conséquences des incompatibilités d'humeur, elle circonstancia le martyre d'un cœur lié à un cœur indigne ou antipathique par un nœud indissoluble.....

Bref, Xavier se trouvait en face de la partiale et maniaque conviction de Luc, défendue par toutes les ressources de la logique la plus sensée.

« Pardieu! s'écria-t-il, c'est Luc qui t'a enfin gagnée à ses idées.

— Ces idées m'ont bien su gagner toutes seules, grand-père. »

Et comme si elle eût voulu en hâte détourner les soupçons que le vieillard faisait peser sur son ami, Marguerite, abordant un autre ordre d'arguments, ajouta que, d'ailleurs, il serait toujours assez tôt pour elle de s'exposer aux terribles épreuves que Claire venait de subir.

Xavier ne manqua pas d'objecter alors qu'il ne fallait pas tenir l'exception pour la règle, que dût-elle même encourir les éventualités de l'exception, sa situation matérielle ne saurait avoir en tous cas aucune identité avec celle de sa malheureuse amie.

Marguerite cita l'exemple de sa propre mère, morte après moins de deux ans de ménage, de son père enlevé sitôt à l'affection des siens, et, au point de vue matériel, elle affirma, avec la puissante autorité du cœur, qu'en pareil cas il n'y avait point lieu de discuter sur la dissemblance des situations.

Alors Xavier de s'écrier :

« C'est la nourrice, c'est Claire, qui t'ont remontré ces choses !

— Eh ! grand-père, ces choses, il ne me fallait qu'une mémoire pour me les remontrer moi-même, et qu'un peu de bon sens pour les juger.

— Mais pourquoi pas aussi bien il y a un mois qu'aujourd'hui ?

— Parce qu'il y a un mois je n'avais pas suffisamment réfléchi. Aujourd'hui, c'est différent. D'ailleurs l'empêchement n'est pas là. Ce garçon ne me convient pas, il ne saurait nullement me convenir. Vous ne voudriez pas me voir mariée à quelqu'un qui ne fût pas selon mon goût. Je vous le dis donc, restons-en là.

— Mais....

— Tout ce que vous pourriez faire valoir ne me ramènerait pas : je ne veux point me marier avec ce garçon. Donnez-lui la raison qu'il vous plaira : moi je n'ai que celle-là à vous donner. »

Xavier, fort déconcerté, alla droit à Luc pour lui faire au moins avouer la part qu'il devait avoir prise à ce fâcheux revirement : mais il n'en put tirer rien de plus que ce bref et très-équivoque commentaire du fait accompli, articulé d'un air quelque peu victorieux :

« Savais bien, moi ! pensais bien ! disais bien ! »

Xavier se rabattit sur les deux pauvres femmes : mais la nourrice et sa fille lui jurèrent devant Dieu n'avoir rien dit à Marguerite qui fût de nature à la détourner de sa première résolution. Elles n'en reconnurent pas moins que l'exemple des malheurs arrivés à Claire, pouvait fort bien lui avoir suggéré de sérieuses réflexions.

Xavier revint à Marguerite qui, du ton le plus tranquillement décisif, lui réitéra sa détermination.

Force fut donc à Xavier d'utiliser tant mal que bien les considérations accessoires et, selon lui fort spécieuses, que lui avait fournies Marguerite, pour faire agréer sans trop de froissements par le prétendant un congé, auquel l'honnête garçon était loin de s'attendre.

Quelques mois plus tard, Xavier, qui ne perdait pas de vue l'uique but de ses vieux jours, et qui aimait à se persuader que son projet en lui-même n'avait rien à revendiquer de l'échec subi par une antipathique personnalité, Xavier autorisa un nouvel aspirant à tenter l'épreuve.

Mais quel que fussent les avantages dont celui-là, encore, pût se prévaloir, il dut s'en retourner sans avoir obtenu de la jeune fille d'autres marques d'attention qu'un refus signifié avec une désespérante froideur.

Et lorsque Xavier se fut enquis auprès de Maguerite, il ne reconnut pas sans un vif déplaisir que l'appréciation sur laquelle était basé ce refus, semblait encore cette fois entachée d'une profonde partialité.

Bientôt après, un troisième... — Mais pourquoi aurions-nous recours à de longues et vaines redites? Soyons bref.

Cinq années se passèrent, qui virent maint demandeur sérieux et fort acceptable franchir sans plus de succès le seuil du moulin Coudret, et sans que Marguerite prît la peine d'asseoir plus solidement une fois que l'autre l'examen qui motivait chaque nouvelle exclusion.

L'héritière des Coudret ayant pour elle tous les attraits, le concours ne se ralentissait guère; mais l'obstination avec laquelle on la voyait rebuter même ceux qui devaient avoir le plus de chance d'être agréés, ne laissa pas que d'éveiller l'attention. Le bruit se répandit — bien des gens avaient un intérêt d'amour-propre à le répandre — que ce n'était rien moins qu'un parti pris chez Marguerite, qui avait formellement résolu de ne contracter aucune union, et qui, pour ne pas affliger directement son grand-père, dont elle savait que le vœu serait profondément contrarié, se faisait un jeu d'infliger le plus mortifiant affront à des gens qui n'en pouvaient mais de son étrange résolution.

Il va sans dire que ce bruit ne tarda pas d'arriver aux oreilles de Xavier, qui n'avait pas même autant attendu pour concevoir la navrante appréhension que la voix publique venait ainsi confirmer en quelque sorte.

Et non-seulement Xavier avait donné raison d'avance aux suppositions du dehors, mais encore il s'en était plus d'une fois ouvert franchement à Marguerite elle-même.

Chaque fois, à vrai dire, Marguerite avait affirmé — et même une fois par serment, Xavier l'ayant poussée jusque-là — que son intention n'était nullement de vieillir hors du mariage; mais que rien ne pressait, qu'en tous cas elle attendrait jusqu'au jour où elle croirait avoir rencontré celui qui devait la rendre heureuse.

Mais, quoi qu'elle voulût bien affirmer pour atténuer les larmes du vieillard, le défilé continuait des demandeurs éconduits sans de plus acceptables motifs; et chaque nouvel échec subi par ces aspirants, qu'il avait pour ainsi dire préalablement agréés, était d'autant plus sensible à Xavier qu'à chaque fois il voyait revenir la narquoise expression de victoire sur le visage de Luc — qui s'était formellement engagé à la plus stricte neutralité, mais qui ne s'en allait pas moins répétant encore :

« Savais bien, moi! pensais bien, disais bien!... »

Marguerite lui disait :

« Patience, grand-père, laissez faire au temps; peut-être que le jour approche. »

Mais l'époque de sa fin, à lui, venait, approchait aussi; et il se demandait tristement si la forme toute restrictive de la promesse qu'elle lui avait faite, n'était pas un simple leurre, pour le bercer jusqu'au bout dans sa consolante espérance : et si, lui parti, elle ne professerait pas ouvertement l'intention de rester dans la solitude, où, sous tous les rapports, il redoutait de la laisser.

Et le soir de sa vie était singulièrement troublé par ces pensées, par ces craintes! Car enfin, quand il voit la mystérieuse nuit s'avancer, ce n'est pas tout à l'homme de bien de se dire qu'il dormira sur le blanc et paisible oreiller que lui a préparé sa pure conscience, sous la chaude couverture que lui feront l'estime et les regrets de tous, encore faut-il qu'il puisse espérer pour son sommeil ce doux rêve du bonheur assuré à ceux qu'il aime et dont il est aimé.

VII

COMME LARRONS EN FOIRE.

Ce soir-là, à la lueur de la vieille lampe à bec, qui oscillait suspendue au plancher par une chaînette de cuivre, l'on voyait dans la salle du moulin Coudret, sur la grande huche servant de table, d'abord le couvert mis pour le souper, qui venait de rassembler les hôtes habituels de la maison, et, en outre près du broc pansu, aux cercles luisants, deux verres laissés à moitié pleins par un vieillard et un jeune homme, que Xavier était en ce moment occupé à reconduire jusqu'au portail de la cour.

Accotée au dressoir tout chargé de faïence fleurie, se tenait la plus fraîche, la plus accorte jeune fille qu'il fût possible de rencontrer sous un toit rustique. Grande, hardiment et gracieusement découplée; le blanc et le vermeil du teint chaudement fondus dans un léger hâle; le front bien ouvert, encadré par deux épais et mats bandeaux couleur des gerbes; entre de longues paupières, frangées de cils obscurs, deux prunelles d'un bleu noir, se montrant et se cachant à demi : indice d'éveil et de rêverie ; le nez tombant d'abord à angle doux, pour se rebrousser tant soit peu mutin sur des lèvres, fortes peut-être, mais joliment sinuées ; le contour velouté des joues se perdant dans un mignon dédoublement de menton, dont la courbe vive projette son ombre entre deux orbes, que de larges poumons font lentement palpiter sous le fichu de mousseline brodée qui les drape.

Quelques instants avant la sortie du vieux meunier et des deux visiteurs, la jeune fille s'était tranquillement levée de table ; puis, trouvant une quenouille garnie dans un coin de la chambre, elle l'avait passée dans la ceinture de son tablier de fine cotonnade et dans une gance épinglée à son corsage de drap gris, dont les manches courtes laissaient demi-nus des bras fermement potelés.

Elle s'était tranquillement mise à filer, et pendant que ses longs doigts étiraient le chanvre ou faisaient tourner le fuseau, son regard à la fois gai et réfléchi, errait devant elle ; tantôt rencontrant la servante qui allait et venait affairée par la salle ; tantôt passant sur la grosse tête hérissée de Luc, qui, lui tournant le dos, accoudé sur son assiette vide, happait machinalement du bout du doigt quelques miettes éparses, sur la table que machinalement il portait à ses lèvres ;

tantôt enfin s'arrêtant sur le mâle et digne visage d'un grand et robuste gars de vingt-cinq ans environ, qui, assis en face de Luc, et tenant ses yeux obstinément baissés, semblait vouloir témoigner que toute préoccupation lui était en ce moment étrangère, sinon celle de faire honneur au morceau de pain bis et à la tranche de fromage qu'il écornait successivement de la pointe de son couteau.

N'eût été le moulin qui tapotait sous le même toit, le silence eût été à peu près complet dans la salle; et l'on pouvait croire qu'il dût se prolonger, car aucun des personnages qui se trouvaient là ne semblait disposé à le rompre.

Mais le loquet s'agita, la porte s'ouvrit, et Xavier parut, qui, après avoir repoussé brusquement la porte derrière lui, releva jusqu'au sommet de son front le gros bonnet de laine ordinairement tiré sur ses sourcils, — mouvement qui était chez lui l'indice d'une extrême mauvaise humeur — enjamba un des bancs qui longeaient la table, se laissa tomber assis, et frappa sur le couvert de la huche un coup de poing qui fit danser périlleusement les assiettes et les verres:

« Et de neuf! cria-t-il, car enfin je viens de compter, et, mordieu! c'est positivement le neuvième. »

Et d'un air exaspéré, il branlait la tête du côté de la jeune fille, qui, se prenant placidement à sourire;

̧ « Eh bien! quand nous serons à dix nous ferons une croix! voilà tout! répliqua-t-elle, avec un enjouement qui ne parut nullement de circonstance au vieillard, car, rentrant son cou dans ses épaules, écartant les bras :

— Voilà tout; répéta-t-il d'un ton amèrement ironique, oui, n'est ce pas? et tu te flattes, je pense, d'avoir dit là quelque chose de beau, et surtout de bien sensé.

— Moi, grand-père, repartit, en souriant encore, la jeune fille, qui posa sur sa poitrine la pointe du fuseau autour duquel elle venait d'enrouler nne brasse de fil — moi, je ne me flatte de rien, pas même de faire que ce Jean-Marie Nivard, que bien sùr vous prenez pour un garçon d'esprit, ne soit un espèce de dadais...

— Eh quoi? interrompit le grand-père.

— Oui, reprit la jeune fille, j'ai dit dadais, et je ne m'en dédis pas — d'autant plus dadais, qu'il a l'air de se tenir lui-même pour le plus malin des malins, et que, partant, tous ses airs de finesse ne sont que sotte prétention, et que vaine amitié de sa déplaisante personne.

— Oh, oh! pas si déplaisante que tu veux bien le dire, se récria Xavier, à l'occasion tu entendras chacun faire cas de sa belle mine, de sa bonne tournure.

— Possible! mais dans la présente occasion, ne suffit-il pas que j'en juge autrement que chacun?

— Tu le trouves prétentieux. Eh bien! supposons même que ce soit; qui est-ce qui n'a pas après tout un petit défaut?

— Oh! petit! disons grand, et restons-en là.

— Grand si tu veux: mais enfin ce défaut ne lui ôte pas la profonde honnêteté qu'il tient de famille. Les Nivard sont cités dans le pays pour...

—'Certes! il ne manquerait plus qu'il y eût sur eux un renom différent, et qu'avec votre permission le garçon fût entré au moulin Coudret pour tâcher de s'y faire accepter comme épouseur.

— Les Nivard sont gens de conduite, d'épargne.

— Oh oui, de telle épargne qu'ils n'ont peut-être jamais donné le moindre liard à un pauvre. On les connaît.

— Il ne faut pas être trop prompt à l'aumône. Toujours est-il que les Nivard ont de beaux biens au soleil.

— Et les Coudret en ont même à l'ombre! riposta vivement la rieuse jeune fille.

Cette réplique eut pour effet de provoquer chez Luc, toujours accoudé, un petit tremblement d'épaules qui pouvait bien être le signe extérieur d'une grave hilarité tout intime et silencieuse. Le jeune homme qui lui faisait face ne continua pas moins de manger, en affectant toujours une sorte d'aveugle et sourde indifférence.

Quant à Xavier, loin de quitter la partie, il mit très-sérieusement à profit la plaisante boutade de sa petite fille.

« Eh bien ! reprit-il, raison de plus pour faire un bel établissement des biens au soleil des uns avec le bien à l'ombre des autres.

— Bah ! laissez donc, grand-père, les biens des Coudret sauront s'établir sans les biens des Nivard, et comme c'est sûrement la seule visée d'intérêt qui a fait venir ici ce Jean-Marie...

— Je t'assure, interrompit le grand-père, qu'il ne fait nullement mépris de ta personne même.

— Est-ce bien possible que j'aie tant de chance?... s'écria Marguerite.

— Je veux dire qu'il fait grand cas de tes bonnes qualités, de ta joliesse : il m'en a longuement entretenu, et...

— Et vous avez cru ça, vous? Enfin il n'y a que la foi qui sauve, à ce qu'on dit... Moi je n'y crois guère, et d'ailleurs...

— Et d'ailleurs, reprit vivement le grand-père, tout ça revient à dire que tu refuses finalement Jean-Marie Nivard, comme tu as refusé tous ceux qui sont venus avant lui, c'est ton dernier mot.

— Pardon, grand-père, pardon! ce n'est pas mon dernier mot, c'est mon premier.

— Eh? mon Dieu, que ce soit ton premier ou ton dernier, ils diront toujours la même chose, à savoir qu'on te proposerait le roi de la France, tu trouverais une raison pour le rebuter.

— Oh! pourtant! qu'il essaie de venir, le roi: vous verrez.

— Eh! tu sais bien qu'il ne viendra pas, et que tu n'auras rien à me faire voir à ce propos. Mais qui est-ce qui n'est pas venu? et qu'est-ce que je n'ai pas vu? Quelles raisons n'as-tu pas su imaginer pour mettre à la porte tous ceux qui ont pensé à se proposer. N'as-tu pas jugé l'un trop dégourdi, l'autre trop lent; un trop jeune, un autre trop âgé, un trop beau, trop vaniteux de sa beauté, l'autre pas assez soucieux de cacher sa laideur... que sais-je, moi? tout ça, motifs donnés en l'air par manière d'acquit, pour dire quelque chose. Le fin mot de ce manége, je le vois aujourd'hui une nouvelle fois, à mon grand mécontentement: c'est que tu as logé dans ta cervelle de rester fille toute ta vie, — comme si c'était une condition, ça.

— Coiffer sainte Catherine: oh! que non pas! s'écria Marguerite, qui hocha la tête avec une moue charmante.

— Mais alors qu'attends-tu?

— Apparemment qu'il vienne un épouseur à ma convenance, ç'a toujours été comme ça.

— Eh! pardieu! je le sais bien que ç'a toujours été comme ça: c'est ta chanson, tu n'en changes pas.

— Est-ce ma faute!

— Oui, là! Si tu n'en changes pas, c'est que tu ne veux pas en changer. C'est parti pris, entêtement; je devrais dire folie.

— Bon! voilà que je suis folle à présent. En tous cas, grand-père, n'allez pas le répéter au dehors; il ne viendrait plus de galants au moulin Coudret: et c'est alors que je resterais pour votre compte.

— Oui, tu es folle, s'écria le grand-père, sans prendre garde aux déductions que la jeune fille avait tirées de cette assertion — oui, folle, tout ce qu'il y a de plus folle, car n'est-ce pas être folle que de ne pas vouloir faire comme tous les gens raisonnables, alors surtout qu'on en trouve les meilleures occasions? Voyons, à part la prétendue non-convenance des marieurs, dont je ne veux faire aucun cas, quelle raison donneras-tu? Que tu es trop jeune, par hasard, comme ça t'est arrivé une fois ou deux. Trop jeune! n'auras-tu pas demain, pas plus tard que demain, tes vingt et un ans bien sonnés, bien accomplis? Ne sais-tu pas qu'au prochain jour de marché du bourg, tu devras venir avec moi chez le notaire, pour me signer une décharge de mes comptes de tuteur qui sont tout prêts? Ne sais-tu pas qu'à partir du moment où tu auras mis ton nom sur le papier, je n'aurai plus rien à voir dans tes affaires propres, je veux dire dans ce qui te revient de ta défunte mère?

— Rien du tout, du tout? précisa Marguerite, avec une parfaite candeur.

— Eh non! ma foi! rien du tout. Tu le sais bien. Tu trouveras chez le notaire, tant en reconnaissance d'argent bien placé, qu'en écus sonnants provenant des derniers intérêts qu'il a dû toucher, seize beaux mille francs dont tu serais, pardieu! entière maîtresse, si tu pensais trouver à les placer mieux, ou bien à faire quelque achat avantageux.

— Quelque achat, répéta la jeune fille d'un air singulièrement animé, tiens, tiens! mais c'est une idée, une bonne idée, ça. Eh bien! grand père, vous pouvez compter que je ne reviendrai pas du bourg, sans m'être acheté un de ces beaux fichus frangés de soie, qui deviennent de mode maintenant; et même je prendrai le plus cher, pour vous apprendre à m'avoir dit que ça coûtait trop d'argent, quand je vous ai demandé d'en avoir un.

— Il ne me souvient pas que tu m'en aies parlé.

— Suffit qu'il m'en souvienne à moi: et vous verrez que...

— Bon, bon! laissons ce fichu, interrompit Xavier, c'est un moyen que tu prends pour me détourner de mes propos, mais voilà que j'y reviens d'un bond, ne t'en déplaise. Je disais donc que tu ne pouvais pas donner pour raison ton âge, puisqu'à présent tu n'as plus besoin de me demander mon consentement pour quoi que ce soit, excepté en cas de mariage.

— Soyez tranquille, je ne compte pas me marier sans votre consentement, dit encore l'obstinée railleuse.

— Tu ris : mais je ne ris point, moi. Si ce n'est pas l'âge qui est cause de tes refus, si ce n'est pas non plus la possibilité que dans tous les honnêtes garçons qui se sont présentés, il n'y en ait aucun qui vaille ton amitié, qu'est-ce donc, bondieu, qu'est-ce donc, sinon l'idée de ne te marier jamais? Et si c'est pareille idée, y a-t-il du bon sens à ce qu'une fille de vingt ans, bien tournée, assez riche, bien portante, et qui n'a pas un caractère farouche, au contraire, y a-t-il du bon sens à ce qu'elle pense de cette façon?

— Mais je ne pense pas de cette façon, entendez-vous bien, grand-père, répliqua Marguerite; mais cette fois avec un certain sérieux; et du même ton elle ajouta : « Et je serai peut-être mariée plus tôt que vous ne croyez maintenant. »

Luc, ôtant son menton de la main où il l'appuyait depuis au moins une demi-heure, fit faire assez prestement un demi-tour à sa large face, pour fixer un étrange regard sur le visage de Marguerite; et le jeune homme, qui avait achevé de prendre son repas, profita très-évidemment du prétexte de quitter la table, pour hasarder un coup d'œil dans la même direction.

Marguerite parut n'avoir perdu ni le mouvement de Luc, ni celui du jeune homme.

« Que veux-tu dire? » se hâta de demander Xavier, qui ne voyait pas sans quelque sincère satisfaction Marguerite donner elle-même à l'entretien un ton moins frivole.

Mais déjà le sérieux de Marguerite ne tenait plus. Elle repartit en souriant encore.

« Je veux dire ce que j'ai dit. »

— Plus tôt que je ne cro's: quand alors? insista Xavier.

— Eh bien! aussitôt que le marieur qui me convient se sera présenté: et il peut se faire qu'il se présente bientôt. Voilà.

— Oui, toujours ta chanson! » fit amèrement Xavier qui venait de butter encore une fois contre sa pierre d'achoppement ordinaire.

Luc avait repris sa première position, et le jeune homme marchait lentement vers la porte qui communique avec l'intérieur du moulin.

« Et dire, s'écria Xavier en frappant devant lui un nouveau coup de poing, qui fît rendre un son caverneux aux profondeurs de la huche — et dire qu'il n'y a ici personne de sensé, — le jeune homme s'ar-

rêta net, et parut écouter mais sans se retourner —
de bien sensé pour soutenir avec moi la raison contre
toi, qui n'écoutes que la déraison. «

Le jeune homme se reprit à marcher lentement
vers la porte.

— Ce n'est pas ce toqué de Luc, continua Xavier :
il ne démordrait pas de ses idées baroques, lui, pour
tous les châteaux de monde.

— Hon ! dis rien, moi, marmotta, sans se déranger,
le bourru.

— Non, tu ne dis rien en ce moment, mais tu n'en
penses pas moins, et à l'occasion tu ne te gênes pas
pour dire ce que tu penses, répliqua vertement le
vieillard, qui poursuivit d'un ton radouci : Il y aurait
bien, j'imagine, Étienne... »

Le jeune homme qui tenait déjà le loquet, se retourna résolûment cette fois vers Xavier, qu'il regarda
avec une franche expression de curiosité.

— Mais, reprit le grand-père, Étienne est un
honnête garçon, aussi réservé que vaillant, faisant
bravement sa besogne sans songer à mettre ses propos
là ou il croit qu'il ne lui est pas commandé ou permis
de les mettre. Quand il s'agit surtout de choses
comme celle d'à présent, il a conscience que son âge
et son peu d'ancienneté dans la maison lui sont des
motifs de retenue, et il se retient. D'ailleurs aussi,
puisqu'il n'est avec nous que depuis environ un an,

il n'a pu, comme Luc, te connaître enfant, il t'a toujours vue grande fille, ça le contraint, ça est cause qu'il se garderait bien de ne pas être entièrement révérencieux avec toi, même alors qu'à son avis tu ne fais pas selon la raison. Mais je suis bien sûr que s'il voulait une fois s'expliquer en toute liberté, comme s'il était depuis longtemps au moulin, et particulièrement comme s'il n'était pas tenu envers toi à toute espèce de ménagements, je suis bien sûr qu'il te donnerait pleinement tort, en te voyant ainsi obstinée dans une intention qui n'est pas secrète après tout, n'est-ce pas, Étienne?

— Écoutez donc, maître, repartit le jeune homme avec la plus respectueuse discrétion, il ne m'appartient guère de conseiller, ni de déconseiller la demoiselle, et...

— Oui je sais bien, c'est tout justement ce que je viens de dire, interrompit le vieillard, et je comprends que tu ne te départisses pas de ta réserve, au moins à l'ordinaire. Mais, changeons la question, quoique ça doive revenir au même. Voyons, te voilà, toi, simple valet de charroi au moulin, tu n'as d'autre richesse que la force de tes bras et l'honnête vaillance d'un droit cœur; penser à prendre femme, à avoir des enfants, c'est pour toi, garçon de tête posée, une pensée qui n'est pas toute pleine de plaisantes promesses. Tu devras, en tout cas, y réfléchir à deux fois, avant de rien conclure (et Dieu sait si telle est la condition de Marguerite). Eh bien! franchement est-ce que l'idée t'est jamais venue qu'il ne te faille pas faire comme a fait ton père, qui n'était pas plus fortuné que toi, l'idée de ne pas faire comme tout le monde? Voilà ce que je te demande.

— Ah! du moment que c'est seulement ça que vous voulez savoir, maître!... répliqua, avec un soupir de soulagement, Étienne, dont le regard s'arrêta sur le visage de Marguerite, qui abaissa le sien, en semblant regretter d'être ainsi empêchée d'observer la physionomie du jeune homme.

— Oui, ce n'est que ça que je veux savoir. La main sur la conscience, dis-le

— Eh bien, la main sur la conscience, maître, je vous dirai que cette idée est justement l'idée qui m'est venue.

— Quelle idée? de ne te point marier?

— Oui, maître, l'idée de ne me point marier.

— Quoi! jamais! insista le vieillard, non sans laisser voir déjà tous les signes d'un profond désappointement.

— Jamais! affirma gravement, ou plutôt solennellement le jeune homme qui alors seulement, laissant tomber son regard, délivra la jeune fille de la contrainte qu'il venait de lui imposer, et qu'elle avait évidemment trouvée fort longue, car elle se hâta de fixer à son tour sur lui ses yeux, où se lisait une vive expression de curiosité.

Tout d'abord Xavier, profondément déconcerté se borna à hocher la tête en silence, et en levant quelque peu les épaules. L'on put entendre distinctement Luc ricaner dans sa barbe, et peut-être y aurait-il eu lieu de remarquer que Marguerite tardait à s'égayer avec Luc, elle qui aurait dû être la première à trouver plaisante la déconvenue de son grand père; mais elle semblait s'oublier dans l'examen auquel un secret sentiment de curiosité la faisait se livrer.

Enfin, pourtant, elle se prit à rire aux éclats, mais non pas avec un tel abandon, qu'il ne fût possible de soupçonner qu'il restât encore en elle quelque préoccupation étrangère à cet accès de gaieté.

Alors le grand-père :

« Ah! là belle affaire ! Voilà bientôt te moquer de moi, comme s'il n'y avait pas à ça une raison dont je ne m'étais pas avisé tout d'abord.

— Une raison ? » dit Marguerite, qui avait brusquement cessé de rire.

Et Étienne lui-même regarda Xavier, avec un certain étonnement.

« Oui, pardienne! et une bonne raison même. Tu n'ignores point qu'Étienne, comme un digne cœur qu'il est, s'est donné la tâche de soutenir sa mère. Il s'est promis de ne jamais l'abandonner tant qu'elle vivra. Et quel âge a-t-elle, sa mère? cinquante ans au plus. Elle se porte bien, Dieu merci! Elle peut vivre encore vingt-cinq ans, trente ans, davantage. Il ne lui souhaite que des jours, le brave enfant! c'est pourquoi il se dit qu'après elle, il sera trop âgé pour penser encore au mariage; c'est pourquoi il a pris son parti d'avance. Et il y a mérite à lui, mais ça ne fait pas loi, pour...

— Pardonnez-moi, maître, interrompit le jeune homme avec une douce gravité, il ne faut point me donner plus de mérite que je n'en ai. En soutenant ma mère, je fais ce que tant d'autres font, qui ne s'en vantent pas, vu qu'il n'y a pas de quoi. Si je me mariais, je tâcherais bien qu'elle ne fût pas abandonnée pour ça. J'en sais tant qui ont une femme et des enfants, et dont la mère n'est pas réduite à l'aumône. Vous voulez savoir la vérité, je vous la dis. La pensée de ma mère n'est pour rien dans le parti que j'ai pris. Non, pour rien.

— Alors la raison? demanda brutalement Xavier, pour qui ne pouvait être que fort irritante une telle succession de mécomptes.

— Ah! la raison, la raison... repartit avec un certain embarras le jeune homme, qui cherchait vainement à se donner un maintien souriant — mon Dieu, maître, la raison... C'est une idée que j'ai. Voilà.

— Eh! pardienne! je le pense bien que c'est une

idée que tu as ! s'écria Xavier avec une extrême vé-
hémence. Mais Luc aussi a son idée, lui, qui ne sait
que dire que le mariage ne vaut rien. Mais Marguerite aussi a son idée, elle qui fait semblant d'estimer
le mariage, et qui trouve toujours un biais pour
l'éviter. Une idée ! une idée ! mais quelle idée ? dis-la
donc, pour qu'on voie si elle est folle ou raisonnable,
ton idée. Allons, parle ! Parleras-tu ?

— Oui, je veux bien parler, maître, repartit doucement Étienne, qui semblait alors aussi calme que
Xavier était emporté — mais ce sera pour vous dire
qu'il y a peut-être bien certaines de vos affaires dont
vous ne me donneriez pas le fin mot si je vous le demandais. Que voulez-vous, on a parfois un petit secret
qu'on tient à garder...

Xavier se leva, et gesticulant des deux bras :

« Eh mon Dieu ! garde-le ton secret, puisque secret
tu as. Je m'en soucie autant que de ma première paire
de galoches, de ton secret !

— Oh ! ne vous fâchez pas, maître. Je n'ai point
voulu vous déplaire. Toutefois je ne sais pas mentir,
et alors...

— Alors, alors ! cria encore plus fort, en s'agitant
davantage, le bonhomme qui ne se possédait plus —
on dirait vraiment que tous ici vous entendez comme
larrons en foire pour me contrecarrer, pour me faire
damner. Vous vous valez tous trois, tenez ! Aussi,

4

allez-vous-en au diable, de compagnie, vous et vos idées! Bon voyage! Portez-vous bien! »

Et Xavier ayant rabattu à deux mains son bonnet sur ses sourcils, fourré ses poings dans les larges poches de son gilet, se dirigea vers un escalier qui débouchait à côté du dressoir.

Passant près de Marguerite qui s'était depuis un instant débarrassée de la quenouille, il se trouva arrêté par deux bras étroitement noués derrière son cou :

« Bonsoir, méchant grand-père.

— Laisse-moi tranquille, toi. »

Mais il ne se débattait pas aussi fort qu'il aurait pu.

« Puisque je vous dis que ça sera peut-être plus tôt que vous ne pensez.

Comme, encore une fois, elle semblait avoir parlé sérieusement, et qu'il était tout près d'elle, il se prit à la regarder fixement dans les yeux. Mais elle pouffa au beau milieu de ce grave examen.

Alors il saisit entre ses deux mains cette jolie tête, qu'il secoua convulsivement, qu'ensuite il baisa au front, et qu'il repoussa doucement, en disant d'un accent singulièrement attendri :

« Ah! que si tu voulais pourtant une bonne fois être bien aimante pour ton vieux grand-père!... »

Et il gagna les degrés qu'il gravit lentement.

La clochette de la trémie carillonnait. Mais avant de répondre à cet appel, Luc, qui s'était levé, tendit une main du côté de Marguerite en disant d'un accent empreint d'une singulière douceur :

« Belle mignonne ! »

(Cette laudative appellation, bien que relativement fort peu laconique, revenait assez fréquemment sur les lèvres parcimonieuses de Luc, qui, manquant ainsi à son laconisme habituel, semblait vouloir témoigner instinctivement de l'importance donnée par lui à son affection pour la jeune fille.)

— Bonsoir, ami, dit Marguerite, qui vint gracieusement offrir son front au long baiser que Luc y mit avec une visible béatitude.

Remarquant qu'arrêté près du seuil qu'il allait franchir, le jeune homme guettait :

« Sans rancune, Etienne, lui dit Marguerite.

— Rancune ? »

Et Etienne parut s'interroger.

— De la rebuffade que je vous ai attirée tout à l'heure.

— Oh !... commença de s'écrier Etienne avec un singulier élan.

Mais il se contint aussitôt ; et du ton le plus mesuré :

— Oui, sans rancune, reprit-il. Bonne nuit, demoiselle.

— Bonne nuit, Étienne. »

Étienne sortit.

Et Marguerite, qui le regardait sortir, souriait très-évidemment à des pensées qui s'agitaient en elle.

VIII

UN MALIN.

Le surlendemain était jour de marché du bourg. Non-seulement Xavier avait la vieille habitude de s'y rendre toutes les semaines — soit pour se tenir, par obligation de métier, au courant du prix des grains, soit pour traiter à l'occasion avec certains clients qu'il ne pouvait rencontrer que là — mais encore il avait été convenu que Marguerite l'accompagnerait cette fois pour régulariser, chez le notaire, l'acte par lequel la pupille, devenue majeure et légalement investie du droit de gestion de ses biens personnels, approuvait les comptes fournis par son tuteur. Pure formalité au fond, mais à l'accomplissement de laquelle Xavier, en homme qui prévoit toutes les éventualités, avait voulu qu'aucun retard ne fût apporté.

Dans la matinée donc, le grand-père et la petite-fille étaient partis à pied, pour gagner le bourg, distant seulement d'une petite lieue.

Comme ils cheminaient côte à côte, voilà qu'à quelque distance du moulin, en franchissant un coude de la route, ils se trouvèrent en vue d'une forte charrette couverte d'un monceau de sacs, et tirée par deux chevaux, dont le conducteur paraissait tout occupé d'éveiller les échos du vallon par les claquements du fouet, qu'il faisait serpenter au-dessus de sa tête.

Ce bruyant voiturier pouvait avoir une trentaine d'années. De taille moyenne et grassouillet, il portait, sur un cou étroitement, épaissement cravaté, une petite tête à face vermillonnée, dont les cheveux frisottants, couleur de lin, étaient à peine cachés par un chapeau balonné, aux bords vivement rebroussés, coiffant surtout l'oreille droite. Il marchait en jetant le pied, en fléchissant sur la hanche. Une large clef de montre, à lentille d'agathe cerclée d'argent, pendait à une ganse de soie rouge, au-dessous d'un gilet bariolé, sur le pont de sa culotte verte ; et le coin d'un mouchoir imprimé jaune et bleu, étalé avec intention, sortait d'au moins un empan de la poche de sa jaquette marron.

« Ça, fit Xavier les yeux fixés sur ce voyant personnage, on dirait... »

Il hésitait, mais non par incertitude, Marguerite le mit à l'aise.

— Eh ! pardienne ? on dirait votre Jean-Marie Nivard de l'autre soir. C'est lui, c'est bien lui. Il n'est pas plus difficile à reconnaître que le pivert. »

Jean-Marie Nivard qui, de son côté, avait reconnu le grand-père et la petite-fille passa son fouet dans sa main gauche, et porta la droite à son chapeau, qu'il abaissa jusqu'à son genou, par un mouvement de bras soigneusement arrondi.

Puis quand il ne fut plus qu'à quelques pas du vieillard et de la jeune fille :

« A vous monsieur Coudret, ainsi qu'à votre demoiselle, j'ai bien l'honneur ?... fit-il, d'un accent compassé, pincé, avec une roide flexion d'échine. »

Et il porta la main sur le bridon du cheval de trait pour arrêter l'attelage.

« Bonjour, Jean-Marie ! répliqua le grand-père, visiblement embarrassé pour sa petite-fille, qui ne témoignait cependant aucune gêne ; et il ajouta, sans doute dans le simple but de ne pas rester sans rien dire : « Et où allez-vous donc ainsi, Jean-Marie ?

— Eh ! ne vous déplaise, monsieur Coudret, au moulin, à votre moulin, à moins que vous ne vouliez pas de ma pratique.

— Comment donc ? mais très-heureux, au contraire.

— C'est bien ce que je me disais, fit Jean-Marie avec la plus sereine suffisance. Comme vous voyez, j'amène une mouture de quelques boisseaux !

— Quelques boisseaux ! Dites donc pour deux jours d'ouvrage au moins.

— Deux jours, pensez-vous, monsieur Coudret, pensez-vous ? demanda Jean-Marie d'un air contrarié.

— Ma foi ! guère moins, répondit Xavier qui mesurait de l'œil le chargement de la voiture. Vous n'avez pas, je suppose, l'intention d'attendre que ce soit fini.

— Si fait bien, ne vous déplaise, monsieur Coudret. Et d'abord faut-il donc faire fi du vieux dicton qui dit que saint Pierre n'a jamais voulu ouvrir le paradis à un meunier ? Croyez-vous que je vais comme ça abandonner mon blé ? Non, pardieu ! »

Et le jeune homme fit entendre un gros rire, pour témoigner qu'il n'attachait aucune intention blessante à ces propos.

« Vous faites bien, dit Xavier, riant en homme que le soupçon ne peut atteindre, mais je vous préviens qu'il est arrivé ce matin une autre charrette, sans compter deux ou trois petites moutures pressées qu'Étienne a rapportées hier dans sa tournée. De plus nous avons laissé Luc en train de retailler les meules. Le moulin ne remarchera guère que dans l'après-midi. Ainsi, en prenant votre tour, vous auriez bien pour trois jours d'attente.

— Diable ! diable ! fit Jean-Marie, en se grattant l'oreille.

— Oh ! vous savez, il y a au moulin du pain, du vin et quelque pitance pour ceux qui ont faim, et, dans un coin de la grange, force paille fraîche pour ceux qui ont sommeil...

— Je sais bien, je sais bien, monsieur Coudret, ce n'est pas la vie à mener pendant le séjour au moulin qui m'inquiète... Mais c'est que je suis pressé, grandement pressé. Comme vous pensez bien, ce n'est pas pour le seul usage de chez nous que je viens faire moudre tant de blé à la fois. Non. C'est un gros boulanger de la ville qui est venu hier, et qui nous a acheté tout ça ; mais avec un fort dédit, si ce n'était pas livré, moulu, à un jour fixé. Mon père ne voulait pas faire le marché. Je lui ai dit ainsi : « Laissez donc, père. M. Coudret est un bon garçon, il comprendra nos risques, il mettra, comme on dit, son moulin en quatre pour que ça aille plus vite. » Il ne voulait toujours pas se risquer, le père Nivard, mais moi j'ai tout de même chargé la voiture, et je suis venu au moulin. La mouture finie, je file tout droit sur la ville, les deux lieues faites pour venir ici sont déjà autant de gagné. Ce sera bien le diable si, avec votre complaisance, l'affaire n'est pas enlevée. C'est vous dire que je compte sur vous, monsieur Coudret, pour faire ça le plus vite possible.

— Mon Dieu, oui, avec plaisir, repartit Xavier, mais voilà que nous allons au marché, nous ne serons guère revenus qu'un peu tard. Puisque nous ne sommes pas bien loin du moulin, si je retournais, pour dire à Luc qu'il tâche de vous faire passer aussitôt les meules retaillées... Oui, tenez.

— Oh! mais non, par exemple! se récria Jean-Marie, avec une affectation de courtois empressement, voilà, pardieu, une chose que je ne souffrirais pas. J'aimerais mieux payer le dédit que vous causer la moindre peine.

— Laissez donc, ce sera bientôt fait.

— Si vous en faites rien, monsieur Coudret, je tourne bride à mes bêtes, et je ramène le blé chez nous, répliqua Jean-Marie, qui prenait une attitude magnifique. Est-ce assez clair?

— Allons! comme vous voudrez, dit Xavier, qui n'avait pas laissé que de paraître sensible à cette extrême attention. En tous cas nous tâcherons de ne pas nous attarder.

— Mais faites donc, faites donc à votre aise. J'attendrai, le boulanger attendra, et s'il n'est pas content, eh bien! on lui payera son dédit! A vous revoir, monsieur Coudret. A vous, à votre demoiselle, j'ai bien l'honneur... — Hue, Néraud! »

Et la lourde charrette s'ébranla, qui partit d'un côté avec son conducteur, pendant que Xavier et Marguerite s'en allaient de l'autre.

« Ça mais ! fit après quelques pas la jeune fille qui souriait, pour un grigou de naissance, il me paraît bien large aujourd'hui, le Jean-Marie Nivard. Payer un dédit pour vous éviter la moindre peine. Diable !... On l'aura changé, sûr ! »

Xavier ne crut pas l'observation de nature à pouvoir être relevée par lui.

Et le grand-père et la petite-fille ne commentèrent pas autrement, du moins à haute voix, la rencontre qu'ils venaient de faire.

Arrivés au bourg, ils se rendirent ensemble chez le notaire. L'acte était prêt, dont Marguerite écouta la lecture avec l'attention qu'elle eût prêtée à un prône hébreu, et qu'elle signa sans y regarder.

Puis ils se dirigèrent, vers la *Grenette*, dans la région de laquelle Xavier devait pendant trois ou quatre heures coupées de longues stations au cabaret, causer, discuter avec l'un, avec l'autre de prix du blé, d'abondance de récolte, de mouture...

Marguerite avait coutume, lorsqu'elle accompagnait son grand-père au marché, de le quitter au seuil du premier cabaret où il se disposait à entrer ; et, après être convenue avec lui du lieu et du moment où elle devrait le retrouver pour le retour au moulin, elle s'en allait d'ici, de là, soit pour faire quelques emplètes, soit simplement pour se distraire en visitant les étalages, le plus souvent dans la compagnie de quelques autres jeunes filles du pays, qu'elle ne manquait jamais de rencontrer.

Comme à l'ordinaire, e grand-père et la petite-fille allèrent ainsi chacun de leur côté ; puis s'étant rèjoints, ils reprirent ensemble le chemin du moulin, où ils arrivèrent sans que le nom de Jean-Marie eût été prononcé dans l'entretien.

Mais le premier visage qu'ils aperçurent, en approchant de la maison, fut celui de Jean-Marie Nivard qui se promenait, ou plutôt se pavanait de long en large dans la cour, au grand désagrément de la gent volatile, qu'il effarouchait, en faisant tournoyer et siffler autour de lui une badine de noisetier.

Marguerite passa devant le jeune homme, sans répondre autrement que par une brusque inflexion de tête aux obséquieuses salutations qu'il lui prodiguait. Le grand-père crut devoir plus de courtoisie à son hôte, à son client. Il s'arrêta, et parut disposé à entamer une conversation.

Jean-Marie le comprit, qui passant sans plus de façon son bras sous celui du vieillard, l'emmena en silence dans un coin de la cour, entre le mur et un tas de fagots, derrière lequel personne ne se fût avisé de venir les chercher.

Arrivé là, il lâcha le bras de Xavier, et se campant résolûment devant lui, après avoir plus fortement accusé l'obliquité de son chapeau :

« Ça, père Coudret, fit-il, en étouffant mystérieusement le son de sa voix, parlons peu, et parlons bien. Ce que je vas vous dire vaut la peine d'être écouté.

— Je vous écoute, dit le vieillard, dont les yeux écarquillés rendaient témoignage pour son assertion.

— Je n'ai guère l'habitude de parler pour le plaisir de parler, reprit l'important, mais cette fois encore moins que jamais. Je viens donc au fait sans détours. Vous allez voir.

— Oui, voyons.

— Vous savez, père Coudret, qu'avec votre agrément, mon père et moi nous sommes venus ici faire une demande dont nous n'avons pas tiré grand profit.

— Ah ! ce n'est pas ma faute ! voulut observer Xavier, et... »

Mais Jean-Marie l'enraya net :

— Attendez-donc, taisez-vous donc, si vous parlez, ce ne sera pas moi qui parlerai.

— Eh bien, voilà que je ne souffle plus mot.

— A la bonne heure ! Mon Dieu, je ne vous dis pas que ça soit votre faute, mais toujours est-il que nous avons perdu nos pas. Dire que je m'y attendais tout à fait, non, pas complétement. — Ici, Jean-Marie se rengorgea. — Car enfin là où certaines gens, faits de certaine façon, se seront sottement cassé le nez, il y aura tel autre qui saura prendre pied du premier coup. Ça dépend de l'homme, ça. Bref, il y avait des chances pour, et une chance contre. C'est la chance contre qui s'est montrée. « Suffit ! que j'ai dit au père Nivard, en nous en retournant, pour que les choses se soient passées ainsi à mon égard, faut qu'il y ait quelque manigance là-dessous. Ça ne se peut pas autrement. » Et le père Nivard a bien été de mon avis : « Oui, faut qu'il y ait quelque manigance là-dessous, qu'il m'a dit, tu n'as point froid aux yeux, mon garçon. » Froid aux yeux : oh ! que non pas ! Chaud, chaud ! voyez-vous père Coudret, et j'entends bien que vous en voyez les marques.

—Et quelles marques ? demanda le vieillard, assez vivement intrigué.

— Laissez-moi dire, laissez-moi parler, reprit brusquement Jean-Marie. Raisonnons. Il n'est point naturel, n'est-ce-pas, qu'une jeunesse, bien faite, accorte, de douce humeur, prenne à tâche de dire non à tous les épouseurs qui se présentent, à commencer par celui-là qui n'aura pas grands avantages, pour finir par celui-là qui ne manque d'aucun. Non, ça n'est pas naturel.

— C'est ce que je me tue à lui remontrer.

— Laissez-moi dire. Oui, on le sait, il n'est pas secret dans le canton que vous seriez aise de voir une bonne fois les choses tourner autrement, et surtout alors qu'une maîtresse occasion se trouve, qui pourrait bien ne plus se retrouver. »

Xavier voulut placer un mot, mais Jean-Marie ne lui en donna pas le temps.

— Attendez, laissez-moi parler. C'est pourquoi j'ai dit hier au père Nivard : « Le diable me prendra, ou je saurai le fin mot de cette histoire ; si ce n'est pas à mon profit, ce sera au profit du père Coudret, mais peut-être bien au profit de tous les deux. En tous cas il ne sera pas dit, que Jean-Marie Nivard se sera vu en affront, sans s'assurer que sa propre personne n'est pour rien dans l'affaire. » Vous comprenez, père Coudret, on a son petit amour-propre.

— Oui, je comprends, fit machinalement Xavier, quelque peu étourdi par les périodes précipitées de Jean-Marie.

— Et du moment surtout qu'en m'ingérant pour moi, il peut se faire que je m'ingère aussi dans votre intérêt, vous ne pouvez pas trouver mal...

— Mon Dieu !..

— D'ailleurs je n'y vas pas en traître ; je vous préviens. Puis aussi, vous pensez bien que je ne suis pas homme à avoir des avisements déplacés, à chercher du bruit...

— Je le pense bien... oui.

— Bon ! j'ai donc mis ce matin le plus de sacs que j'ai pu sur la charrette, pour avoir prétexte de venir au moulin, et d'y rester le plus longtemps possible, sans que surtout la jeunesse en question se méfiât de rien ; et je ne vous cache pas qu'en donnant le premier coup de fouet à mes bêtes pour me mettre en route, je n'ai pas laissé de me dire : « Jean-Marie, mon ami, du flair et de l'œil ! vu qu'en fin de compte tu ne vas peut-être pas chercher moins qu'une avenante épouseuse au moulin Coudret, quoi qu'elle en ait, quoi qu'elle en dise. » Et je ne vous cache pas que depuis ce matin au moulin, je n'ai peut-être pas si entièrement perdu mon temps que j'ai pu en avoir l'air. Que vous ne soyez là, ni vous, ni elle, ça m'a même servi plus que vous ne croiriez. Il y a déjà de la besogne de faite. Oui, du flair et de l'œil : on en a quand il faut en avoir. Mais suffit ! je ne veux rien avancer de plus pour le quart d'heure. Patience, père Coudret, laissez faire à Jean-Marie. Jean-Marie est encore quelquefois plus malin qu'il n'en a l'air. Seulement comme il va de soi que dans tout ça le gros boulanger de la ville n'y est pas plus que sur la main, et qu'il n'y a pas crainte d'avoir à lui payer le moindre dédit, arrangez-vous de façon que la mouture n'aille pas trop vite, pour que j'aie du temps... Dites à votre garçon que je ne suis pas une pratique à ménager plus qu'une autre, que je ne dois prendre que mon tour, ça fera même bon effet, ça enlèvera les doutes : nous n'aurons pas l'air d'accord. Je compte sur vous pour ça. C'est au surplus toute votre part dans l'affaire. Le reste me regarde, moi seul. »

Sur ces dernières paroles, Jean-Marie avait de nouveau passé son bras sous celui de Xavier, puis l'ayant ramené au milieu de la cour, où il l'avait pris :

« Voilà, père Coudret, tout ce que j'avais à vous dire, ajouta-t-il, tout ! »

Et sans paraître supposer que l'idée pût venir au vieillard d'opposer la moindre objection à un raisonnement aussi excellemment sensé, de combattre un projet aussi impérieusement motivé, il lui tourna tout net les talons ; et, faisant encore siffler sa badine, il gagna l'intérieur du moulin, où sans doute l'appelait la poursuite de son entreprise.

Peut-être, à la vérité, Xavier se fût-il senti disposé, sinon à contrecarrer radicalement, au moins à discuter en détail le plan de Jean-Marie qui, de son autorité privée, s'installait au moulin pour s'y livrer à des investigations en principe singulièrement délicates. Mais, du moment surtout où il avait la conviction que le jeune homme, de souche foncièrement honnête, était incapable de tenter rien qui pût fournir matière à scandale, Xavier ne crut pas courir grand risque en le laissant essayer de faire la lumière sur l'espèce de mystère dont il était, lui Xavier, le premier à déplorer les conséquences.

Puis aussi sa tolérance n'impliquait pas qu'il abdiquât tout droit de surveillance, de contrôle, sur les faits et propos de Jean-Marie : il était là pour le reprendre, l'enrayer au cas échéant.

Il parut donc lui laisser toute liberté de voir, d'agir, mais ce ne fut pas sans se promettre de l'observer avec une scrupuleuse attention.

IX

ENTRÉE EN CAMPAGNE.

« Il y a déjà de la besogne de faite, » avait dit Jean-Marie qui, loin d'attendre le retour du grand-père et de la petite-fille pour se mettre à l'œuvre, avait jugé au contraire que le hasard de cette double absence cadrait à souhait avec l'ordonnance du plan qu'il apportait tout combiné.

Le sagace personnage avait en effet pensé que les préliminaires de l'enquête à laquelle il allait se livrer devaient porter sur le personnel de la maison; et, les allées et venues du vieillard et de la jeune fille étant supprimées du mouvement habituel du moulin, il s'en suivait naturellement que Jean-Marie avait ses coudées bien plus franches, pour son entrée en campagne.

S'il n'eût tenu qu'à lui, Jean-Marie eût sans doute dirigé tout d'abord son attention sur Luc, dont les opinions antimatrimoniales et l'intimité avec Marguerite étaient de notoriété générale dans le canton : mais Luc était tout occupé en ce moment du repiquage des meules, ce qui, joint à sa faroucherie coutumière, devait le rendre d'un abord fort difficile, sinon impossible.

En attendant, Jean-Marie avisa Etienne.

De celui-là la voix publique n'avait rien pu lui apprendre qui pût se rapporter à l'objet des investigations qu'il comptait opérer. Il importait donc qu'il sût à quoi s'en tenir sur cette personnalité encore indéterminée pour lui.

Parti à l'aube avec la charrette du moulin pour une tournée peu distante, Étienne venait de rentrer, et attendait, pour se remettre en route, que ses bêtes fussent quelque peu délassées et repues.

Jean-Marie — qui d'ailleurs, pour rendre moins suspecte sa présence au moulin, avait eu soin en arrivant et de s'appesantir sur le prétendu marché inopinément conclu avec le boulanger de la ville, et de paraître fort contrarié du retard que la livraison allait forcément subir, — Jean-Marie trouva pour aborder Étienne le prétexte de discuter avec lui sur le plus ou moins d'urgence des moutures qui, venues par l'intermédiaire de ce dernier, devaient avoir le pas sur la sienne.

Puis ce détail écarté, et tout en suivant, par manière avouée de tuer le temps, Étienne — qui allait de l'étable, où il surveillait le repas de ses bêtes, à l'étage inférieur du moulin, d'où il tirait les sacs à charger sur la charrette — Jean-Marie, de l'air le plus machinal, le plus indifférent, en vint aux insinuations.

Aux premières pointes qu'il poussa, et bien que, selon lui du moins, elles fussent dirigées avec toutes les précautions imaginables, Jean-Marie crut remarquer qu'Étienne manifesta quelque défiance. Mais, après ce qui s'était passé deux jours auparavant, il ne devait pas espérer de paraître entièrement désintéressé ou neutre.

Toutefois, Jean-Marie eut bientôt la double satisfaction, et de voir cette gênante disposition se dissiper comme par enchantement, et de pouvoir attribuer ce succès à la subtile prudence de son jeu.

Il n'eut plus dès lors en quelque sorte qu'à se donner la peine de questionner, et sans que même il lui fût utile de biaiser beaucoup, pour être renseigné à souhait.

Le résultat de cet examen — auquel après un instant de réserve Étienne s'était prêté, selon Jean-Marie, avec une étonnante candeur — fut que ce serviteur des Coudret n'était autre qu'un honnête garçon, assez pauvre d'esprit, au fond uniquement préoccupé d'accomplir régulièrement, consciencieusement sa tâche quotidienne, désireux qu'il était de se maintenir dans une *condition* où il avait l'espoir de réaliser quelques modestes épargnes ; professant, en outre, pour sa jeune maîtresse un respect si scrupuleux, si exclusif, que jamais l'idée n'avait dû lui venir de lever les yeux jusqu'à celle qui — autant qu'on pouvait s'inférer de ses humbles propos — ne lui avait jamais témoigné la moindre attention particulière : honneur insigne dont, au cas échéant, pensa Jean-Marie, Étienne n'eût pas manqué de concevoir et de laisser apercevoir quelque vanité.

Le compte réglé, si l'on peut ainsi dire, avec Étienne, qu'il regarda partir d'un air placidement édifié, Jean-Marie ne pensa plus qu'à informer contre le vieux garçon meunier, qui, vers le milieu de l'après-midi, ses meules remises en mouvement, parut enfin devoir être accostable.

Mais quelques détours habiles, quelques profonds ménagements qu'il sût prendre, de quelques dehors ingénus qu'il s'efforçât de se couvrir, Jean-Marie ne put parvenir à tirer de Luc — qui d'ailleurs l'évitait ouvertement — que d'équivoques monosyllabes, sournoisement articulés, et accompagnés d'obliques et soupçonneux regards.

Et Jean-Marie de conclure que ce prétendu maniaque innocent n'était autre qu'un retors compère, qui pour cacher son jeu avec les indifférents ou les vulgaires observateurs, atténuait ses instincts farouches d'une sorte de bonhomie, dont il savait bien se départir, comme lui pouvant être dangereuse, quand il se sentait sous le coup d'un regard armé d'une pénétration plus grande.

Et Jean-Marie de s'affirmer à lui-même que ce louche personnage devait être, quoi qu'il en fût, tenu en particulière suspicion, et observé avec toute la lumineuse sagacité dont l'hôte improvisé du moulin Coudret se sentait capable.

Telle était la besogne que Jean-Marie se glorifiait, à part lui, d'avoir déjà faite lorsqu'il communiqua sommairement son plan à Xavier.

X

C'EST LA QUE GIT LE LIÈVRE.

Au moment où Jean-Marie avait cru devoir renoncer, provisoirement du moins, à se heurter de front contre la tenace discrétion de Luc :

« Ah ! vraiment ! s'était-il écrié avec toutes les apparences d'une profonde mauvaise humeur, pour tâcher de motiver son semblant de retraite, il ne fait pas bon avoir du temps à perdre au moulin Coudret. On n'y trouve pas même quelqu'un avec qui parler un peu, pour éviter l'ennui. Le mieux, à ce que je vois, est encore d'employer ses heures à dormir. A vrai dire, ce n'est pas ce qui me fâche, vu que quand je n'ai rien à faire, moi, j'aime fort à prendre du sommeil. Et d'ailleurs je n'ai qu'à me coucher n'importe où, et n'importe le moment, pour qu'aussitôt le profond sommeil me gagne. C'est heureux d'être ainsi, quand les choses se trouvent comme à présent. »

Et sans que Luc, qui vaquait indifférent au service du moulin, eût daigné lui faire la moindre réplique, Jean-Marie était allé s'étendre tout de son long sur les sacs qu'il avait amenés, et qui étaient empilés dans un coin obscur du premier étage.

Quelques minutes plus tard, on aurait pu le croire profondément endormi.

Mais l'heureuse faculté qu'il s'était attribuée n'existait que dans l'imagination de Jean-Marie, qui avait compté se ménager par là un précieux mode d'observation.

Jean-Marie avait secoué sa torpeur factice à l'heure où devait avoir lieu le retour de Xavier et de Marguerite. Puis, sa confidence faite au vieux meunier, il s'était hâté de regagner le poste qu'il venait de quitter; et bientôt les prévisions auxquelles il avait obéi se réalisaient de façon à le faire lui-même renchérir, s'il était possible, sur la haute opinion qu'il s'était formée de son tact, de sa perspicacité.

A peine, en effet, était-il réinstallé sur ses sacs, l'oreille attentive, l'œil bien ouvert derrière les doigts tant soit peu disjoints de la main où se cachait son visage, que l'occasion lui fut fournie, comme à point nommé, de recueillir des indices tels, qu'ils ne devaient pas tarder de prendre à ses yeux l'importance de la plus concluante révélation.

Luc, qui venait de recharger la trémie, s'était assis sur un escabeau, devant une petite fenêtre sur

le bord de laquelle il s'appuyait pour regarder machinalement au dehors.

Sur la dernière marche de l'escalier intérieur, qu
débouchait dans le coin opposé à celui où Jean-Marie
perdu dans l'ombre, se tenait aux aguets, Marguerit
parut, qui, cherchant Luc évidemment, et qu
l'ayant aperçu, se dirigea vers lui sur la pointe d
pied, le visage éclairé d'un espiègle sourire; pui
s'élançant, elle l'aveugla des ses deux mains.

« Ah! » fit Luc avec une expression de raviss
ment.

Et, s'étant doucement dégagé, il se mit à conte
pler la jeune fille.

« Comme à l'ordinaire, il t'ennuyait de ne pas
voir, n'est-ce pas? » demanda-t-elle.

Luc répondit en faisant avidement disparaître
des mains roses et allongées de Marguerite dan
caressante étreinte de ses deux mains massiv
velues.

« Et moi aussi, de mon côté, va, il me tardait,
prit la jeune fille, qui ajouta, en s'appuyant
bras plié sur l'épaule de Luc : Qu'en serait-il d
si nous devions être séparés longtemps? »

Luc soupira en levant les yeux.

« Mais nous ne serons jamais séparés longten
Luc hocha la tête de droite à gauche.

« D'ailleurs tu sais nos conventions. »

Luc hocha la tête de haut en bas.

« Je n'y manquerai pas, va.

— Belle mignonne ! » soupira Luc.

Et la jeune fille se pencha pour appuyer ses lèvres sur le front extatiquement épanoui de Luc.

En se relevant, elle promena machinalement son regard autour d'elle, et tout à coup son regard se rembrunit, ses sourcils se rapprochèrent.

Jean-Marie put comprendre que seulement alors elle avait remarqué sa présence ; il la vit rougir et, le désignant d'un geste de tête à Luc, lui reprocher de ne l'avoir pas prévenue qu'ils n'étaient point seuls.

Luc haussa légèrement les épaules en joignant les paupières et en soulevant tant soit peu une de ses mains, comme s'il eût dit du ton le plus froidement indifférent : « Bah ! qu'importe ! »

Et cette dédaigneuse appréciation, est-il besoin de l'affirmer ? ne sembla rien moins que flatteuse au *petit* amour-propre de celui qui en était l'objet.

Marguerite cependant regagna l'escalier, où elle disparut, non sans avoir, au passage, décoché sur le malencontreux dormeur un regard où il put voir briller un étrange éclair de dépit, d'irritation.

Un quart d'heure plus tard seulement, — temps que, du reste, comme on le pense bien, il n'avait pas employé à dormir, — Jean-Marie feignit de se réveiller en sursaut, à un moment où Luc passait près de lui, et se mettant brusquement sur ses jambes :

« Ça mais ! fit-il d'un air tout abasourdi en se frottant énergiquement les yeux, quelle heure peut-il bien être ? Tiens ! il n'est pas encore grande nuit ! J'aurais pourtant parié avoir dormi quatre ou cinq heures. C'est drôle tout de même d'avoir le sang lourd comme ça ! »

Et il s'étirait, et il bâillait, dans le seul but de donner le change à Luc, qui d'ailleurs semblait le dispenser d'un tel soin, par la complète indifférence qu'il affectait à son égard.

Enfin Jean-Marie sortit, et se mit à rôder par les dépendances du moulin, cherchant à se ménager l'entretien que dès lors il désirait avoir, à l'insu de tous, avec Xavier.

La nuit tombait. Jean-Marie put, dans la mi-ombre, distinguer Xavier qui, préoccupé sans doute de la confidence qu'il avait reçue, s'en était allé rêvassant le long du biez, et revenait à pas lents.

Il se posta, pour l'attendre, sur le pont de l'écluse, devant la grande roue, qu'il fit mine de regarder tourner.

Xavier arriva près du jeune homme.

« La soupe doit être trempée, dit-il ; venez-vous la manger avec nous ?

— Ce n'est pas de refus, repartit à mi-voix celui-ci ; mais auparavant il faut que je vous parle, et sans qu'on s'en aperçoive. C'est pourquoi rentrez, comme si de rien n'était, tout seul au moulin. Dites, en voyant la soupe prête, que vous allez me chercher, que vous m'avez vu. Je vais, moi, remonter le biez : vous viendrez, nous causerons à quelques pas dans la nuit ; puis vous vous en retournerez, disant que vous ne m'avez pas trouvé. Je rentrerai quelques minutes après. Vous me demanderez d'où je viens... Enfin, vous comprenez, le tour sera joué : personne ne se doutera que vous soyez venu me parler. Il faut être adroit. Passez vite, qu'on ne vous voie pas arrêté avec moi. On se douterait. Allez, allez ! »

Une telle importance en eût imposé à de plus rétifs. Le bonhomme Xavier exécuta docilement, mécaniquement le programme, pour ne pas dire l'ordre de Jean-Marie.

Sitôt que le vieillard fut revenu près du jeune homme :

« Eh bien ? se hâta-t-il de demander avec une véritable anxiété, qu'est-ce qu'il y a ?

— Ce qu'il y a, mon pauvre père Coudret, repartit Jean-Marie en affectant pour Xavier une sorte de tranchante commisération, il y a une chose que je ne m'explique point, mais point du tout.

— Ah ! fit avec une certaine déception le vieillard,

qui s'attendait sans doute à quelque communication moins équivoque. Et cette chose ?

— Cette chose, reprit avec plus de suffisance encore Jean-Marie, c'est que la vérité, que je viens de découvrir, ne vous ait pas crevé les yeux depuis longtemps.

— Eh ! quoi donc ? comment donc ? demanda vivement Xavier, revenu tout d'un coup à sa première disposition.

— Mon Dieu ! oui, insista tranquillement Jean-Marie, vous avez passé à côté, pendant des ans, sans rien voir ; moi, je ne fais qu'arriver, et vlan ! c'est déjà tout vu.

— Mais enfin ? demanda encore, avec une évidente impatience, Xavier, qui sans doute trouvait que l'affaire urgente, en ce moment, n'était pas de faire l'éloge des hautes facultés de Jean-Marie.

— Que voulez-vous ? Ce n'est peut-être pas votre faute. Tout le monde n'est pas avisé au même point.

— Non ; mais enfin, répéta Xavier.

— Enfin, s'il faut vous dire en deux mots la chose, en deux mots je vous la dis : votre fille rebute tous les épouseurs qui se présentent, parce que son choix est fait il y a beau temps.

— Pensez-vous ?

— Si je le pense ! j'en gagerais ma tête à couper contre un liard.

— Est-ce possible ?

— C'est comme j'ai la chose de vous le dire.

— Alors, remarqua, d'un ton délibéré, le vieux meunier, qui semblait loin de trouver rien de fâcheux à la révélation qu'il venait d'entendre, — pourvu que ce choix soit bon.

— Apparemment elle le trouve bon, elle; mais reste à savoir si vous en jugerez de même, vous.

— En effet, il faut le savoir... dit Xavier, avec beaucoup moins d'élan.

— Dites-moi, père Coudret, vous accordez, n'est-ce pas, quelque confiance à ce... à cet homme qui est chez vous?

— Quel homme ? Luc ?

— Oui, Luc; puisque Luc on l'appelle, fit triomphalement Jean-Marie.

—Quoi ! s'écria le vieillard, c'est Luc, c'est de Luc que vous voudriez parler ?

— Eh ! eh ! ricana le jeune homme, ne vous déplaise, père Coudret, c'est le mignon petit gendre que votre fille veut vous donner. »

Xavier se prit à rire à son tour, et haussant les épaules :

« Allons donc ! Vous rêvez, mon pauvre Jean-Marie.

— A dire vrai, répliqua Jean-Marie, j'étais censé dormir profondément quand j'ai compris la chose ; mais du diable si je rêvais. Que ça vous paraisse drôle, mon Dieu, je ne dis pas non ; mais que ce ne soit pas la pure vérité, voilà où je vous contredis.

— Bon ! mais la preuve de ce que vous avancez ?

— La preuve ? Pardienne ! je compte bien vous la fournir ; sans ça, est-ce que j'avancerais rien ?

— Alors, voyons ! » fit le père Coudret, qui déjà s'égayait en prévision des extravagances qu'il allait certainement entendre débiter.

Mais Jean-Marie, après avoir, comme pour servir de base à son raisonnement, énuméré les faits dont il avait été témoin et répété les propos qu'il avait surpris, arriva sans se déconcerter à ces conclusions irrécusables selon lui : que Marguerite, circonvenue par les lentes, sourdes et adroites suggestions de cet homme, qui couvrait ses visées d'une prétendue antipathie pour le mariage, rebutait de gaieté de cœur toute idée d'une union raisonnablement assortie, gagnée qu'elle était par l'idée de cette union étrangement disproportionnée ; que si elle n'en avait encore rien déclaré, c'était sur la recommandation même du sournois, qui prévoyait bien l'opposition que devait rencontrer un pareil projet, et qui sans doute en remettait l'accomplissement à l'époque de la parfaite majorité de Marguerite, si le décès du grand-père ne venait pas, avant ce temps, la rendre libre de disposer d'elle-même.

Jean-Marie voulait bien admettre que Luc, quoique ayant pris un empire illimité sur elle, avait jusque-là respecté l'honneur de la confiante jeune fille; mais encore était-ce assurément plutôt calcul que réserve, de la part d'un être essentiellement cupide, qui ne croyait pas devoir risquer de compromettre, par le scandale, une partie qu'il avait la certitude de mener à bonne fin, par son patient système de silence et d'attente.

Xavier, ainsi qu'il l'avait prévu, ne trouva qu'à rire de ces ombrageuses déductions. Il ne fut pas à court d'objections. Jean-Marie prenait trop partialement le change. Jean-Marie entachait de calcul, de cupidité, un attachement tout spontané, tout désintéressé. Luc était un parfait honnête homme. Marguerite, quoique jeune encore, avait trop de sens pour se prêter à un dessein aussi inconsidéré.

Jean-Marie ne fut pas non plus sans répliquer :

« Mon Dieu, père Coudret, je ne suis pas surpris que vous trouviez ces bonnes raisons, pour croire que ce qui est ne soit pas, puisque depuis si longtemps vous avez le nez sur la vérité sans la voir; mais moi je vous dis qu'il ne faut pas se fier aux apparences. J'ai entendu ce que j'ai entendu, que diable ! j'ai vu ce que j'ai vu. Eh ! tenez, sans chercher plus loin, qu'est-ce que c'est que cette convention qui est faite entre eux? Je vous le demande.

— Ma foi! fit Xavier embarrassé.

— Ah! voilà! vous n'en savez pas plus que moi. Et c'est pourtant ce qu'il vous importerait de savoir. Pourquoi a-t-elle rougi quand elle m'a aperçu? Pourquoi n'a-t-elle plus rien dit? Se cache-t-on quand on n'a rien à cacher?... Au fait, père Coudret, que risquez-vous à tâcher de saisir le fin mot de tout ça?

— Rien, dit Xavier; vous avez raison : je peux bien leur demander ce que c'est que cette convention.

— Quoi! comme ça, tout droitement?

— Pourquoi pas? Puisque je veux le savoir.

— Parce que ça serait justement le moyen de ne rien savoir du tout. Vous pensez bien qu'il y a entre eux une réponse prête pour détourner les soupçons. Prenez un biais : faites mine, je suppose, de vouloir donner le congé à Luc.

— Y songez-vous? un brave serviteur, chez nous depuis quinze ans...

— Un brave serviteur qui ne fait rien moins que contrecarrer sournoisement votre plus cher dessein; un brave serviteur qui n'attend peut-être que votre mort pour...

— Ah! taisez-vous! Non, Luc ne peut pas avoir de pareilles idées.

— Je le veux bien si vous le voulez, mais raison de plus pour que vous ne craigniez pas de faire supporter une épreuve à sa solide honnêteté.

— Je n'en ferai rien.

— Alors, c'est qu'il vous plaira de continuer à être dupé comme devant, et vous auriez mauvaise façon de vous plaindre que les choses ne vont pas ainsi que vous le souhaitez. Voyez-vous, à votre place, moi, je ferais, d'une part, semblant de vouloir donner le congé à Luc, d'autre part je m'arrangerais de façon à faire comprendre à la petite que vous avez eu soupçon de son projet, et que vous pourriez bien n'y rien trouver d'impossible ; puis...

— Ah ! tenez, interrompit brusquement Xavier, laissons ça ; venez souper.

— Non ; allez tout seul, pour qu'on ne se doute pas que nous avons causé, vu qu'après y avoir pensé, vous reviendrez à mon avis, j'en suis sûr.

— Oh ! que non !

— Oh ! que si ! Encore une fois, père Coudret, réfléchissez : c'est là que gît le lièvre, et pas ailleurs ; si vous ne le levez point, ça sera que vous n'aurez point voulu. Réfléchissez.

— C'est tout réfléchi. Je m'en vas seul puisque ça vous arrange, et je dirai que je ne vous ai pas vu. Mais toutes ces simagrées sont bien inutiles, ma foi. Soupçonner pareilles choses !... allons donc ! fit Xavier, qui pouffait en s'éloignant.

« — Bon ! fit à part lui Jean-Marie ; rira bien qui
rira le dernier. L'heure n'est pas loin où l'on verra
que Jean-Marie n'a pas, comme on dit, la cocotte
aux yeux. »

XI

PARLEZ-EN A LA PETITE.

Le souper ne fut marqué d'aucun incident particulier, bien qu'il mît en présence Jean-Marie, l'ac-
cusateur, Luc et Marguerite, les prévenus, et Xavier,
le juge, qui tous se tinrent, avec des vues diverses,
dans la plus complète abstention touchant l'importante question qui devait être certainement l'objet
de leur secrète préoccupation.

Toujours est-il cependant qu'en sortant de la salle
où le repas avait eu lieu, pour gagner l'asile où il
devait passer la nuit, Jean-Marie, qui n'avait pas
laissé que d'observer les uns et les autres, emportait
la conviction que le vieillard persistait dans sa confiante opinion ; et, cela va sans dire, il se promettait

bien de revenir énergiquement à la charge le lendemain.

Soit qu'il eût hâte de se remettre à l'œuvre, soit
que le confortable quelque peu primitif de sa couche
ne fût pas de nature à l'engager à faire la grasse matinée, Jean-Marie était debout presque dès l'aube;
et pourtant il put constater que Xavier avait été encore plus matinal que lui; car en mettant le pied
dans la cour, il l'aperçut qui redescendait déjà l'escalier extérieur du moulin, lequel ne communiquait
pas avec sa chambre.

Il remarqua en outre que le visage du vieillard
était loin d'exprimer la même sérénité que la veille.

Cette disposition était même si apparente que,
l'abordant résolûment au pied de l'escalier :

« Eh bien! père Coudret, quoi de nouveau! » lui
demanda-t-il, d'un air quelque peu victorieux.

Le vieux meunier qui — autre témoignage de son
extrême préoccupation — n'avait aperçu Jean-Marie
qu'au moment où celui-ci lui posait familièrement
la main sur l'épaule, le vieux meunier ne put
réussir à dissimuler un profond embarras :

« Eh bien ! mais... eh bien ! mais il n'y a rien,
balbutia-t-il — non, rien.

— Rien ! répéta, l'œil à demi-fermé, la lèvre grimaçante, le jeune homme qui, sans plus de cérémonie, poussait le vieillard du coude, rien. Allons

donc ! ce n'est pas à Jean-Marie Nivard, qu'on en fait ainsi accroire.

— Mais, en vérité, dit Xavier, du ton le plus machinal, et par manière évidente de ne pas se contredire trop brusquement.

— Oh ! vous savez, père Coudret, reprit Jean-Marie en se redressant, je ne voudrais pas vous prendre vos secrets. Si par cas il vous plaisait de me les conter, vous me trouveriez toujours; mais l'inconvenante curiosité n'est pas mon fait. C'est pourquoi, restons-en là, prenez que je ne vous ai rien demandé. »

Et tournant les talons, il laissa au milieu de la cour Xavier, qui, le regardant s'éloigner d'un air piteux, semblait regretter que Jean-Marie eût cru trouver un formel refus d'expansion là où il ne devait voir qu'une hésitation, au fond bien explicable.

Quoique Xavier n'en eût rien laissé voir pendant le repas, l'entretien qu'il venait d'avoir avec Jean-Marie n'était pas sans lui causer quelque préoccupation. Plus il réfléchissait cependant, et moins les noires insinuations du jeune homme lui semblaient admissibles, surtout alors qu'il considérait la placide physionomie du garçon meunier, et écoutait le gentil babil de la jeune fille. Et il rejetait bien loin encore la pensée de procéder à aucun autre examen.

Ce fut dans ces heureuses dispositions qu'il gagna sa chambre. Sa conviction était même si solidement établie, qu'il se sentit comme personnellement blessé des soupçons exprimés par Jean-Marie ; et bientôt il arriva à se démontrer qu'il devait se mettre au plus tôt en mesure de convaincre Jean-Marie d'erreur.

La tâche — pensa-t-il — ne saurait que lui être facile : et le temps lui parut long, qui le séparait du moment où il allait certainement acquérir les témoignages à l'aide desquels il devait confondre Jean-Marie.

Ce fut à peine s'il dormit. Comme le jour allait poindre, le carillon de la trémie l'assurant qu'il saurait où trouver Luc, le vieillard se leva, et ne tarda pas à se trouver auprès du garçon meunier, que l'insolite apparition de son maître sembla quelque peu étonner.

« Tu me regardes surpris, lui dit Xavier, tu as l'air de te demander ce que je viens faire par ici à ces heures. Je viens dans l'intention de te parler sans qu'on puisse nous entendre. C'est pourquoi, écoute-moi, je te prie. »

Luc s'adossa à une pile de sacs, en face de Xavier qui venait de s'asseoir sur le tambour des meules, et qui reprit :

« C'est sérieux, très-sérieux ce que j'ai à te dire. Des idées qui me sont venues cette nuit... »

Luc branla la tête, comme pour faire entendre à Xavier qu'il pouvait se dispenser de tout préambule.

Xavier parut avoir compris, et pourtant il n'alla pas encore au fait sans circonlocutions.

« Tu es, n'est-ce pas, un brave homme, un cœur droit ?...

Le chef de Luc s'agita plus fort, comme pour dire : « C'est entendu, passons.

— Aussi, continua le vieillard, je ne crains pas de te faire connaître franchement le fond de ma pensée : certain que tu prendras les choses de bonne grâce, comme je te les dis. »

Luc fit une moue d'impatience, et parut sur le point de brûler la politesse à son patron.

« Je vois, dit Xavier, tu t'es couché tard, tu t'es levé comme de coutume, deux ou trois fois pour le service du moulin, et tu trouves que je te te fais perdre le sommeil dont tu as besoin, et que tu comptais prendre.

Luc affirma d'un énergique mouvement de tête.

« Ah ! en ce cas, je vais droit à la chose. Il s'agit comme toujours, du mariage de Marguerite. »

Luc leva lentement les épaules, et de sa grosse main d'ours frotta sa barbe bruissante.

« Sais-tu ce que j'ai pensé ! reprit Xavier, et ce que je voudrais te proposer ?

Cette interrogation n'excita pas même chez Luc un simple mouvement de curiosité.

« Mon Dieu, mon brave ami, on se fait comme ça, vois-tu, des imaginations, continua Xavier avec un certain appareil de ménagements. Quand on a un projet, et qu'on voit que ce projet ne peut pas réussir, quoi qu'on dise, quoi qu'on fasse, eh bien ! ça vous taquine, ça vous met l'esprit en travail, on cherche... on se creuse la cervelle. Ce qu'on trouve parfois, Dieu le sait. Moi, j'ai trouvé, je me suis imaginé que le refus de Marguerite venait de t'entendre toujours parler mal du mariage. »

Si Luc ne pouffa pas, peu s'en fallut.

« Et je me suis dit : peut-être que si Luc n'était pas là pendant quelque temps... »

Alors Luc se redressant et attachant sur le vieillard un regard d'une étrange fixité :

« Moi, m'en aller ! » fit-il, rendu prolixe par la gravité de la situation.

Et cette fois il pouffa très-ostensiblement.

« Entends-moi, entends-moi bien, se hâta de reprendre Xavier, je ne dis pas pour toujours, mais seulement...

— Jamais ! » interrompit Luc, avec un calme désespérant ; et il s'apprêta de nouveau à fausser compagnie au vieillard.

Mais Xavier se levant et lui barrant le passage :

« Ecoute. Raisonnons. Tu l'aimes cette petite, n'est-ce pas ? »

Luc regarda encore fixement Xavier, qui continua :

« Tu ne peux donc que désirer son bonheur, et tu dois bien te dire que si je venais à mourir... car enfin ça peut m'arriver d'un jour à l'autre ; je suis d'âge à y penser... alors elle serait seule au monde... »

Xavier s'arrêta, quelque peu interloqué en voyant que Luc souriait. Puis il reprit :

« Alors, je te le demande, seule, qu'est-ce qu'elle deviendrait ? Une jeune fille n'en impose guère... »

Luc se prit à rire très-ouvertement ; ce qui parut ne faire qu'imparfaitement le compte de Xavier, à qui revenaient trop en mémoire les oppositions de Jean-Marie.

« Tu ris, tu ris ! dit le vieillard, moins calme qu'il ne voulait le laisser voir. — Ce n'est pas une raison, ça, surtout quand je te parle sérieusement. Voyons, je te dis cette seule chose : si je te priais de ce service ? Tu m'entends. Fais ta réponse. »

Luc parut se consulter, puis il dit résolûment :

« Pas mon affaire, ça. Parlez-en à la petite. »

Et, quoiqu'il s'interposât encore, Xavier ne put empêcher Luc de gagner l'espèce de niche-alcôve où était son lit, dans un coin de cette pièce du moulin, et de s'y accommoder en homme qui se dispose à y goûter le plus paisible repos.

« Eh bien! à la petite, soit! repartit Xavier, après être resté un instant sans savoir quelle contenance prendre devant un interlocuteur qui faisait si peu de cas de ses argumeuts. — Mais au moins promets-moi que tu ne lui feras rien savoir de ce que je viens de te dire là.

— Promets, » fit Luc, en soulevant tant soit peu sa tête, mais simplement pour la placer mieux sur le chevet.

Et il ferma les yeux.

Xavier pensa inutile d'insister.

XII

PARLEZ-EN A LUC

Qu'à l'issue de cet entretien, dont le résultat lui donnait singulièrement à réfléchir, Xavier, abordé et questionné par Jean-Marie, hésita à lui faire une confidence qui pouvait n'être rien moins qu'un formel assentiment donné à un système que la veille il avait combattu, et auquel il lui répugnait encore de s'associer : cela s'explique. Mais que dès ce moment une sérieuse inquiétude ne fût pas jetée dans son esprit. c'est ce dont il est grandement permis de douter.

Il faisait à peine jour. Xavier remonta dans sa chambre, se jeta tout habillé sur son lit, et se prit à discuter avec lui-même les délicates conclusions à tirer des répliques et de l'attitude de Luc, pendant l'espèce d'interrogatoire qu'il venait de lui faire subir.

Partagé entre sa foi première et l'influence des suggestions de Jean-Marie, il ne cherchait pas sans difficulté à justifier l'accueil au moins étrange, sinon brutal, sinon inconvenant, que Luc avait fait à ses ouvertures toutes pacifiques, toutes pleines de con-. descendance.

Si, même il allait jusqu'à trouver ce sans-gêne autorisé par un long séjour dans une maison où. jamais on ne l'avait traité comme un inférieur, encore ne s'expliquait-il pas le sourire, le rire que Luc avait laissé voir quand lui, Xavier, invoquait la plus triste éventualité personnelle.

« Ce que, moi mort, deviendra Marguerite, seule? — Et le voilà riant comme si je parlais d'une chose toute plaisante. »

Et le bon vouloir de justification qu'éprouvait Xavier échouerait contre ce malencontreux accès d'hilarité, qui semblait tout juste à point venu pour coïncider avec les suspicions de Jean-Marie.

Xavier entendit remuer dans la chambre voisine. C'était Marguerite qui se levait. Elle devait traverser sa chambre pour descendre. Il s'assit sur le pied du lit, et attendit.

Comme de coutume Marguerite vint l'embrasser en passsant. Il la retint.

« Causons, petite, veux-tu ?

— Oui, grand-père, je veux bien.

— M'est avis que nous allons peut-être enfin nous entendre.

— Je ne demande pas mieux, grand-père.

— Je m'étonne même que cette idée ne me soit pas venue plus tôt. Il s'agit comme tu penses bien...

— De mon mariage, ça va de soi, fit Marguerite avec le sourire particulier qu'elle semblait tenir en réserve pour les nombreuses occasions où son grand-père entamait ce fameux chapître.

— Tu ris, folle, tu ris toujours, par manière de dire que je ne pense qu'à ça. Et à quoi donc veux-tu que je pense ?

— Tenez, voilà que je suis sérieuse. »

Et Dieu sait l'air sérieux qu'elle prit.

« Cette fois, continua lentement le vieillard qui observait minutieusement l'effet de ses paroles, tu ne me reprocheras pas d'avoir été chercher bien loin.

— Ah ! fit Marguerite, dont la curiosité parut tout à coup assez vivement excitée.

— Non, reprit Xavier à qui le mouvement de Marguerite n'avait pas échappé. — Je me suis dit : Voilà bien ce que souvent il en est de nous. Nous ferons un chemin du diable pour ne pas trouver ce que nous trouverions sans sortir de chez nous.

-- Ah ! vous vous êtes dit ça ! »

Et Marguerite arrêta sur son grand-père des yeux avidement interrogateurs.

« Oui je me suis dit ça. J'ai regardé sous ce toit, sous le propre toit où nous sommes, continua Xavier qui, bien que sur ces mots elle se fût détournée avec l'évidente intention de feindre l'indifférence, put cependant voir la jeune fille s'empourprer jusqu'aux yeux, — je veux dire enfin précisa-t-il, dans le moulin Coudret même.

— Ah ! dans le moulin Coudret même, répéta-t-elle après un instant, d'un ton machinal, en remettant tranquillement en face du vieillard son visage, dont elle devait bien sentir que la rougeur n'était pas effacée.

— Oui, reprit Xavier, j'ai regardé dans le moulin Coudret, et qu'est-ce que j'y ai vu?... »

Xavier fit une pause comme pour tâcher de pénétrer mieux les sentiments que les regards de Marguerite fixés sur lui semblaient cependant traduire sans la moindre équivoque.

« J'y ai vu, continua le vieillard, un vaillant garçon qui n'est pas riche d'écus, non... Mais après tout, la richesse d'écus ne fait pas toujours le bonheur.

— C'est bien mon avis, déclara très-sérieusement Marguerite.

— Richesse de cœur vaut quelquefois autant, reprit le grand-père.

— Et mainte fois plus, se hâta d'ajouter la petite-fille avec une sorte d'élan.

— Voilà, me semble-t-il, que déjà nous ne nous accordons pas mal, remarqua Xavier, qui à mesure que Marguerite se mettait à l'aise avec lui, était au contraire pris d'une gêne croissante, car jamais peut-être il ne lui était arrivé d'user avec elle de pareille fausseté.

— Nous nous accordons parfaitement, dit Marguerite avec la même spontanéité.

— Mon Dieu oui ! reprit le vieillard, à qui ce jeu hypocrite commençait à répugner, et qui d'ailleurs pouvait craindre, lui peu coutumier de supercherie, que, s'il s'avançait davantage, la retraite lui fût trop malaisée — nous voilà parfaitement d'accord jusque-là, mais il pourrait cependant y avoir d'autre part quelque petite difficulté.

— Ah vraiment ! dit Marguerite, qui laissa voir quelque surprise de ce revirement subit, mais dont l'accent n'était peut-être pas exempt d'une certaine expression railleuse.

— Et quand je dis petite, continua Xavier, c'est peut-être bien grande qu'il faudrait entendre

— Ah! ah! patatra! s'écria Marguerite, en retrouvant tout à coup ce rire qui tant de fois déjà avait désespéré Xavier, et contre lequel il avait si souvent émoussé ses meilleures armes — voilà tout le beau projet qui s'éboule... ah, ah!...

— Attends, attends-donc! » fit le vieillard que ce maudit rire paraissait singulièrement agacer.

Mais Marguerite s'écriait encore, en riant plus fort :

« Et de dix! grand-père, et de dix! Mais cette fois c'est votre faute et non pas la mienne. Comment voulez-vous qu'on se marie, avec un grand-père qui démolit de lui-même les mariages... Ah! ah!... Et de dix! et de dix! »

Et elle riait en se frottant les mains.

« Voyons, voyons, parlons raison, hasarda Xavier quelque peu déconcerté.

— Mais je ne déraisonne pas du tout. Avant-hier, ça ne faisait que neuf : vous disiez : Et de neuf! aujourd'hui, ça fait dix : je dis : Et de dix! puisque le projet s'éboule par votre faute.

— Eh! qui te dit que le projet s'éboule? Écoute-moi donc avant de parler.

— Allons, tenez, j'écoute. »

Et Marguerite lui montra de nouveau ce prétend

visage attentif et sérieux, devant lequel il avait tant
de fois brûlé aux moineaux toute la poudre de ses
plus graves argumentations.

« Suis-moi bien, reprit Xavier, qui avait décidé de
brusquer la situation, car il ne manœuvrait qu'avec
d'extrêmes difficultés sous ce regard aiguisé d'ironie.
— Quel âge as-tu, toi?

— Je né sais pas? répondit gravement Marguerite,
il faudra aller demander ça au notaire chez qui nous
avons signé le papier avant-hier.

— Folle, va, fit Xavier en branlant la tête. Oui, tu
as vingt et un ans.

— Et deux jours, ajouta Marguerite, qui paraissait
obligée de faire quelques efforts pour ne pas perdre
sa factice gravité.

—Bien! maintenant dis-moi—poursuivit le grand
père avec une douteuse assurance— car enfin j'imagine que tu le sais mieux que personne, Luc, quel
âge a-t-il, lui.

— Luc, quel âge il a? dit machinalement la jeune
fille, en paraissant se livrer à un certain travail de
réflexion.

— Oui, quel âge il a? répéta le grand-père, non
sans déplorer à part lui de voir le rire endiablé prêt
à faire de nouveau explosion à sa barbe.

— Eh bien mais, repartit ou plutôt bégaya Marguerite qui ne se maîtrisait qu'imparfaitement — il

a trente... oui, trente ans juste de plus que moi.

— Ce qui fait, se hâta de reprendre avec toute l'impassibilité dont il était capable Xavier, qui comptait sans doute en imposer ainsi à sa frivole interlocutrice — ce qui fait cinquante et un ans.

— Sonnés, fit Marguerite sur le point d'éclater.

— Eh bien! articula interrogativement Xavier qui, les poings sur les cuisses, regardait Marguerite en hochant légèrement la tête.

— Eh bien! répéta la jeune fille, qui croisa ses mains, les laissa retomber devant elle, et opposa son regard enjoué au regard morne du vieillard.

— Ne trouves-tu pas que ce soit une belle différence d'âge? Hein! »

Marguerite n'était guère en état de répondre : elle riait à se tenir les flancs.

Pourtant, le premier et bruyant accès passé, pendant lequel il eût risqué de réclamer en pure perte :

« Peste de l'écervelée! s'écria-t-il, pas moyen de parler raison avec elle!

— Pas moyen de rire avec vous, riposta Marguerite. Puis se donnant la plus sérieuse contenance : Mais voilà que je ne ris plus.

— Et pourquoi riais-tu si fort?

— Apparemment parce que vous aviez dit quelque chose qui m'avait semblé drôle.

— Quoi? qu'avais-je dit? qu'entre toi et Luc la différence d'âge était grande.

— Oui.

— C'est ça qui t'avait paru drôle ?

— Il faut bien ?

— Tu ne trouves donc pas comme moi ?...

— Mais non, je ne trouve pas.

— Trente ans !

— Eh bien, trente ans ? Quand ce serait bien quarante, cinquante, qu'importe! pourvu que la bonne entente soit dans le ménage, n'est-ce pas la première condition ?

— Je ne dis pas, mais encore...

— Encore quoi ? demanda Marguerite, avec une certaine impatience, qui pouvait aussi bien paraître profondément arrogante qu'innocemment railleuse. Puis elle reprit d'un ton radouci : « Tenez, grand-père, savez-vous ? Parlez-lui-en, à lui.

— A Luc ?

— Oui, à Luc ! et vous verrez.

— Qu'est-ce que je verrai ?

— Que vous vous serez bientôt mis d'accord; que les empéchements seront bientôt levés.

— Penses-tu ? fit le grand père ébahi.

— J'en ai l'assurance, » répliqua très-sérieusement Marguerite.

Et comme Xavier restait sur son ébahissement :

« Oui, répéta-t-elle, parlez-lui-en, je ne vous dis que ça. »

Et elle fit un pas pour sortir. Xavier la rappela :

« Mais toi, promets-moi de ne pas lui en parler.

— Oh ! je vous le promets bien ! »

Et elle sortit, sans avoir quitté son sérieux.

XIII.

QUE VOUS DISAIS-JE ?

Après être demeuré un instant comme étourdi par le choc des réflexions qui devaient naturellement assaillir son esprit, à la suite des deux étranges entretiens qu'il venait d'avoir, Xavier alla à la fenêtre, et machinalement l'ouvrit, pour pouvoir respirer plus à l'aise.

Son regard, errant au dehors, tomba sur Jean-Marie, qui se promenait, en se dandinant d'un air capable, sur l'un des sentiers creux qui, divergeant

du grand chemin, aboutissaient à la vigne du coteau.

Sans hésiter, Xavier descendit, sortit du moulin,
et alla droit au jeune homme, qui, le voyant approcher, se rengorgea pour l'attendre.

Quelques minutes plus trard, Jean-Marie, instruit
jusqu'au moindre détail de tout ce qui s'était passé
entre le patron et le garçon meunier, entre le grand-
père et la petite-fille, Jean-Marie s'écria majestueu-
ment :

« Eh bien ! père Coudret, que vous disais-je ? »

Puis il reprenait, d'une voix flûtée, en ponctuant
ses phrases, lentes et méthodiques, de petits coups
frappés avec l'index sur un des bras ballants de
Xavier.

« De tout ça, mon brave père Coudret, qu'est-ce
que vous pouvez conclure; sinon que Jean-Marie
sait y voir clair, quand il veut s'en donner la peine.
Le fin mot de toutes ces simagrées, je pense que
vous l'avez maintenant : à savoir que la convention
est arrêtée entre eux, si bien que maître Luc s'en-
dort tranquillement, en se moquant à part lui de
tout ce que vous pourriez dire ou faire. Quand vous
lui demandez quelques jours d'absence, il vous répond : « Parlez-en à la petite, » parce qu'il sait bien
que vous seriez sans force contre elle, alors qu'elle
se refuserait à cette séparation. De son côté elle vous

renvoie à lui, quand vous vous avisez de discuter la convenance de leur projet. Elle a sa leçon bien faite, allez? sans que ça paraisse. Tout d'abord, tant que vous avez eu l'air d'abonder sans réserve dans leur sens, n'avez-vous pas vu qu'elle a paru aise, qu'elle vous a écouté sérieusement, et qu'elle vous a répondu de même ?

— C'est vrai ! dit Xavier presque étonné, et comme si Jean-Marie eût fait autre chose que reproduire ce qu'il venait d'entendre raconter par Xavier.

— Mais du moment que vous avez laissé comprendre qu'il pourrait y avoir des difficultés, la voilà qui s'est mise à rire, n'est-ce pas ?

— Ah ! comme une dératée.

— Pardienne, comme toutes les fois que vous avez voulu discuter avec elle sur le même sujet. Le mot lui est donné, bien donné. Il sait bien, lui le madré, qu'en lui recommandant de rire toutes les fois que vous voudrez parler raison, vous serez toujours démonté. Il sait bien que si elle vous écoutait jamais sans rire, vous l'auriez vite détrompée. Et il lui dit. « Ris toujours, ris quand même. » C'est ce qu'elle fait. Que voulez-vous ? la pauvre petite, elle est prise, elle est dans le panneau, elle fait bien ce qu'on lui demande. Puis il lui dit aussi : « Quand tu te verras poussée à bout, eh bien ! renvoie-le à moi. » Et il vous attend, lui, de pied ferme. D'abord il se dit que

du moment que vous viendrez débattre l'affaire avec
lui, il y aura déjà un grand pas de fait, parce qu'alors
ça montrera que l'affaire peut être débattue : et qu'il
n'aura plus qu'à faire valoir les raisons qu'il tient en
réserve contre vous. Ces raisons, qui les sait ? qui
les peut savoir, sinon lui ? Il n'a pas l'air si endormi
pour ne pas songer profondément à ses menées. Suffit qu'il vous attende ! Et même voulez-vous mon
avis ? Le voici tout net : Si vous avez le malheur
d'entrer d'une seule parole en pourparler sur ce point,
l'affaire est bâclée, à votre détriment ; vous serez con-
tourné, enlacé, amené à convenir de tout. Ses plans
sont bien tirés, allez : il y a mis le temps, et ce n'est
pas pour rien qu'il montre tant d'assurance et de
sans gêne...

— Le fait est... voulut remarquer Xavier ; mais
Jean-Marie l'interrompit, qui ne cédait pas aussi fa-
cilement la parole, surtout quand il touchait à sa
péroraison.

— Donc, si vous m'en croyez, vous vous garderez
bien d'ouvrir avec lui la bouche sur rien qui ait trait
à l'affaire proprement dite, et vous ne songerez qu'à
l'éloigner, en prenant des motifs aussi étrangers que
possible au vrai motif, sans quoi vous risquez d'être
joué, et joliment. En deux mots, je vous le dis, père
Coudret, vous avez comme qui dirait une peste chez
vous. »

Xavier parut vouloir se récrier, comme jugeant l'expression peut-être un peu vive.

« Oui, je maintiens la parole, reprit vivement Jean-Marie, une peste, une vraie peste. »

Le vieillard fit, en haussant légèrement les épaules, certaine moue de passive condescendence.

« Et, continua le jeune homme qui s'animait par degrés, vous ne devez avoir d'autre souci que de vous en débarrasser. Le moulin Coudret, cette vieille maison de famille, est bien à vous n'est-ce pas ?

— Mais ! fît, en se redressant Xavier, qui ne pouvait en vain entendre évoquer le titre dont il était glorieux.

— Et partant vous devez y être maître, entièrement maître.

— Mais !...

— C'est pourquoi !...

Jean-Marie, un doigt posé sur son front, s'interrompit tout à coup, puis mettant une main sur l'épaule du vieillard.

« Ça voyons, père Coudret, reprit-il, vous me croyez un honnête homme ?

— Sûrement, repartit Xavier, qui n'articula pas cette assertion sans paraître se demander, avec une certaine inquiétude, quelles devaient en être les conséquences.

— Et n'est-ce pas ? vous avez confiance en moi ?

— Sûrement, répéta Xavier, d'un ton dont Jean-Marie ne saisit pas ou ne voulut pas saisir le caractère quelque peu restrictif, car il s'écria : « Eh bien ! laissez-moi faire ! »

Et il sembla vouloir s'éloigner.

Mais Xavier le retint :

« Faire quoi? demanda-t-il, à la grande surprise de Jean-Marie, qui semblait trouver singulièrement inopportune cette velléité de contrôle, vous comprenez, j'aimerais assez à savoir...

— Savoir, savoir! fit Jean-Marie d'un accent maussade. Comment voulez-vous savoir ce que je ne sais pas moi-même. Quand je dis: « laissez-moi faire, » je veux dire : « laissez-moi réfléchir, laissez-moi penser. » Ça demande réflexion.

— Ah ! bon ! »

Et Xavier le lâcha.

« En tout cas, reprit Jean-Marie, qui mettait peut-être dans ces mots une pointe d'ironie, croyez-vous donc que je voudrais faire quelque chose sans me conseiller à vous auparavant?

— Non, pas le moins du monde, répliqua Xavier, d'un ton qui, pour être encore affecté de bonhomie, devait laisser entendre à l'important qu'il n'était pas comptable qu'à lui-même de ses faits et gestes au moulin Coudret. »

Xavier parut à son tour vouloir s'éloigner, mais à

son tour Jean-Marie le retint, qui sans doute ne jugeait pas inutile de chercher à reconquérir séance te-
nante le peu d'avantage qu'il sentait avoir perdu.

« Vous comprenez bien, père Coudret, reprit-il
avec une courtoise familiarité, il ne s'agit pas là d'une
niaiserie. Si avisé qu'on soit, encore faut-il le temps
de bien voir l'affaire par tous ses côtés, pour ne pas
broncher au premier pas, et risquer de tout gâter.
Mais soyez tranquille, nous avons finesse et sagesse. »

Et Jean-Marie se grandissait.

« Bien ! » fit Xavier, sans le moindre enthousiasme.

Jean-Marie continua, en redoublant de mines im-
portantes.

« Ce qu'il faut trouver, mon Dieu, ça peut être
bien simple, comme ça peut être aussi bien difficile :
c'est le moyen honnête de faire valoir ici votre volonté contre celle de cet homme ; le moyen de lui
donner son sac sans qu'il regimbe. Vous comprenez.

— Oui, » repartit froidement Xavier.

Et Jean-Marie s'exhaussant encore :

« Oh mais ! ne soyez pas en peine, ce moyen nous
le trouverons, vous n'en doutez pas ?

— Non.

— Voyez-vous ! c'est la présence de cet homme qui
fait empêchement à tout. Une fois le moyen trouvé,
nous l'employons, ou bien vous l'employez. L'homme
a son sac. Il part. Le voilà parti. La petite boude un

peu d'abord ; il faut bien s'y attendre. Mais c'est l'affaire de quelques jours. Ça se passe bientôt ; je ne lui donne pas une semaine pour qu'elle ne pense plus à rien, vu que vous ne restez pas tout ce temps-là sans la prendre par les sentiments : et du moment que l'autre n'est plus là pour la commander à sa façon, pour empêcher à la sourdine l'effet de vos sages propos, elle fait alors attention à ce que vous dites, les bons sentiments la gagnent tout naturellement ; ça va comme sur des roulettes ; enfin, vous comprenez.

— Oui, fit Xavier tranquillement.

— Et alors..., reprit avec quelque hésitation Jean-Marie, dont la verve commençait à se ressentir du froid persistant de son auditeur.

— Alors ? demanda Xavier avec un glacial intérêt et comme pour la forme.

— Alors, ce qui arrive, vous le voyez d'ici. Vous laissez passer quelques jours, pour que tout ça n'ait pas l'air d'un coup monté entre nous. Au bout de ces quelques jours, vous me faites signe ; je trouve encore un motif pour revenir au moulin. Le vieux galant n'étant plus là, la petite n'a plus l'aversion des jeunes. De sa dernière conversion, on s'en charge, du moment qu'on peut l'aborder. On n'a pas sa langue ni son esprit dans sa poche, ça n'est plus qu'une affaire de pourparlers. Bref, elle dit oui ; vous ne dites pas non. On convient du jour, les bans se publient, le jour arrive ; on va par-devant M. le maire et par-devant M. le curé, et enfin vous voilà au comble : vous avez un gendre. N'est-ce pas ainsi que les choses doivent aller et qu'elles iront? Hein! papa Coudret, n'est-ce pas bien rangé tout ça? »

Et Jean-Marie, qui s'était fort démené, qui riait à petit bruit, tapotait du plat de la main sur l'abdomen quelque peu rebondi du vieillard.

« Parfaitement, repartit Xavier, toujours aussi impassible.

— Maintenant, reprit Jean-Marie, les deux mains dans les goussets de son gilet, le front baissé, l'œil en dessous, maintenant je vais penser.

— Oui, c'est ça, dit le vieillard, pensez; mais qu'il soit bien entendu au moins que vous ne ferez rien, ni aujourd'hui, ni plus tard, sans que j'en sois prévenu.

— Soyez donc tranquille! soyez donc tranquille!

— Oh! je suis bien tranquille! » dit Xavier, qui aurait pu se dispenser d'énoncer cette affirmation.

Et il regagna le moulin, laissant Jean-Marie libre de penser en plein air tout à son aise.

XIV

PASSER N'EST PAS JOUER

Quoique affecté d'une idée fixe, fort avouablement motivée d'ailleurs, qui, le cas échéant, pouvait sembler le mettre à la merci du premier qui savait y avoir recours, Xavier Coudret n'était rien moins qu'un pauvre d'esprit, rien moins qu'une personnalité débile et passive.

« Ça mais, faisait-il à part lui, en s'éloignant de Jean-Marie, voilà un gaillard qui me paraît vouloir prendre ici des allures que je ne me soucie guère de lui octroyer. Si je ne l'avais un peu contenu tout à l'heure, je ne sais pas trop où il se serait arrêté. « Et laissez-moi faire! et laissez-moi dire! et patati, et patata! » Avec sa finesse, avec sa sagesse, Dieu sait la belle besogne qu'il ne manquerait peut-être pas de me tailler céans. Oh ! mais, tout beau Jean-Marie Nivard ! tout beau ! C'est vous qui l'avez dit, d'ailleurs : Au moulin Coudret, il n'y a que moi de maître, et je compte bien le faire voir autant pour vous que pour les autres,

« — Mon prétentieux s'en irait faire quelque esclandre, quelque remue-ménage. Pas de ça, Lisette, pas de ça, s'il vous plaît ! Lavons, comme on dit, notre petit linge entre nous ; c'est mieux, bien mieux. Je ne l'entends pas autrement, et ça ne sera pas autrement. »

Mais après cette sortie, qui, pour paraître logique, ne laissait pas que d'être au fond quelque peu inconsidérée, Xavier dut se demander s'il n'avait pas tout d'abord certaine accusation à porter contre lui-même, et force lui fut bien de reconnaître, à son grand regret, qu'en cette délicate circonstance sa propre conduite n'était pas exempte de légèreté.

Xavier n'avait-il pas à se reprocher particulièrement d'être allé, en véritable étourdi, faire à Jean-Marie une confidence, qui n'impliquait rien moins de sa part qu'une reconnaissance formelle du rôle que celui-ci s'était attribué, et qu'une sorte de renoncement à toute initiative personnelle, puisqu'elle comportait à la fois et l'aveu d'un manque de discernement, et l'appel à un intelligent auxiliaire ?

N'avait-il-pas ainsi fait de sa cause privée presque la cause de cet étranger ? et devait-il s'en prendre à d'autre que lui, si cet étranger venait à s'immiscer d'une manière absolue, arbitraire, dans un débat où en somme il n'avait rien à prétendre, sinon l'honneur d'en avoir découvert les éléments ?

Cet honneur, Xavier ne pouvait malheureusement le lui dénier, car tout en déplorant que Jean-Marie se trouvât mêlé à cette affaire, tout en redoutant qu'il voulût s'aviser d'y prendre une part trop effective, il était encore obligé de reconnaître que, seul, Jean-Marie avait su porter quelque lumière sur une question si longtemps ténébreuse.

Que n'avait-il donc su prendre pour lui les avis lumineux de Jean-Marie, sans paraître y attacher aucune importance, mais en se réservant d'en tirer tacitement profit ?

Après avoir acquis quelques probabilités à l'aide de ces avis, quel déplorable instinct de faiblesse ou d'effroi l'avait donc poussé à remettre ainsi la solution de ce différend intime aux soins d'une sorte de brouillon vaniteux qui, sa pénétration reconnue, s'en autorisait pour imposer sa malencontreuse coopération ?

Le secret était-il donc si difficile à garder ?

Ainsi se formulaient les regrets de Xavier, et aux regrets venaient se joindre les appréhensions.

Serait-il possible de paralyser l'action de Jean-Marie, soit en lui affirmant, même contre l'évidence, qu'il avait fait fausse route et qu'on s'était égaré à sa suite, soit en exigeant directement de lui la neutralité ?

Si l'on parvenait à l'éliminer, Jean-Marie, venu

dans le but avoué de remonter au principe qui devait mettre hors de cause son chatouilleux amour-propre, Jean-Marie, qui resterait convaincu d'avoir fait preuve d'une irrécusable perspicacité, n'emporterait-il pas un dépit, qui le pousserait à livrer le secret du moulin Coudret en pâture aux commérages du canton?

Et si on ne réussissait ni à lui donner le change, ni à le réduire à la passivité, ou si même on ne l'enrayait qu'après qu'il aurait pu relativement s'avancer, qu'allait-il imaginer? qu'allait-il tenter? Quel fâcheux, quel scandaleux éclat n'y avait-il pas à redouter de son audacieuse intervention?

Autant de questions et presque autant de problèmes qui mettaient l'esprit peu inventif de Xavier fort mal à l'aise.

Peut-être du fond de tout cela Xavier eût-il pu faire ressortir un exposé bien moins compliqué de l'épineuse situation, dans laquelle il prévoyait qu'il pourrait être condamné à se débattre longuement : à savoir, que par suite d'impressions peut-être mal définies, la personnalité de Jean-Marie ne lui inspirait plus qu'une douteuse sympathie, et qu'il ne souriait plus que médiocrement à l'idée de devoir à Jean-Marie la réalisation de son rêve cependant le plus cher.

Quelle explication trouver de ce revirement? Fal-

lait-il y voir tout simplement le résultat d'une appréciation plus réfléchie du caractère assez outrecuidant
du jeune homme, portant le vieillard à en redouter
les conséquences pour l'avenir de sa petite-fille ? ou
fallait-il, allant à l'extrême, y découvrir cette sorte
d'ombrageux sentiment qui parfois nous pousse à
l'instinctive négation du service rendu, alors que nous
y trouvons la constatation de notre faiblesse ou de
notre infériorité.

Quoi qu'il en fût des précédents, et quoi qu'il en
dût être des éventualités, Xavier ne se dissimula pas
que la conduite qu'il aurait à tenir en face de Jean-
Marie, pourrait offrir de singulières complications ;
et il ne manqua pas de se reconnaître peu apte aux
pratiques tortueuses auxquelles il devrait nécessairement avoir recours.

Réflexion faite, Xavier comprit que dans une conjoncture où il y avait pour lui un égal danger à se
servir de telle ou telle arme, la meilleure tactique
serait encore de s'abstenir et de gagner du temps.

Il rentre au moulin, cherche Luc, et faisant avec
lui comme avec un homme dont il n'a en aucun cas
à redouter l'indiscrétion :

« Tu vas, lui dit-il, laisser de côté toutes les autres
moutures pour faire passer celle de ce garçon, qui est
là à s'ennuyer au moulin. Il est pressé ; il faut qu'il
emmène sa farine. »

Luc fit de la tête un geste d'assentiment.

« En commençant maintenant, quand penses-tu que ça soit fini ? »

Luc toisa du regard les sacs entassés et répondit :

« Demain midi.

— Bon ! plus tôt, si c'est possible. Mets, s'il faut, toute l'eau à la roue. Tu entends, enlevons lestement cette besogne. »

Luc jeta un coup d'œil dans la trémie, et, la voyant bien près d'être vide, saisit un des sacs qu'il mit debout et s'apprêta à délier.

Xavier descendit à la salle, où, trouvant la servante et Marguerite, il dit devant elles qu'il s'en allait jusqu'à Saint-Blaise (un village des environs) chez un des fermiers de l'endroit, qui venait de le faire prier de s'y rendre, pour un marché important ; il ajouta qu'il ne comptait pas être absent plus de deux ou trois heures.

Il sortit.

Et en s'éloignant du moulin par un chemin opposé, bien entendu, à celui sur lequel il avait laissé Jean-Marie livré à ses méditations, Xavier, qui trottait de son mieux, disait en lui-même :

« Après tout, passer n'est pas jouer ; le meilleur moyen pour ne pas risquer de perdre, c'est peut-être bien de ne pas chercher à gagner. »

Mais tout en cheminant d'un air satisfait, Xavier

ne laissait pas que de jeter derrière lui de temps en temps un regard légèrement inquiet.

XV

UN SERVICE D'ESTIME

Une demi-heure plus tard environ, Jean-Marie rentrait dans la cour du moulin du pas d'un conquérant qui prend triomphalement possession d'une ville rendue ; et, cherchant Xavier, visitait vainement toutes les pièces et dépendances dont il pouvait s'octroyer l'accès.

Il ne manqua pas de remarquer, mais sans être autorisé à s'en plaindre, que le moulin travaillait pour lui, et que, dès lors, chaque tour de meule abrégeait d'autant la durée du séjour qu'il lui était naturellement permis de faire sous le toit des Coudret.

Partant de cette considération, qui valait bien qu'il en fît cas, Jean-Marie, toujours en quête de Xavier, n'attendit pas longtemps pour s'informer — sans même s'appliquer trop à simuler l'indifférence — auprès de la servante, qui ne put que lui répéter ce qu'elle avait entendu dire à son maître.

Et alors ce ne fut pas sans laisser voir sa maussade impatience qu'il se prit à rôder, pour dépenser en pure pertes des heures qu'il avait sans doute compté mettre si fructueusement à profit, et que la vertigineuse activité des meules dévorait implacablement.

Ce fut bien autre chose quand vers midi — il y avait déjà quatre heures qu'il attendait le retour de Xavier — un jeune gars arriva, qui, le trouvant en croisière devant le portail, s'adressa à lui pour s'acquitter d'une commission qu'il dit avoir reçu de M. Coudret, à Saint-Blaise.

Certaine complication était survenue dans l'affaire qu'il était allé traiter, Xavier avait prié ce garçon, qui devait passer par le vallon Coudret, de dire à ses gens qu'il ne rentrerait qu'un peu plus tard, qu'on ne l'attendît pas pour dîner (1).

L'on dîna donc sans Xavier, et Dieu sait la contenance que Jean-Marie put se donner à cette table, où il n'avait pour tous compagnons que Luc et Marguerite — la tournée d'Étienne devant ce jour-là,

---

(1) Peut-être n'est-il pas inutile de noter ici que dans la généralité des campagnes l'on entend encore par *dîner* le repas qui se fait au milieu du jour.

ainsi que cela lui arrivait souvent, le retenir dehors peut-être jusqu'au soir.

Dieu sait aussi si elles durent lui paraître éternelles les heures de l'après-midi, pendant lesquelles ses regards s'usaient à interroger en vain tous les points de l'horizon.

Il allait, venait dans la cour, poussait une pointe sur chaque route aboutissante, revenait en hâte au moulin, qu'il explorait encore pour s'assurer que le vieillard n'était pas rentré par la route opposée, lorgnait piteusement en passant, et le tas de sacs qui diminuait avec une désolante rapidité, et Luc qui semblait goûter une maligne satisfaction à les vider dans la trémie affamée; rencontrait Marguerite, dont la dédaigneuse impassibilité narguait sa fiévreuse agitation...

Et, sans qu'il parût y prendre le moindre goût, il semblait pourtant de moins en moins disposé à discontinuer cet irritant manége.

Le soleil était déja bien bas lorsque Jean-Marie, en observation à quelque distance du moulin, aperçut Étienne et son attelage qui revenaient par ce même chemin que Xavier avait dû prendre le matin.

Il ne put résister au désir de lui demander s'il avait par hasard rencontré son maître.

Étienne — avec un calme peu propre à calmer

Jean-Marie — lui répondit négativement, et, le laissant continuer sa vigie, passa tranquillement devant lui.

Comme la charrette venait d'entrer dans la cour du moulin et que le conducteur enroulait les guides sur le collier du cheval de timon, Marguerite parut sur le seuil de la maison, un bras à moitié caché dans son tablier, que de l'autre bras elle tenait relevé devant elle.

Elle s'avança jusqu'au milieu de la cour, puis se prit à répandre sur le sol des poignées de grain, en faisant entendre deux ou trois petits cris prolongés, qui eurent bientôt réuni autour d'elle toute la population emplumée, qui l'instant auparavant était éparse aux environs.

Les poules accouraient en s'aidant de l'aile, stimulées par la voix des coqs qui leur cédaient galamment le pas ; les canards, en se déhanchant sur leurs jambes écartées ; les pigeons se précipitaient du toit, et maint pierrot effronté se trémoussait dans la foule.

Et tout cela, se pressant, se bousculant, se chamaillant, luttait de prestesse et de gloutonnerie aux pieds de la jeune fille, qui, procédant lentement, machinalement à la distribution, semblait accorder fort peu d'attention aux heureux que faisaient ses largesses.

Par contre, on pouvait croire qu'elle ne s'abstenait

pas d'observer le jeune homme, et même de subor-
donner aux siennes certaines de ses actions, car dès
que, les chevaux dételés, il eut disparu avec eux dans
l'étable où il devait les attacher devant les crèches
abondamment fournies, Marguerite laissa retomber
tout d'un coup devant elle le grain qui restait dans
son tablier, au lieu de continuer à le répandre poignée par poignée. Puis elle se dirigea vers le poulailler, voisin de l'étable où Étienne venait d'entrer et
y pénétra.

A peine y était-elle qu'un certain fracas se fit entendre.

« Étienne ! Étienne ! cria-t-elle de l'intérienr, sans
que pourtant ses cris pussent inspirer la moindre
inquiétude, car presque en même temps on l'entendait rire très-haut.

— Qu'est-ce donc ? qu'y a-t-il ? demanda le jeune
homme, qui n'était pas moins accouru en toute hâte,
et qui, du seuil, regardait effaré à l'intérieur de la
maisonnette,

— Oh ! pas grand'chose. En voulant prendre les
œufs dans les nids d'en haut, j'ai fait tomber un des
perchoirs, et je ne pourrais pas le remettre toute
seule. Voulez-vous m'aider un peu ?

— Laissez, demoiselle, laissez ; vous risqueriez
de vous faire quelque mal. Je l'arrangerai sans
vous.

— Eh bien, faites. »

Alors Marguerite vint près de la porte, sur le pas de laquelle elle se tint, pendant qu'au fond le jeune homme remettait le perchoir en place.

Au bout d'un instant : « Voilà, dit-il, ça n'y paraît plus. »

Et tout naturellement il s'avançait pour sortir; mais force lui fut bien de s'arrêter, et non sans laisser voir quelque surprise, en face de la jeune fille, qui, étendant la main :

« Attendez, fit-elle, attendez, s'il vous plaît; on a encore quelque chose à vous dire.

— A me dire, répéta le jeune, homme, dont la surprise semblait tourner un peu à l'émotion.

— Oui, affirma très-nettement Marguerite. Ça vous étonne ? Eh mon Dieu ! moi aussi presque autant que vous. Mais on ne fait pas toujours ce qui est ordinaire. Il y a des occasions qui commandent. »

Marguerite s'arrêta et respira bruyamment après ces courtes phrases, comme elle eût pu faire après une longue suite de périodes complexes et étroitement enchaînées.

Le jeune homme la regardait, ébahi.

« Étienne, reprit-elle avec une singulière expression de douceur, si je vous priais de me rendre un service, un grand service même ?...

— Alors, demoiselle, repartit le jeune homme, en

relevant le front par un mouvement de franche et absolue résolution, alors vous n'avez qu'à dire, et si je peux le faire c'est chose comme faite.

— Sans savoir de quoi il s'agit? insinua-t-elle, avec un sourire qui, si l'on peut parler ainsi, ne l'empêchait pas de garder un profond sérieux.

— De quoi il s'agit ? répéta Étienne, avec la plus naturelle indifférence. — du moment que vous le savez, vous !

— Ah ! » fit méditativement la jeune fille.

Puis elle reprit en souriant encore, mais cette fois avec un véritable enjouement :

« Je dois pourtant vous prévenir que cette affaire pourrait bien vous occasionner quelque trouble, et même pour un peu de temps.

— Nous verrons bien ! répliqua Etienne, sans la moindre hésitation, comme sans la moindre forfanterie.

— Vous comprenez : je me serais fait un cas de conscience de ne pas vous avertir.

— Oui, je comprends. Merci, demoiselle. »

Et, du regard profondément attentif qu'il arrêta sur elle, il sembla l'engager à s'expliquer sans plus de retard ni de précautions.

Alors Marguerite, tranquillement :

« Voyez-vous, Etienne, il y a en ce moment au moulin Coudret certain chrétien qui me paraît avoir besoin d'une petite leçon.

— Quoi ! demoiselle ! s'écria Etienne en faisant un bond sur lui-même, — et ses poings se fermaient et son œil étincelait, — est-ce qu'il vous aurait manqué, par hasard ?

— Oh ! non, non ! Dieu merci ! nous n'en sommes pas là. Mais n'importe ! et, sans en vouloir marquer les motifs, je dis qu'il a besoin d'une petite leçon.

— Eh bien ! il la lui faut donner, demoiselle, il la lui faut donner, dit Etienne, avec un accent de calme et intime satisfaction. Allons ! »

Et au geste que fit le jeune homme, et qui fit sourire Marguerite, on eût pu croire qu'il se disposait à entreprendre vaillamment quelque rude tâche physique.

« Tout doux ! fit la jeune fille, desserrez vos poings et rabattez vos manches, il ne s'agit nullement de ce que vous pensez.

— Ah ! Et quoi donc ? demanda Etienne, qui parut comme à regret se mettre au repos.

— Tenez, dit Marguerite, avec une brusquerie prouvant qu'elle craignait de perdre son assurance dans les lentes circonlocutions, j'y vais sans détours. J'ai votre promesse que vous ne marchanderez pas, quoi que je vous demande. Vous ne voudrez pas revenir sur votre parole, je le sais, j'en suis sûre.

— Dites, demoiselle, dites.

— Vous vous souvenez, n'est-ce pas, des propos qu'on a tenus avant-hier soir, après souper, quand les Nivard ont été partis, et que même à la fin mon grand-père s'est fâché quand vous avez refusé de dire votre secret ? Vous n'avez pas oublié ça, je pense ?

— Non, demoiselle, non... balbutia Étienne, qui sembla tout à coup avoir perdu son audacieuse contenance, et qui, bien qu'évidemment impatient de savoir où elle voulait en venir, ne regardait plus que furtivement la jeune fille.

— C'est bien ! reprit Marguerite. Maintenant, voici ce que je voudrais. Ce soir, au souper, en présence de mon grand-père et en présence du Nivard, je voudrais vous entendre répéter certaines paroles que je vais vous dire.

— Certaines paroles, fit Étienne fort déconcerté.

— Oui, c'est même tout le service que je vous demande. Vous êtes toujours bien décidé ?

— Certes !

— Même si ces paroles étaient contre vos sentiments, et sans vous soucier de ce qui pourrait s'en suivre ?

— N'importe !

— Voyez-vous, c'est une idée qui m'est venue. Apparemment, elle vous semblera drôle, mais moi je la pense bonne. Je me suis dit que peut-être vous m'estimeriez assez pour vous y prêter sans faire aucune condition. Ce sera donc un vrai service d'estime que vous m'aurez rendu ; je ne manquerai pas de vous en savoir gré, et, encore une fois, je...

— Encore une fois, vous n'avez qu'à dire, demoi-selle, interrompit Étienne, qui semblait avoir recouvré toute son assurance.

— Alors, écoutez bien. Tantôt, quand nous serons à table tous ensemble, on ne manquera pas de deviser. Je fais mon affaire d'amener les propos sur un sujet que je sais, et tout par un moment je dirai à mon grand-père quelque chose comme : « Demandez plutôt l'avis d'Étienne ; » ou bien à vous quelque chose comme : « Allons, Étienne, ne cachez pas votre pensée. » C'est bien entendu, n'est-ce pas ?

— Très-bien.

— Alors ce sera votre tour de parler, et je vais vous dire les paroles que vous devrez faire entendre. Tâchez au moins de les bien retenir d'une première fois, pour qu'il ne me soit pas besoin de les redire.

— Soyez tranquille. Je n'en perds rien. »

Marguerite tarda un instant, comme pour se recueillir, puis attachant sur le jeune homme un regard dont l'intention semblait être de détourner ceux qu'il pourrait fixer sur elle, elle reprit, d'une voix qui, on le comprenait, ne parvenait pas sans quelques efforts à avoir son timbre ordinaire :

« Parlant à mon grand-père, vous direz, de la façon la plus décidée que vous serez capable de prendre : « Eh bien ! ma foi, il en sera ce qu'il pourra ;

mais je ferai voir aujourd'hui le fond de ma pensée. »
Il ne faudra pas manquer, observa Marguerite, de
mettre quelque élan à d're ça, sans quoi ça n'aurait
l'air de rien, et il faut que ça ait l'air de quelque
chose. Vous comprenez ?

— Oui, je comprends, repartit Étienne d'un ton
quelque peu machinal, préoccupé qu'il était de
chercher à pressentir ce qui allait suivre.

— Je reprends. Suivez bien. C'est maintenant en
votre lieu que je parle : « L'autre soir, maître, vous
n'avez point paru content quand je vous ai dit
que je gardais pour moi les raisons faisant que je
ne songe pas à me marier; vous m'avez bravement envoyé au diable, en me reprochant de vous
contrecarrer, d'être de ceux qui conseillent à la demoiselle l'aversion du mariage. Ce reproche m'a été
sensible, je l'ai à cœur; c'est pourquoi aujourd'hui je
vous dirai toute la vérité. Écoutez-la donc. »

Étienne allait sinon réclamer, au moins témoigner
quelque appréhension. Marguerite le prévint :

« Retiendrez-vous bien tout ça au moins ? D'ailleurs, quand vous changeriez quelques paroles, le
mal ne serait pas grand, pourvu que ça voulut dire
la même chose, et pourvu qu'il y eût quelque feu
dans vos propos. »

Et Marguerite reprit du ton le plus naturel, sans
penser qu'il lui fût utile d'avertir Étienne qu'elle
prenait de nouveau sa place :

« Oui, écoutez la vérité. Si je ne songe pas à me marier, ce n'est point que je tienne le mariage en aversion, non, bien au contraire : s'il ne dépendait que de moi, marié, je le serais bientôt. »

Les lèvres d'Étienne s'entrouvrirent encore, mais Marguerite les força encore au silence :

« Attendez-donc ! » fit-elle avec une impérieuse douceur.

Et elle poursuivit :

« Oui, bientôt; mais ça ne dépend pas de moi. Voyez-vous, moi, je suis de ceux qui pensent qu'avant de songer à rechercher une fille il faut l'aimer, l'aimer bien, et se dire qu'on voudra toujours l'aimer pour elle, pour les bonnes qualités qu'elle a — un peu peut-être aussi pour sa beauté, si elle en a — sans faire tout d'abord attention aux sommes dont elle est maîtresse en propre, ni à ces vilains comptes qu'on appelle les espérances sur les parents.

— Ah ! voilà que vous parlez bien, demoiselle ! s'écria Étienne, qui presque aussitôt parut regretter de n'avoir pas su se taire.

— Vous trouvez ! fit Marguerite avec un charmant sourire; donc ça s'accorde avec vos pensées ? Tant mieux ! Ainsi ça vous sera plus aisé à dire. Mais allons encore : « Et c'est ce que j'ai fait, voyez-vous, de me prendre à aimer, sans songer à autre chose qu'à aimer bien. Une jeunesse s'est trouvée, me paraissant avoir quelque richesse de cœur et aussi quelque beauté... (si Étienne eût été à même de faire une remarque quelconque à ce moment, il se fût certainement aperçu que Marguerite baissait les yeux en parlant ainsi, et que sa voix était affectée d'un certain tremblement insolite) et, ma foi ! j'ai laissé tout mon cœur aller à cette jeunesse, sans prendre garde, moi pauvre, qu'il y avait des sommes dont elle est maîtresse en propre et qu'elle a aussi des espérances sur ses parents, et le jour que j'y ai pris garde je me suis vu dans un grand embarras, parce que j'ai pensé : « Si je fais savoir mon amour, on croira que c'est de sa seule richesse sonnante que je me suis entiché; j'aurais beau assurer que non, on croira toujours que si. On dira : « Comment ne serait-ce pas son « sentiment, à lui pauvre, puisque c'est le plus sou- « vent le sentiment des riches ? » Et je serais rebuté comme n'aimant pas, moi qui aime tant. Et pour tout au monde je ne voudrais pas être soupçonné d'avoir songé à aimer la richesse d'argent avant la richesse de cœur. C'est ma fierté, que je veux garder parce qu'elle m'est bonne. Alors je m'étais dis : « Eh bien ! je ne risquerai pas mon amour vrai à ces soupçons, dont je souffrirais trop. Je me tairai; aucun ne saura l'amour que j'ai, et si on me demande pourquoi je ne songe pas à me marier, je dirai : « Parce que j'ai décidé de rester seul. » rien de plus.

C'était le moyen que j'avais trouvé, non pas pour sortir d'embarras, mais pour y rester tranquillement,
sans qu'il en coûtât rien à ma paix de cœur. »

Marguerite aurait pu continuer ainsi longtemps sans
avoir à craindre d'être interrompue par Étienne, qui,
rougissant, pâlissant tour à tour, le regard errant, incertain, semblait saisi d'une sorte de fascination; on eût
dit qu'il se demandait en rêve s'il était bien vrai que
ce fût un autre qui parlât et non pas lui. Mais Marguerite, en gardant le silence pendant un instant, lui
rendit la conscience de la réalité.

« Quoi ! demoiselle ! s'écria-t-il, vous voulez que
j'aille dire ça ?

— Oui, répliqua nettement Marguerite, et même
autre chose encore.

— Mais songez donc ?...

— Quoi ? qu'il vous en coûtera de parler ainsi ?
Eh ! pardienne, la belle affaire s'il ne vous en devait
rien coûter : le premier venu en ferait autant que
vous alors. D'ailleurs, en vous engageant à me
rendre service, n'avez-vous pas dit : « N'importe !

— C'est vrai ! fit le jeune homme, avec une énergique soumission.

— Alors je peux dire le reste. Retenez-le bien.
Voilà que je reprends à parler pour vous. « L'autre
soir, je ne vous ai rien voulu faire savoir de mon
secret; ce soir, au contraire, je ne vous en veux rien
cacher, pas même le nom de la personne. »

Marguerite s'exprimait avec une lenteur croissante, comme pour pouvoir observer mieux l'effet de ses paroles sur Étienne, qui la regardait avec une étrange fixité.

« M'est avis, continua-t-elle. qu'ainsi vous n'aurez plus à me reproccher de vouloir vous contrecarrer, ni conseiller l'aversion du mariage à votre fille, et sûrement vous comprendrez pourquoi je n'ai pas tout d'abord voulu dire le fond de ma pensée. »

Marguerite fit une légère pause, puis elle reprit avec une excessive précipitation, et en atténuant très-sensiblement l'éclat de sa voix :

« La personne, elle s'appelle Marguerite Coudret. »

Puis, sans paraître prendre garde à l'extrême saisissement dans lequel Étienne était comme perdu, elle ajouta du ton le plus calme, le plus naturel :

« Voilà tout ce que vous aurez à dire. Ainsi, je peux compter sur vous, je pense. Je vous en sais gré d'avance; je vous en saurai gré plus tard. »

Et elle parut vouloir clore ainsi l'entretien.

« Eh quoi! vraiment, demoiselle... balbutia Étienne, vous pensez... vous désirez... vous...

Il cherchait des expressions qui refusaient de venir.

« Je pense, repartit vivement Marguerite, que vous ne voudrez pas manquer à votre promesse; je désire que vous me rendiez ce service. Est-ce que vous ne tiendrez pas votre parole? est-ce qu'il faudra m'adresser à quelque autre?

— Je ne dis pas, demoiselle, objecta timidement
Étienne, qui cependant commençait à se reconnaître.

— Ah! fit Marguerite avec un mouvement d'impatience peut-être un peu hautaine, si vous voulez
vous démentir, dites-le! Si vous avez peur, dites-le!

— Peur! répéta Étienne, que cette parole malson-
nante sembla rendre tout à fait à lui-même, peur et
de quoi?

— Est-ce que je sais, moi? répondit la jeune fille,
avec une première nuance de gêne.

— Non, je n'ai pas peur, reprit avec une douce dignité le jeune homme, qui ajouta, en faisant alors
insinueux son accent et pénétrant son regard. Mais
voyons, dites-moi, je vous prie, demoiselle, après que
j'aurai dit tout ça?...

— Après? répéta Marguerite, qui, à son tour,
laissa voir une véritable confusion, eh bien,
après...»

Et, comme trouvant tout à coup une issue :

« J'entends, reprit-elle avec une expression de rail-
lerie assez mal réussie... — les suites. Vous ne te-
niez pas à les savoir tout à l'heure, maintenant c'est
changé. Voilà.

— Pardon, demoiselle, insista tranquillement
Étienne, mais vous parliez d'une leçon... Je ne vois
guère...

— Eh! ne suffit-il pas que je voie, moi? Ne suffit-il pas que j'en fasse mon affaire? N'est-ce pas convenu ainsi? riposta Marguerite, qui, on le comprenait, était loin, bien loin de posséder l'assurance qu'auraient pu témoigner ses paroles.

— Oui, c'est convenu ainsi, » dit le jeune homme.

Et un instant de silence se fit, pendant lequel, à défaut d'autres questions adressées à la jeune fille, Étienne sembla vouloir la soumettre à la pressante et avide interrogation d'un regard, qu'elle ne parvenait à éviter qu'en trahissant par sa rougeur, par la gaucherie de son maintien, le plus pénible embarras.

« Après tout, reprit-elle avec une certaine résolution, mais sans trouver cependant l'audace de regarder Étienne en face, après tout, si vous voulez qu'il n'y ait rien de convenu, n'en parlons plus.

— Je ne dis pas ça, demoiselle.

— Alors, que dites-vous donc?

— Je dis, répliqua-t-il, en atténuant d'un léger sourire l'accent peut-être un peu solennel qu'il venait de prendre, je dis que je ferai le possible, comme j'ai promis.

— Alors, c'est bien! »

Et Marguerite lui tourna le dos. Et elle rentra au moulin en affectant une allure fort tranquille; mais sans remarquer qu'elle s'était rendue au poulailler avec la prétendue intention de prendre les œufs dans les nids, et qu'elle revenait les mains vides.

Étienne avait, lui, l'air singulièrement préoccupé quand il reparut dans la cour, pour retourner auprès des animaux, qui attendaient ses soins.

XVI

SUFFIT !

La nuit tombait. Jean-Marie, las, morfondu, s'était pour la vingtième fois peut-être, lancé à la découverte dans chaque direction, lorsque enfin, sur un chemin qui n'était pas celui de Saint-Blaise, il distingua la silhouette du vieux meunier, au-devant duquel il se porta en toute hâte.

Peut-être usant d'une prérogative qu'il n'était pas homme à se dénier, se disposait-il sinon à lui adresser des remontrances, au moins à réclamer de lui la justification d'une absence aussi inopinée et aussi prolongée.

Mais Xavier ne lui donna pas ce loisir.

« Ah ! laissez donc ! s'écria-t-il en levant les bras, en s'agitant, et surtout en se gardant bien de ralentir

le pas, ne m'en parlez point. Je suis d'une humeur à
battre mon père. Il y a, voyez-vous, par le monde
des gens qui ne valent pas qu'on se dérange d'ici là
pour eux ! des gens qui voudraient tout avoir, ne
rien faire gagner aux autres !. . Mais, j'y songe, jusqu'où diable avez-vous donc poussé ce matin après
m'avoir quitté? J'ai regardé dans le chemin, pour vous
dire que je partais...

— Je ne me suis pas éloigné cependant. . .

— C'est drôle ! Je ne vous ai pas vu. Vous étiez
sûrement derrière les arbres, au détour.

— Sûrement.

— D'ailleurs, allais-je me douter de ce qui me
pendait au nez? Je croyais être dehors pour deux heures
au plus. Comme vous me quittiez, un garçon m'ac-
coste qui me dit que Claude Huchon, de Saint-Blaise,
me mande pour l'affaire dont il m'avait parlé la semaine dernière au marché du bourg... Le connais-
sez-vous, Claude Huchon, de Saint-Blaise ?

— Non, ma foi.

— Et Honoré Divaud, du Creux-Courbon ?

— Non plus.

— Ça se peut, après tout, vu que vous ne devez
guère avoir affaire de leur côté.

— Jamais.

— Eh bien, entre nous, c'est deux fameux serre-
deniers que vous avez en moins dans vos connais-

sances ! Ils font le commerce ensemble des blés, des foins, des farines, des chevaux... Tous les tripotages, quoi ! Et, encore qu'ils demeurent à trois bonnes heures l'un de l'autre, ils se tiennent d'intérêt, voyez-vous, comme deux cuisses de la même noix. Ah ! les madrés, ils croyaient m'avoir, mais ils ne m'ont pas eu ! Non ! Et moi je le dis, je le redis : plutôt que faire tourner les meules à ces conditions, j'aimerais mieux ouvrir toutes les vannes du biez, donner toute l'eau aux prés, et que jamais la roue ne branlât de dessus son essieu ! »

En s'exprimant, en s'écriant ainsi, Xavier précipitait de plus en plus sa marche vers le moulin, quelque effort que pût indirectement tenter pour l'enrayer Jean-Marie, qui avait peine à le suivre, et qui ne voyait pas volontiers diminuer le parcours pendant lequel il devait lui être possible d'entretenir le vieillard en particulier.

Mais Xavier savait bien ce qu'il faisait.

« Vous ne vous figurez pas, reprit-il en affectant d'être essoufflé, en ôtant son chapeau pour essuyer le front, non, vous ne vous figurez pas le trajet que ces gueux-là m'ont fait faire ; ce serait long à vous expliquer : de Saint-Blaise au Creux-Courbon, du Creux-Courbon à Saint-Blaise, Claude Huchon ne pouvant rien faire sans Honoré Divaud, ni Honoré Divaud sans Claude Huchon. Allons voir l'un ! revenons chez l'autre ! Si je n'ai pas dix lieues à la semelle de mes souliers, je n'ai pas dix pas... Et tout ça pour ne pas nous entendre, pour ne pas convenir d'une mouture d'un boisseau. Mais je n'en ai pas voulu démordre. Il s'agissait pourtant d'une grosse affaire : au moins deux semaines de travail ; mais travailler pour le plaisir d'user les meules : non, ça n'est pas la peine. Et d'ailleurs nous ne chômerons pas faute de leur blé ; il y a encore des pratiques raisonnables, Dieu merci ! Mais n'importe ! j'ai les jambes dans le ventre. Où est-il, mon lit ? Ah ! je ne l'aurais pas volé ! Le souper doit être prêt ; j'avale une assiette de soupe, un verre de vin, et bonsoir la compagnie ! »

Cette chaude tirade avait conduit Xavier jusqu'au seuil du portail, qu'il franchissait plus allègrement que n'aurait dû le faire un homme se disant fourbu, rendu ; et peut-être estimait-il déjà avoir habilement éludé la confidence que Jean-Marie ne pouvait manquer de lui tenir en réserve pour son retour.

« Oui, fit Jean-Marie, qui sans plus de façon saisit le bonhomme au collet, et l'arrêta net devant lui, oui, mais auparavant il faudra, s'il vous plaît, m'écouter un moment ; j'ai quelque chose à vous dire pour notre affaire.

— Là ? comme ça, dans la cour ? objecta Xavier. On pourra nous voir, se douter.

— Non, il fait nuit, on ne nous verra pas. D'ailleurs il n'y a rien d'étonnant, vu votre retour, que je vous parle un peu... puis aussi il le faut. Et il n'y a pas de temps à perdre. Votre satané bourru se sera méfié de quelque chose, il a mis mon grain au moulin.

— Bah !

— Et il faut voir comme les sacs filent.

— Attendez, je vas le faire cesser... »

Et Xavier s'élançait.

« Y pensez-vous ? fit Jean-Marie en le retenant, C'est pour le coup qu'il éventerait la connivence. Il ne faut pas le faire cesser, mais il faut mettre le temps à profit.

— Mettons.

— Écoutez alors. Écoutez.

— Mais, s'il vous plaît, un peu vite, n'est-ce pas. Tenez, voyez : je suis trempé de sueur... je fume... je fume !... Si je n'allais pas prestement me rechanger un peu, il y aurait de quoi prendre le mal de...

— Ne perdons pas de temps.

— J'écoute. Je suis tout oreilles. »

Et Xavier, l'œil clignotant, la tête inclinée, parut en effet prêter à Jean-Marie une attention particulière, — l'attention d'un procureur, qui suivrait minutieusement l'exposé d'un litige, pour tâcher d'en saisir d'emblée le côté à lui profitable.

« Ce que nous cherchions, reprit à mi-voix le jeune homme, c'était un moyen détourné de donner le congé au bourru.

— Oui ! fit complaisamment le vieillard, en branlant la tête de haut en bas.

— Eh bien ! l'affaire est trouvée. Tantôt, quand nous serons à table ensemble pour souper, je me charge d'amener l'entretien sur un point où le bourru ne pourra pas moins faire que de placer son mot.

— Oui ! mais pas d'esclandre au moins, objecta peut-être pour la forme Xavier, qui n'avait pas le moins du monde l'air alarmé par cette prévision.

— Non, non, n'ayez crainte, ça se fera tout doucement. Je répliquerai tout doucement aussi, mais de telle façon que ça me vaudra, bien sûr, de sa part, une réplique assez peu douce... Soyez tranquille, je le saurai pousser par là sans qu'il y ait escalandre. Qand je jugerai la chose arrivée au point voulu, je vous dirai : « Monsieur Coudret, n'était que le respect pour vous me retient, je répondrais comme je dois à ceux qui me manquent chez vous. » Et je prendrai l'air peiné d'un homme qui a la colère au cœur, sans pouvoir la faire éclater. Alors vous direz « Oui, c'est vrai, on vous a manqué chez moi, monsieur Jean-Marie; mais ne vous inquiétez pas, c'est une chose qui n'arrivera plus, ni à vous, ni à d'autres, j'en fais serment. D'ailleurs, je m'aperçois depuis quelque temps qu'il y a ici des gens qui veulent être plus maîtres que moi dans ma maison, et c'est ce que je n'entends pas souffrir ; car enfin si on n'a pas égard aux grosses pratiques, comme vous... » — le fait est que je puis passer pour une grosse pratique, n'est-ce pas père Coudret ? remarqua incidemment Jean-Marie ; et en faisant sonner cette raison d'intérêt la chose aura l'air de venir tout naturellement — « oui, si on n'a pas égard aux grosses, que sera-t-il donc bientôt des petites ? Bientôt le moulin chômera, c'est sûr... Oh ! mais j'y mettrai ordre, soyez... »

Xavier coupa brusquement la parole à Jean-Marie.

» Suffit ! suffit ! répéta-t-il en lui posant la main sur la poitrine, en voilà plus qu'il n'en faut. Entendu ! très-bien ! Serait bête comme une oie qui ne comprendrait pas. Pardieu ! Jean-Marie, voilà qui est bellement trouvé.

— Vous comprenez, voulut cependant insister Jean-Marie; qui ne péchait jamais par excès de confiance en la perspicacité d'autrui, là-dessus vous vous montez un peu, et... »

Xavier l'interrompit de nouveau.

« Mais, encore une fois, suffit ! Pour qui donc me prenez-vous ? N'ai-je point de cervelle, à votre avis ? C'est convenu, bien convenu. Faites tant seulement de votre côté, et laissez-moi faire du mien. »

Xavier avait réussi à emmener Jean-Marie tout
près de la maison. Il reprit :

« La table doit être mise. Entrez dans la salle ; je
monte à ma chambre pour me rechanger, je redes-
cends, et. . et... à nous revoir tantôt, » ajouta-t-il
d'un air de mystérieuse intelligence, en frappant
deux ou trois petits coups sur l'épaule du jeune
homme.

Puis il le quitta.

Jean-Marie entra gaillardement dans la salle,
s'approcha, les mains écartées, en faisant mine de frissonner, du feu clair qu'éclaboussait la grande marmite en ébullition ; et, prenant pour thème la fraî-
cheur de la soirée, se prit à deviser tranquillement
avec la servante, qui achevait de dresser le couvert.

XVII

RETRAITE ET DÉFECTION.

Quelques instants plus tard rentrait Xavier, affectant
de renouer sa cravate et de reboutonner son gilet ; puis

Marguerite, puis Étienne, qui attendit que la soupe fut servie, en regardant Marguerite à la dérobée, puis Luc, qui alla s'asseoir à sa place ordinaire. Et bientôt la soupière, posée fumante au milieu de la table, eut mis face à face tous les hôtes du moulin.

A peine les cuillers se plongeaient-elles dans les assiettes que déjà Jean-Marie parut vouloir engager le partie. Il débuta par l'insignifiant commentaire de quelque futile incident, mais ses périodes étaient évidemment travaillées, combinées pour atteindre indirectement à un but déterminé.

Toutefois, Xavier semblait être seul à s'apercevoir de ces efforts : de temps en temps il jetait un regard inquiet sur Luc, qui ne paraissait accorder aucune attention au babil de Jean-Marie.

Enfin, Jean-Marie, ne tarda pas d'arriver par des circonlocutions sur un terrain plus solide, où il put se mouvoir plus à l'aise   Il mit en cause les divers caractères qu'on rencontre dans le monde, depuis les plus gais jusqu'aux plus tristes, depuis les parleurs opiniâtres jusqu'aux gens qui semblent avoir perdu le don de la parole. Il remarqua, chemin faisant, que les plus diserts sont souvent ceux qui pensent le moins, tandis que certains, qu'on n'entend presque jamais, ruminent parfois de profondes pensées… « car, voyez-vous, les sournois…

Les regards que Xavier jetait sur Luc devenaient

de plus en plus fréquents et inquiets; déjà Luc avait fait à Jean-Marie, à la grande satisfaction de celui-ci, l'honneur d'un oblique coup d'œil, et Marguerite avait paru s'alarmer.

« Oui, voyez-vous, les sournois..., » reprit Jean-Marie, dont le front commençait à rayonner.

Mais la trémie sonna.

Luc, laissant son assiette à moitié pleine, se leva aussitôt et sortit automatiquement. Un voile de déception parut s'étendre sur le visage de Jean-Marie. Xavier sembla secouer un fardeau qui pesait sur sa tête,

Jean-Marie n'acheva pas sa phrase. Le silence s'établit, dont Marguerite ne tarda pas à profiter.

A son tour, elle se prit à battre les buissons pour faire lever le lièvre qu'elle comptait poursuivre. Le lièvre levé, elle le mena assez lestement, assez habilement. La question mariage, pleinement abordée, est sur le tapis. Xavier regarde, tout étonné, sa petite-fille, en cherchant à s'expliquer l'audace insolite dont elle fait preuve, en abordant d'elle-même un sujet qu'elle a toujours eu le soin d'éluder.

Il n'a toutefois aucunement l'air fâché de cette initiative; il semble au contraire, prêter une attention particulière à ce qu'elle dit; et même il donne volontiers la réplique, que d'ailleurs Marguerite provoque. Car, après tout, le voilà revenu sur le terrain où il a encore besoin de se trouver. A part l'avisement fâcheux de Jean-Marie, qu'il espère réussir à éliminer, la question reste encore à résoudre, et il faudra bien qu'elle se résolve. Il ne peut donc s'éclairer de trop de lumières; il doit surtout ne pas manquer d'accueillir celle que Marguerite semble vouloir apporter elle-même.

Jean-Marie est comme oublié, qui du reste paraît uniquement occupé de guetter le retour de Luc.

Marguerite continue, et Xavier se prête avec d'autant plus d'abandon à la discussion que la question se trouve très-primitivement posée. Marguerite a mis en présence ces deux principes de l'opportunité généralement reconnue du mariage, et des craintes qu'il peut inspirer.

« Ah ! les craintes, les craintes ! s'est écrié le bonhomme, vas-tu encore, par hasard, nous parler de la Claire Pirot, ta sœur de lait, d'abord très-heureuse dans un mariage bien assorti, puis tout d'un coup veuve, et tout d'un coup infirme pour le reste de ses jours, et sans ressources avec un enfant à élever ? Encore une fois, est-ce que vos conditions se peuvent comparer ? D'ailleurs il y a peut-être une chance sur cent mille; la pauvre Claire a tiré tout juste le mauvais numéro. S'en suit-il que tu doives le tirer aussi ! »

Alors Marguerite, d'une voix qui n'a peut-être pas toute l'assurance possible :

« Eh bien ! grand-père, demandez l'avis d'Étienne, s'il veut cette fois faire connaître le fond de sa pensée. »

Et elle attendit, non sans une visible anxiété, que le jeune homme se fît entendre.

Mais Étienne, dont la voix était empreinte d'une sourde et presque douloureuse sonorité.

« J'ai regret, grand regret de vous désobéir, demoiselle, dit-il. Non je ne peux pas. Voyez-vous, il y a des parties dont l'enjeu pourrait coûter trop cher, et que, pour ça, on évite de jouer. Oui, j'ai regret... mais je ne peux pas. »

Et comme le regard de la jeune fille était venu sur lui, il répliqua, en accompagnant ses paroles d'un regard profondément suppliant :

« Non, je ne peux pas. »

Alors Marguerite, levant les épaules, et laissant voir un sourire de pitié, qui cependant ne pouvait rien avoir de blessant :

« Allons, fit-elle avec un soupir, ce sera pour une autre fois !

— Que diable a-t-il à nous parler de partie, d'enjeu ? demanda Xavier. Qu'est-ce qu'il veut dire ?

— Je ne sais pas, grand-père. »

Et elle tomba dans le silence, à l'exemple de Jean-Marie, qui guettait toujours attentivement, exclusivement, la rentrée de Luc.

XVIII

OUS EN PRÉSENCE

Mais tout à coup, la porte communiquant avec l'intérieur du moulin s'ouvrit, et Luc parut, qui s'arrêta un instant sur le seuil, pour passer sur ses yeux le dos de sa grosse main.

Jamais contraste plus grand qu'entre l'expression du visage de Jean-Marie et l'expression du visage de Xavier en ce moment.

« Ah ! le voilà donc enfin ! » semblait s'écrier le front rayonnant du jeune homme.

« Diable! diable! » semblait murmurer la moue piteuse du vieillard.

Et tous deux tenaient leur regard arrêté sur l'arrivant.

Bientôt celui-ci, marchant droit à Marguerite; mais, s'adressant à Xavier d'une voix étrangement altérée :

« Oui, tant pis ! je reviens. Vous fâcherez, si vous voulez; m'aviez défendu, mais pouvais plus rester là-bas, sachant la chose; me tardait de la voir, me tardait de l'embrasser ! »

Arrivé près de Marguerite, des deux bras passés sous ses bras, il l'avait soulevée jusqu'à lui; et ses grosses lèvres faisaient bruire de longs, d'étroits baisers sur le front, sur les joues de la jeune fille, qui ne semblait pas la moins étonnée de cette singulière manifestation, mais qui, cependant ne témoignait sa surprise que par un sourire de confusion.

Xavier, après avoir vivement remonté son bonnet sur le haut de son front, regardait ébahi, les deux mains posées au bord de la table.

Jean-Marie faisait entendre une sorte de petit ricanement, dont il ne s'expliquait pas bien peut-être lui-même le motif, et Étienne considérait cette scène avec une vive curiosité.

Jamais peut-être Xavier, Étienne, ni Marguerite elle-même n'avaient entendu autant de paroles se succéder sur les lèvres de Luc. Dieu sait donc si leur étonnement dut redoubler quand il reprit, s'adressant toujours au vieillard, mais cette fois avec un dédaigneux haussement d'épaules :

« Heu ! c'était moi qui l'empêchait de se marier... mes propos ? Si n'étais pas là !... Fallait m'en aller, moi, — oui, avez dit ça, vous, avez pensé ça, vous,

— moi, la quitter ! Elle ! belle mignonne !... Heu ! »
. Et il l'embrassait encore.

« A présent, continua-t-il, elle se mariera tant que
vous voudrez. Oui. Ah ! ah ! savait bien ce qu'elle
faisait. Ah ! ne disait rien à personne, pas même à
son vieux Luc.

Marguerite se prit alors à le regarder très-atten-
tivement.

« Oui, n'est-ce pas ? lui dit-il, te marieras à présent ? pour faire plaisir à grand-père, quand se trouvera bon épouseur. Plus d'empèchement à présent.

On put voir en ce moment Marguerite rougir et
baisser les yeux.

« Allons, allons, reprit Luc, se redressant comme
pour donner à la jeune fille l'exemple de la fierté,
pas rougir, pas baisser les yeux. Non, faut pas.
non ! »

Mais elle ne semblait pas moins embarrassée.

« Ah! je savais bien que c'était toi! fit-il encore en
la contemplant d'un œil animé, je disais bien, moi, à la
mère Pirot : « Vous ne vous trompez-pas. Bon cœur,
bon cœur, cœur d'ange ! Belle mignonne ! »

Et ses baisers de tomber encore sur le front de
Marguerite, qui ne s'enhardissait pas pour cela.

« Mais enfin, s'écria Xavier en se levant, nous
expliqueras-tu ?... »

Alors Luc, le regardant :

« Ah ! c'est vrai ! faut expliquer. Pouvez pas comprendre encore, vous ; c'est vrai, oui. Eh bien, j'explique. Pourquoi ne se mariait pas, elle ? Parce que n'avait pas vingt et un ans sonnés, parceque n'était pas maîtresse de son bien, pour en faire au gré de son cœur. Avant-hier vingt et un ans sonnés, a été au bourg avec vous, chez le notaire. Aujourd'hui le notaire venu chez Claire, — pauvre femme, malade, un enfant à élever, en misère. — Notaire a dit : « Voilà, l'enfant est riche d'une somme, dont la rente est à la mère toujours,... quatre cents francs de rente. » Alors Claire, alors la mère Pirot : « De qui donc ? Comment donc ? » Notaire a dit : « Un secret, ne peux pas dire. » Puis tourné les talons. Alors mère Pirot venue ici, à présent est là-bas encore, pour parler à moi, pour savoir, pleurant... « Il n'y a qu'elle, que Marguerite ; mais faut pas, voulons pas, nous ! Brave fille, bonne fille ! Mais reprenne son argent ; faut lui dire, Luc, faut lui dire. » Alors Luc est rentré ici. M'aviez défendu : n'importe ! venu pour embrasser belle mignonne, moi. »

Et Luc ne disait encore rien qu'il ne fît.

« Mais, bulbutia Marguerite, ce n'est pas...

— Tais-toi ! interrompit fièrement Luc, pas dire non ! C'est toi, oui ! »

Xavier semblait méditer profondément.

Jean-Marie avait l'air de chercher vainement à comprendre.

Étienne, accoudé des deux bras, le menton sur ses mains croisées, pâle, immobile, paraissait en contemplation devant Marguerite.

« Avez compris, comprenez à présent ? reprit Luc.

— Oui, je crois, repartit Xavier : elle a attendu d'être maîtresse de son bien. Sortie de chez le notaire avec moi, avant-hier, elle y est retournée toute seule ; elle l'a chargé de placer une somme sur la tête du petit, avec la rente laissée à la mère. »

— Oui, voilà ! fit Luc. Belle mignonne !

— Mais, sapristi, fillette, s'écria Xavier, quatre cents francs de rente, y as-tu songé ? ça fait au principal huit mille francs.

— Hein ! comment, huit mille francs, répéta, en bondissant sur lui-même, Jean-Marie, qui seulement alors parut avoir compris, et qui resta debout, les yeux clignotants, une main étendue, — huit mille francs, mais ça fait tout juste la moitié de sa...

Marguerite l'empêcha bien d'en dire davantage. Jusque-là elle était demeurée comme perdue dans une sorte de naïve, d'humble confusion, mais, sur ces paroles de Jean-Marie, elle se redressa tout à coup, et, faisant toutefois comme s'il n'eût pas été de sa dignité de les avoir entendues :

« Eh bien ! grand-père, ces huit mille francs n'é-
taient-ils donc pas à moi ? » demanda-t-elle, avec
une respectueuse assurance.

Et, en abaissant le digne regard qu'elle venait de
diriger vers le vieillard, elle put voir étinceler
deux grosses larmes qui descendaient lentement sur
les joues blêmies d'Étienne.

« Je ne dis pas, fillette, je ne dis pas, objecta le
grand-père, mais...

— Mais, se hâta de reprendre Luc en souriant,
et en frappant doucement sur l'épaule de Marguerite, mais se mariera à présent, plus d'empêchement.

— Possible ! fit, de son air le plus suffisant, Jean-
Marie, qui enjambait le banc pour quitter la table,
mais je vous déclare net, père Coudret, que pour ma
part me voilà bien guéri de mes prétentions. Serviteur ! Ce beau coup de tête de huit mille francs
n'est pas de bonne garantie pour... »

Il était dit apparemment que Jean-Marie ne serait
pas admis à énoncer entièrement ses pensées; mais
cette fois ce fut une voix plus retentissante que celle
de Marguerite qui l'interrompit.

« Ah ! par exemple, s'écriait, en frappant du plat
de la main sur la table, Étienne qui venait de se lever d'un élan, et dont le visage avait subitement
trouvé une vive coloration, m'est avis que voilà ici

maintenant une plaisante chose qu'on voudrait s'aviser de nous faire voir! Ma foi, maître, faut qu'il y ait des gens qui tiennent bien grande votre bonté, ou qni croient bien couards les gens de chez vous, pour oser venir vous faire outrage dans votre propre maison. Mais si vous êtes bon à ce point de ne pas prendre garde aux avanies de ces malavisés, les gens de chez vous ne veulent pas qu'on les tienne couards envers ceux-là qui vous auront manqué; non, ils ne le veulent pas ! »

Étienne s'interrompit, comme pour demander du regard à Marguerite une approbation qu'elle ne lui fit pas attendre, — car pendant que Xavier, Luc et Jean-Marie lui-même semblaient, encore chercher à s'expliquer la cause de sa violente sortie, Marguerite, l'œil animé, le front haut, affectant la plus digne, la plus imposante attitude, paraissait unir avec une intime satisfaction sa pensée à la sienne.

« Oui, pardieu ! reprit Etienne avec un surcroît d'autorité, d'une voix au fond de laquelle grondait la menaçante ironie, oui, il y a une chose que je trouve grandement plaisante, et je vais la dire. Des gens sont venus ici, il y a deux jours, se faire dédaigneusement rebuter pour leur vanité, leur sottise; et les voilà qui reviennent ici même, devant vous, maître, devant l'honnête personne dont ils ont été rebutés, et ils osent parler encore de leurs prétentions, et ils disent

que c'est seulement d'à présent et de leur chef qu'ils en
sont guéris, comme si vraiment il dépendait d'eux de
de les faire valoir et réussir... Ah ! ah ! je vous le
dis, maître, voilà une chose que je trouve grandement plaisante. »

Etienne, qui ricanait sourdement, et qui tournait
l'une dans l'autre ses grandes mains, dont les doigts
craquaient, Étienne avait quitté sa place et fait un
pas comme pour couper la retraite à Jean-Marie,
qu'il affectait cependant de ne pas regarder, mais qui,
les bras pendants, le front plissé, les lèvres entre-bâil-
lées, semblait alors comprendre parfaitement la situation, — situation devenue évidemment fort claire
aussi pour Luc, qui, une main sur la hanche, l'autre
sur l'épaule de Marguerite, souriait dans sa barbe,
qu'on voyait frissonner, et pour Xavier, dont la mine
quelque peu méditative ne paraissait témoigner que
le contraire du mécontement.

« En vérité, continua Étienne, d'où donc viennent-
ils ceux-là ? Où donc ont-ils appris ces belles façons
d'agir ? Les voilà, me semble-t-il, diablement har-
dis ! Ça mais, pour qui donc veulent-ils avoir l'air
de la prendre, l'honnête personne d'ici, qu'ils font
avec elle comme on pourrait faire avec une délaissée,
avec une méprisée. Mais il n'y a qu'eux de méprisés,
il n'y a qu'eux de délaissés, rien qu'eux ! Ils ne savent donc pas que jamais aucun n'a été en droit

de porter sur elle un coup d'œil qui ne fût pas d'estime et de respect ? jamais en droit de dire une parole faisant doute de ses belles qualités ? Croirait-on pas qu'elle soit aussi quelque pauvre mal tournée, mal facée, en quête d'un aveugle pour la prendre sans voir sa laideur, alors que chacun dans le canton s'en va faisant cas de sa beauté et de son avenant maintien ?

— Eh mais ! » fit avec un élan d'intime orgueil le grand-père, qui se rengorgeait en regardant sa petite-fille, qui devait, en ce moment, une grâce de plus aux sentiments de sincère modestie que trahissait sa contenance.

Et l'exclamation de Xavier ne parut nullement contribuer à mettre Jean-Marie à son aise.

« Qu'ont-ils donc espéré en venant jouer ici ce jeu malhonnête ? demanda encore indirectement Étienne.

— Ont-ils pensé prendre ainsi leur revanche, afin de s'en aller ensuite au dehors se vanter d'avoir fait fi de ce qu'ils n'ont pas pu obtenir ? Possible ! mais en ce cas le bon Dieu fasse que de leurs propos du dehors il n'en revienne aucun ici.

— Je le pense bien ! dit Xavier en hochant significativement la tête.

— Sans quoi, reprit Étienne, il pourrait partir d'ici des gens pour s'en aller fièrement dire devant eux qu'ils ont menti comme damnés, et aussi pour les obliger, tout vantards qu'ils soient, à tenir leur bouche fermée, s'ils n'avaient que ces vantardises à faire entendre.

— Et ça serait bien vu ! » s'écria Xavier, trouvant sans doute que, pour se débarrasser des dernières appréhensions que pouvait encore lui causer le sentiment de sa conduite un instant si radicalement inconsidérée, le système de formelle intimidation devait être plus efficace que les obliques et évasives manœuvres auxquelles il avait eu recours.

Étienne reprit :

« C'est par égard pour vous, maître, que je n'en dis pas plus, et peut-être aussi que je n'en fais pas plus. »

Puis, regardant Marguerite :

« Seulement je m'étais laissé aller à croire qu'il y avait ici « certain chrétien ayant besoin d'une petite « leçon, et, ma foi, j'ai fait le possible, » non pas ce qui n'était point possible. »

Puis, arrêtant, pour la première fois depuis qu'il parlait, son regard sur Jean-Marie, mais avec une significative fixité.

« A Dieu plaise qu'elle soit suffisante la leçon ; et qu'on en fasse le compte qui en doit être fait ; vu que s'il m'arrivait de la recommencer je pourrais songer à m'y prendre d'une autre façon. En tout cas, si je n'ai pas su me faire comprendre assez bien, je suis tout prêt à aller m'expliquer ailleurs et autrément. »

Enfin, ramenant son regard vers Xavier :

« Voilà, maître, tout ce que j'avais à dire.

— Et c'est honnêtement, c'est bravement parler, » repartit Xavier, qui d'une main serrait la main de l'énergique jeune homme, et de l'autre s'appuyait sur son épaule avec une sorte de paternelle familiarité.

Un silence se fit, pendant lequel Jean-Marie parut débattre laborieusement avec lui-même la forme de la réplique destinée à couvrir d'une apparence de dignité la retraite qu'il avait évidemment hâte d'opérer.

« Après tout, dit-il, en affectant d'abord une certaine expression goguenarde, qui ne tint pas devant un coup d'œil que lui lança Étienne, m'est avis que chacun... »

Mais comme si Jean-Marie n'eût rien dit, ou plutôt même comme s'il n'eût pas été là, Marguerite, s'adressant à Luc :

« Tu sais nos conventions ? dit-elle.

— Tiens, oui. A propos, s'écria Xavier, pendant que Jean-Marie cherchait encore à se composer un maintien après le nouvel affront qu'il venait de subir, qu'est-ce que donc que ces fameuses conventions ?

— Fameuses! Quelqu'un vous en a donc parlé? demanda tranquillement Marguerite.

— Eh! eh !... fit le grand-père, qui, sans trop de générosité jeta un coup d'œil sur le visage bouleversé de son ci-devant complice.

— Ah! » gronda Luc, en écartant comme pour préparer à l'action ses bras, au bout desquels ses gros poings se serraient.

Et cette brève exclamation ne sembla pas contribuer à rendre plus hautaine la contenance de Jean-Marie.

« Mon Dieu, reprit doucement la jeune fille, le mystère n'est pas grand.

— N'importe ! dit Xavier, à qui cette facile déclaration de Marguerite parut causer une profonde satisfaction, n'importe, j'aurais plaisir...

— A savoir ce que c'est ? Tant que vous voudrez, grand-père. Eh bien ! nos conventions, c'est une promesse que j'ai faite de mon chef à Luc, un jour qu'il me laissait comprendre qu'il ne pourrait pas vivre sans me voir. Je lui dis qu'apparemment nous ne serions jamais séparés. « Qui sait ? » fit-il d'un air grandement inquiet. Alors je lui dis que tant que ça pourrait dépendre de vous, il n'y avait rien à craindre, vu que s'il vous arrivait par impossible de penser à lui donner son congé, c'était moi que l'affaire regardait, et que je saurais bien vous faire départir de cette pensée.

Jean-Marie, à qui aucun des hôtes coutumiers du moulin ne semblait plus accorder la moindre attention depuis quelques instants, et qui avait paru vouloir profiter de cette favorable disposition pour s'esquiver à petit bruit, Jean-Marie, au moment de tirer la porte à lui, se retourna, et, de l'ombre où il se trouvait, dirigea sur la jeune fille un regard sincèrement curieux ; et il parut sincèrement croire qu'il pouvait y avoir encore chance pour lui d'être appelé à revenir triomphalement sur ses pas.

Tous les yeux étaient sur Marguerite, dont les yeux prirent, si nous pouvons parler ainsi, le regard de Luc pour le conduire sur le jeune garçon meunier qui était à côté du grand-père. Puis elle dit d'une voix assez mal assurée :

« Avec lui, craindrais-tu ?

— Oh ! non, s'écria Luc, qui fit rapidement deux ou trois pas pour prendre et étreindre énergiquement la main d'Étienne, dont le visage exprima soudain un indicible saisissement.

— Tu dis non, ajouta Marguerite, alors, moi, je dis oui. »

Jean-Marie, qui guettait les mains croisées sur sa poitrine, les laissa lourdement retomber.

« Étienne ! fit Xavier, qui ne pouvait que montrer aussi une extrême surprise, mais...

— Quoi ? s'empressa de reprendre Marguerite, qui

ne s'énonçait pas sans avoir à lutter pour dominer son trouble, qu'allez-vous dire, grand-père? Qu'il n'a pas fait sa demande? Mais c'est convenu, bien convenu entre nous. S'il n'en a rien dit encore, c'est qu'apparemment il y avait ici des gens qui le gênaient. »

Le regard baissé de la jeune fille fouillait, aigu, dans l'ombre qui enveloppait Jean-Marie.

Un bruit de porte vivement fermée fit se retourner machinalement Luc et Xavier.

Alors Marguerite, jetant ses deux bras autour du cou de son grand-père, et mettant sa joue contre sa joue :

« Soyez tranquille, dit-elle d'une voix caressante, maintenant il parlera, parce que nous voilà entre nous, et parce qu'il sait bien que si vous vous avisiez de dire non alors que j'ai enfin dit oui, il pourrait bien m'arriver de ne plus vouloir dire oui, jamais... »

. . . .

. . . .

Cela se passait il y a une huitaine d'années.

XIX

AUJOURD'HUI

Xavier, qui porte gaillardement aujourd'hui ses quatre-vingt-trois ans, ne songe à rien moins qu'à « aller compléter chez le bon Dieu la légion des meuniers Coudret. »

« Rien ne presse, dit-il, car si bien que je puisse espérer d'être là-haut, je ne serais certainement pas mieux qu'ici. Voilà pourtant ce qu'il en est de nous. Dans le temps, il me semblait que je partirais sans regret du moment que j'aurais pu voir ma petite-fille bien mariée, et du moment que l'assurance me serait ainsi donnée que le moulin ne tomberait pas prochainement à des étrangers. Quant à la perte de notre vieux nom, j'en avais pris mon parti depuis longtemps. Eh bien ! aujourd'hui, non-seulement ma petite-fille est mariée au plus honnête, au plus vaillant garçon, — ce qui me fait dire en passant que j'ai eu grand tort quand, pour la question de richesse, j'ai quelque peu hésité à approuver son choix, — non-seulement me voilà certain que le moulin n'est pas plus prêt à sortir de la famille que la famille du moulin, mais encore le vieux nom reste, le vieux nom restera. Avant le mariage, vu qu'Etienne travaillait pour nous, on l'appelait Etienne de chez Coudret ; depuis le mariage, on dit Étienne Coudret, et il ne réclame pas. Ses enfants portent le nom de leur père sur les registres de la commune, mais personne dans le pays ne dit autrement que : « le petit Xavier Coudret, le petit Luc Coudret. » En voilà, certes, pour bien des années. Je pourrais donc m'endormir tranquille, bien tranquille à présent ; mais, pour aller retrouver là-haut les anciens, il me faudrait quitter les jeunes ; et il fait si bon parmi ceux-là ! Bah ! qui sait ? reprend, en se campant droit comme 1, le vieillard, dont l'œil jette encore de francs éclairs, et dont le sourire montre encore une rangée de dents bien luisantes, je les verrai peut-être se marier aussi, ceux-là. »

Et si c'est devant Luc qu'il s'exprime ainsi, il ne manquera point d'ajouter :

« Car j'espère bien que tu ne leur apprendras pas que le mariage ne vaut rien. D'ailleurs tu aurais au moins un exemple contre toi, si tu t'avisais de leur dire qu'il n'y a point de bons ménages. »

Et Luc ripostera invariablement :

« Rien qu'un ! »

Les opinions de Luc se sont, on le voit, notablement modifiées, mais non pas jusque-là d'admettre la règle en vertu de l'exception.

II

LA MOISSONNEUSE

I

La nuit tombée, le souper achevé, la mère et le fils quittant la ferme où, pendant la journée, ils avaient été employés, lui en qualité de moissonneur, elle comme femme d'aide, s'acheminèrent vers leur pauvre demeure, chétive maisonnette isolée dans la campagne.

La mère était une petite femme maigre, hâve, prématurément blanchie, ridée et courbée : on lui eût donné plus de soixante ans, bien qu'elle en comptât à peine cinquante.

Le fils était un grand et beau jeune homme de vingt-cinq ans environ. La douceur de son regard, le calme retenu de ses mouvements atténuaient la mâle expression de ses traits, et la rude énergie de ses formes musculeuses.

Ils marchaient côte à côte.

« En ce temps là, mon garçon, dit la mère pour-

suivant l'entretien commencé, nous n'étions pas réduits comme maintenant à vendre notre labeur au
premier venu. C'était nous, au contraire, qui avions
domestiques et gens de corvée. Ton père, on l'appelait le maître ; moi, madame Anselme, et non pas la
mère Anselme, comme maintenant. Pour ce qui est
de toi, mon Claude, ah ! qu'on m'aurait affligée si on
m'était venu dire alors que je te verrais fauchant,
moissonnant, bêchant à la tâche chez les autres,
moyennant un piètre gagnement, tandis que moi, je
serais ou servante journalière en temps de récolte,
ou lavandière aux jours de lessive ! J'avais tant de
joie déjà à penser que, l'âge venu, tu commanderais
après ton père sur le domaine, te faisant, comme lui,
bravement et justement obéir, comme lui, sans fierté
dans la richesse, comme lui, bon aux pauvres gens.
Ah ! le sort nous a été rude qui nous a fait tomber
si bas.

— Que voulez-vous, mère ? repartit le fils, tout ce
que nous pourrions dire ne changerait rien à notre
condition. Le mieux est donc de surmonter les regrets ;
car au moins avons-nous la consolation de penser
qu'en ces tristes choses, il n'y en a aucune qui soit
causée par votre faute ni par celle du défunt.

— Oh non ! nous avons bien fait jusqu'au bout,
lui et moi, ce qui dépendait de nous pour échapper
à cette extrémité ; mais toutes les mauvaises chances

semblaient s'être unies contre nous. Ça a commencé
par la banqueroute du notaire qui tenait nos quelques économies ; des terres que nous croyions payées
ne l'étaient pas ; la grêle vient qui coupe nous blés,
ravage nos vignes ; la clavelée se met au troupeau ;
enfin le feu passe à son tour pour enlever le peu qui
restait... Ah ! quand j'y songe !...

— Il n'y faut plus songer, mère, et prendre fièrement notre parti.

— Las ! ton pauvre père n'a pas pu le prendre, lui.
Ça l'a tué. Moi, j'ai supporté le coup. Les femmes
sont plus fortes contre le chagrin, vois-tu. D'ailleurs
si j'étais morte, aussi, moi, que serais-tu devenu, toi,
qui n'avais guère plus de cinq ans alors ? Qu'est-ce
qui t'aurait recueilli, assisté ? Point de parents proches
du côté de ton père. De mon côté il y en avait bien
un ; mais ce n'est pas ce frère-là qui aurait voulu
faire quelque chose pour l'enfant de sa sœur.

— Croyez-vous, mère ?

— Oh oui ! je le crois. Il a trop tourné sa haine
contre moi... mais du moins je ne suis pas en reste
avec lui.

— Et pourtant, mère, si alors que sa femme mou-
rut, mon oncle était mort aussi, laissant abandonnée
sa petite Claudette, j'en ai l'assurance, vous l'auriez
prise afin de lui être une bonne mère ; et vous auriez
travaillé pour elle, en même temps que pour moi.

— En ça je n'aurais fait que mon devoir de sœur.

— Eh bien ! pourquoi voulez-vous penser que mon oncle n'eût pas fait, à l'occasion, son devoir de frère ?

— Parce que..., » repartit, avec quelque embarras, la mère, s'arrêtant comme pour chercher, malgré l'ombre, à lire dans les yeux de son fils : Mais toi, Claude, me diras-tu pourquoi, depuis quelque temps, depuis longtemps même, chaque fois que nous revenons sur ces propos, tu sembles être avec lui contre moi. S'il habitait le pays je croirais que sous main, il travaille à te détacher de moi. Ça ne m'étonnerait nullement de sa part Mais réponds-moi, n'y aurait-il point par là quelques gens trop avisés, qui se seraient donné cette sournoise et vilaine tâche.

— Non, mère, je vous en fais serment ! Depuis que mon oncle est parti, personne ne m'a parlé de lui autrement que pour me demander d'aventure si je savais ce qu'il est devenu. A quoi je n'ai jamais pu répondre. Il y a bien des années de son départ, au moins dix-huit, je crois. C'est à ce point que j'ai presque entièrement oublié son visage. J'avais sept ans cependant quand il quitta le pays, mais dans les deux dernières années, il ne venait plus chez nous, et je n'allais plus chez lui. Il n'en est pas de même du visage de ma petite cousine Claudette. Oh ! je ne l'ai pas oubliée. Je la vois encore comme si c'était hier, avec ses longs cheveux couleur du pain bis, qui se bouclaient tout autour de sa tête, avec ses yeux clairs et sa belle face ronde toute rose fleurie. La brouille survenue entre mon oncle et vous ne nous avait pas brouillés, nous autres enfants. On lui défendait bien de venir avec moi, comme à moi, vous me défendiez de lui parler, mais nous ne tenions guère compte de cette défense, dont nous ne pouvions pas comprendre les motifs... Et d'ailleurs comment les aurions-nous compris alors, puisque c'est à peine si je les comprends aujourd'hui. Vous-même, mère, quand je vous en ai questionnée, avez-vous bien su me les expliquer?

— Comment, si je l'ai su ?

— Non, mère, non. J'y ai songé maintes fois, et au fond de tout ça, je n'ai rien vu que quelques paroles prises de travers, tournées à méchanceté: peu à peu la colère s'est grossie des deux parts; puis aussi des deux parts la misère est venue, car le sort n'a pas été plus doux à mon oncle qu'à nous, c'est même la misère qui lui a fait quitter le pays, et la misère n'est pas, je crois, bonne conseillère dans les démêlés. Vous dites que vous rendez bien à mon oncle son aversion. J'en suis certain pourtant, s'il revenait, s'il vous proposait le rapatriage... Ah! que ce serait vite fini de cette aversion! qui sait même si ce n'est pas vous qui seriez la première à l'aller embrasser.

— Moi, aller au-devant de lui, ah! tu me connais mal, Claude!

nous. Tiens, voilà qu'une grosse goutte a déjà tombé sur ma main. Allons vite, allons !

— Allons ! »

Ils devaient en effet se hâter, s'ils voulaient n'être point surpris par l'orage, qui s'avançait précédé d'un calme morne, du milieu duquel ils pouvaient entendre à quelque distance les rafales passer furieuses dans les arbres, et déjà la pluie épaisse battre la terre.

A peine avaient-ils gagné leur abri, que l'orage se déchaîna dans toute sa violence autour de la maison, sur la campagne qu'ils venaient de traverser.

II

« Quel temps, mon Dieu ! quel temps ! » dit la mère qui à la fauve lueur des éclairs, se dirigeait vers la cheminée pour y prendre une lampe, et dont la voix se perdit dans le bruit du vent qui sifflait sur la toiture, de l'eau qui clapotait en ruisselant au pied des murs, mêlé aux détonations de la foudre.

Quand elle revint poser sur la table la lampe qu'elle

avait allumée, elle y trouva Claude accoudé, et pa-
ra·ssant absorbé dans de profondes réflexions.

Tout d'abord elle se borna à jeter sur lui un regard
inquiet; mais après avoir pris dans le bahut un vêtement que, assise près de la table, elle se mit à ra-
vauder :

« Qu'as-tu, Claude ? demanda-t-elle, suspendant
son travail à peine commencé.

— Rien, mère, je n'ai rien, répondit le fils en se
redressant vivement, et en secouant la tête, comme
pour se donner un air d'insouciance.

— Pourtant je viens de te voir tout songeur; à quoi
pensais-tu, dis?

— A quoi je pensais! ma foi, je ne sais pas.

— Sois franc, avec moi.

— Oh! si vous tenez tant à le savoir, mère, je pensais, je crois, que par ce vilain temps, ceux qui sont
dehors sont à plaindre. Oui, voilà ce que je pensais.

— Rien autre ?

— Rien autre.

— Ta parole ?

— Mon Dieu, mère, repartit le jeune homme avec
un léger sourire, de quelle façon vous me dites ça,
et quel cas vous semblez vouloir faire d'une pensée
qui pourrait m'être venue.

— Oui, mon enfant, reprit gravement la mère

sans prendre garde à un terrible éclat de tonnerre, sous la puissance duquel la maison trembla, — oui, j'en veux faire cas, parce que je vois bien que tu es triste : et ta tristesse me peine.

— Ma tristesse !

— Crois-tu donc que ça me soit difficile à deviner, à moi !

— Eh bien ! oui, dit résolument Claude. Oui, mère, j'ai au cœur une tristesse, et puisque vous la voulez connaître, je ne vous en cacherai point les motifs : c'est de voir que vous ne consentez pas à chasser une bonne fois ces tourments que vous vous faites à mon sujet. Vous vous figurez que je suis chagrinement envieux d'une autre condition, vous me prêtez des convoitises... Ma condition : eh mon Dieu ! je la prend comme elle est ; pourquoi ne la prenez-vous pas de même ? Mes convoitises, je n'en ai point d'autres que de travailler de mon mieux, pour que vous puissiez vous reposer un peu. Je ne peux espérer, n'est-ce pas ? de rattraper avec les seuls efforts de mes bras la richesse qui est perdue ; mais j'ai du courage, le bon Dieu me donne la santé : et encore qu'ils ne soient pas bien gros, mes gains de chaque jour ne suffiraient-ils pas à nous faire vivre tous deux tranquillement, si vous vouliez ne pas vous imaginer toujours que je suis obligé de me réduire, de me gêner. Pourquoi vous fatiguer ? laissez-moi ça à moi qui ai la forte jeunesse. Quand je vous dis que je suis content, ne me soupçonnez pas de mensonge, et soyez contente aussi. Vous vous tourmentez, et vous me causez du tourment; et ensuite vous me demandez ce qui me rend triste.

— Tu es bon, Claude, dit la mère en prenant la main de son fils, et en fixant sur lui ses yeux humides, tu es le meilleur des enfants, et moi je suis méchante de ne pas faire ce que tu désires. Mais il ne faut pas m'en vouloir, c'est que, vois-tu, je ne peux pas empêcher mon esprit de se forger des idées, et Dieu sait quelles idées! des idées folles, sottes, dont je me repens ensuite, parce qu'elles font injure à ton amitié. Tu as raison de me gronder, et combien plus encore tu me gronderais si tu savais ce que parfois je m'imagine. — Figure-toi... Oh! appelle-moi bien méchante pour que je ne puisse plus laisser ces vilaines pensées m'affliger... (en s'exprimant ainsi d'une voix dont elle baissait le ton comme par une intention d'humilité, la mère s'était levée pour s'appuyer caressante sur l'épaule du jeune homme) figure-toi que parfois je me dis : « Je lui suis une gêne, une charge, un embarras, l'empêchant de posséder le bonheur dont il ne peut qu'être envieux. S'il ne m'avait pas, il ferait ce que, m'ayant, il ne saurait faire. Et d'abord, de l'argent que je lui coûte, il pourrait, si bon lui semblait, se donner quelques plaisirs avec les garçons de son âge. Au lieu d'être, comme à présent toujours reclus au travail, ou près de moi, au lieu de ne jamais dépenser un sou sinon pour ses besoins, il irait aux fêtes, aux danses, il ne craindrait pas de prendre son écot des dépenses, d'amusement ; au lieu d'être toujours chichement vêtu, il porterait, au moins le dimanche, des habits fins... »

Le jeune homme souriait tranquillement, avec une sorte de dédaigneuse gravité, pendant que l'orage continuait à gronder.

« Tu ris, Claude, reprit la mère. Oh ! je comprends pourquoi, va. Parce que tu tiens en indifférence ces choses ; aussi te disais-je bien tantôt qu'elles étaient folles, les idées qui me venaient ; mais laisse, laisse-moi te les faire savoir toutes, quand ce ne serait que pour t'entendre me les reprocher, à ce point que je sois forcée de les oublier. Parfois je me dis encore : S'il ne m'avait pas, il pourrait, tout comme un autre, penser à se marier.

— Me marier, répéta tout bas Claude, qui parut obligé de faire un effort pour retrouver le sourire d'indifférence qu'il tenait à montrer à sa mère.

— Oui, te marier ; car enfin c'est la pensée de tous les garçons de ton âge : avoir une femme bien-aimée, et bien aimante, être...

— Ne vous ai-je pas dit maintes fois que ces projets n'étaient point les miens ? interrompit vivement, nous pourrions dire violemment, Claude, comme s'il eût voulu imposer à sa mère le silence sur un sujet trop délicat. Et le sourire ne revint pas sur ses lèvres.

— Je sais bien, reprit la mère, dont les paroles se faisaient plus affectueusement insinuantes, mais les projets qu'on ne faisait point hier, on peut être amené à les faire le lendemain. Il ne faut qu'une rencontre, qu'une occasion. Et si ces projets te venaient au cœur, tu penses bien que je ne voudrais pas y être un empêchement, que bravement je m'y résignerais... que je serais tout heureuse.. de te savoir bien aimé — encore que, si aimante fût-elle, une femme ne saurait pas t'aimer plus que moi — mais n'importe! Cette chose devant être, je ne serais point jalouse, va, je t'assure. A preuve : crois-tu donc qu'il ne me soit pas arrivé souventes fois de te surprendre avisant les jeunes filles.

— Moi, mère! fit Claude, avec la naïve expression de crainte d'un écolier surpris en faute

— Oui. Quoi d'étonnant à ça? un jeune garçon a toujours du plaisir à considérer les jolies jeunes filles. C'est de ton âge; je n'y ai point trouvé à redire. D'ailleurs je ne pensais pas qu'il te pût venir le moindre désir d'amitié pour ces filles ; mais ça ne me servait pas moins d'épreuve, et pendant que tes yeux étaient sur elles, je disais en moi : Voyons, si de même qu'il regarde ces jeunesses pour la seule satisfaction de les regarder, il lui arrivait d'en regarder quelque autre avec l'intention de l'aimer, de l'épouser; est-ce qu'en le sachant je ressentirais du chagrin? — Et je me répondais sans peine : Non ! Je me parlais ainsi, et...

— Et, entre nous, mère, faut avouer que c'était propos inutile, » interrompit, avec un sourire affecté, Claude, qui se leva, en apparence pour s'assurer qu'un volet que l'ouragan, toujours furieux, secouait sur ses gonds, était bien assujétti, mais en réalité pour tâcher de mettre fin à la gêne que lui causait cet entretien.

Si bien qu'un fils pense le fermer, son cœur n'est jamais impénétrable aux regards maternels. La mère de Claude était en droit de croire motivés les doutes, les craintes qu'elle exprimait, car Claude ne parvenait pas à rendre sincères ses dénégations, sans avoir à soutenir un rude combat intérieur.

Dans cette lutte, les énergiques déterminations du fils avaient l'avantage sur les aspirations instinctives du jeune homme, mais la lutte n'existait pas moins qui, fréquemment jetait Claude en d'évidentes rêveries dont le sujet ne pouvait être un mystère pour l'inquiète sollicitude de sa mère.

Elle avait compris que, même sous l'influence des plus généreuses inspirations, l'on ne saurait transgresser impunément la loi universelle, et toujours elle craignait que le sacrifice ne fût enfin trop lourd pour ce fils objet de toute sa tendresse, et aussi — disons-le — malgré ses dénégations expresses — objet de toute sa jalousie.

Oui, de toute sa jalousie, et, pour se faire une idée de ses appréhensions, que l'on songe à la nature de ce sentiment aussi fréquent peut-être que peu remarqué : la jalousie maternelle.

Sentiment étrange, où plutôt soumis à d'étranges lois, celui-là qui, né à la source de la passion la plus sainte, est tenu cependant de rester honteusement secret, car il ne saurait se dévoiler que pour être taxé de ridicule égoïsme, pour risquer d'encourir l'ironie et le blâme.

Tel amant — peut manifester hautement son humeur ombrageuse, qu'on approuvera, qui même semblera donner une sorte de noble consécration à son attachement, peut-être accidentel et passager ; et, qui plus est, communément l'objet de cette jalousie s'en enorgueillira. Mais qu'une mère, — cette pure amante, à l'immuable, au perpétuel amour — frémisse à l'idée qu'elle devra partager, sinon perdre un cœur qui est son premier bien, en qui se résument les joies et les peines les plus vives de son existence, nul ne la plaindra : une stoïque résignation lui sera banalement commandée par chacun, et communément l'objet de cette jalousie la jugera fâcheuse et déplacée.

C'est le lot normal de toutes les mères ; aucune — puisse-t-il s'en trouver beaucoup pour nous contredire ! — n'échappe aux douleurs résultant de cette cruelle et brutale exigence : seulement la plupart affectent le silence, dissimulent leur trouble profond sous un calme apparent; et alors personne ne songe à trouver méritoire ce nouveau témoignage d'un héroïsme qui d'ailleurs leur est coutumier. Que l'extrême, le sublime courage leur fasse un instant défaut; qu'elles laissent voir leur tristesse, qu'elles traduisent leurs pénibles sentiments: alors on s'étonne, on se moque...

A celle que tous condamneraient si son amour venait à faillir, on fait presque un crime de la jalousie, qui est comme la manifestation essentielle de l'amour et contre ce bizare arbitraire elle ose à peine réclamer, car elle sait que pour repousser dédaigneusement sa protestation tous s'uniraient, même, surtout les autres mères qui ont franchi ou se préparent à franchir cette navrante période, et qui seraient en droit de dire :

« Est-elle donc vraiment mère celle-là qui n'est pas forte contre la souffrance? »

Parfois, cependant, une heureuse rémission de l'implacable loi commune est due à la tendresse filiale : l'enfant se dévoue, et la mère est épargnée, mais à quel prix ?... Claude l'eût pu dire, lui qui, né avec une âme ardente et sensible, avait su, par un motif doublement pieux, s'imposer le renoncement formel à toutes les joies, à toutes les espérances juvéniles. Garantir sa mère de l'extrême pauvreté où, sans lui, elle fût tombée : c'était sa tâche matérielle, l'œuvre de ses bras; ne réclamer d'elle ni séparation, ni partage d'affection, ayant su comprendre combien lui seraient terribles ces obligations : c'était sa tâche morale, l'œuvre de son cœur; et il ne voulait faillir à l'un ni à l'autre de ces engagements pris envers lui-même.

Mais si l'impérieuse volonté parvenait à tuer en lui jusqu'au désir, elle ne réussissait pas à bannir de son esprit le rêve, cet inévitable compagnon du solitaire.

La mère se trompait quand elle pensait surprendre chez son fils l'envie des plaisirs vains ou bruyants; mais elle avait raison de le croire ému, malgré lui, à l'idée de devenir amant, époux, père.

Le cœur de Claude était fermé, non pas mort; il s'interdisait les réalités, mais se laissait ravir aux illusions — maigre lot dont la pauvre possession ne pouvait que le jeter en d'étranges langueurs.

Ses pensées d'amour ne s'arrêtaient, ne se fixaient nulle part, mais par cela même semblaient vouloir s'attacher partout. Dans le pays, aucune jeune fille ne pouvait dire qu'il eût tourné vers elle une attention suivie, mais chacune aurait pu croire qu'elle ne lui était pas indifférente. A aucune il n'avait adressé de galants propos, mais chacune avait pu remarquer sa douce civilité. Aucune de celles qui le trouvaient aimable n'était en droit de se dire : « Il m'aime; » mais chacune pouvait se flatter qu'il l'aimerait un jour. Car Claude, en secret, aimait, respectait trop l'amour pour que, même en voulant s'y soustraire, il osât rien qui pût donner à entendre qu'il en faisait mépris. D'autre part, aussi modeste que généreux, jugeant toute naturelle sa courageuse résolution, il gardait, non pas peut-être rigoureusement cachés, mais au moins assez vaguement affirmés les motifs de son renoncement, dont, au reste, par une prudence instinctive, il ne s'avisait point de tirer vanité. L'on pouvait donc tenir pour révocable l'engagement tacite de Claude, qui sans doute — se disait telle ou telle jeune fille — y avait été jusque-là fidèle, faute d'une bonne occasion d'y manquer. Or, comme Claude n'était encore que dans sa vingt-cinquième année, c'est-à-dire en âge de saisir cette bonne occasion, nulle ne consentait encore à croire qu'il fût capable de la laisser échapper; et partant, sa belle mine, ses avenantes manières aidant, les agaceries, les bonnes grâces, ne lui faisaient pas défaut.

Qu'en résultait-il pour Claude, sinon de plus difficiles combats à soutenir en lui-même, et sinon, après les victoires obtenues, une sorte de vague anéantissement, où sa pauvre âme seule cherchait, évoquait

les sentiments qui semblaient pouvoir faire compensation à sa triste viduité. C'était alors que dénué dans
le présent — et même aussi dans l'avenir — il faisait
appel aux riches souvenirs d'enfance; c'était alors que
condamné à vivre sans amour, il avait recours —
comme si elles eussent pu le suppléer — aux affec-
tions qui ne portaient pas ce nom. Ainsi s'expliquait
l'espèce d'obstination avec laquelle il déplorait cette
dissension de famille qui avait rompu un des liens
auxquels il eût pu — croyait-il — se rattacher.
Ainsi lui revenait l'attendrissante mémoire de ces
amitiés lointaines, dont les objets étaient peut-être
morts depuis longtemps, et que longtemps, d'ailleurs,
il avait mis en oubli ; mais dussent-ils être perdus
pour jamais dans la mort ou dans l'éloignement, douce
et consolante, cependant, lui eût été une pensée de
sympathie mutuelle, au lieu d'une pensée d'aversion,
ou seulement d'indifférence, qui faisait plus absolu
son isolement.

Et d'ailleurs, ce bel âge des amours jeunes n'est-il
pas celui des nobles élans ? Si l'harmonie universelle
fut quelquefois déclarée possible, se trouva-t-il des
jeunes amants pour révoquer en doute cette affirmation ?

Mal avisée était donc la mère qui, sous l'influence
d'une aveugle rancune, voulait attribuer à quelques
sourdes et odieuses menées les aspirations spontanées,

d'un cœur jeté, si nous pouvons dire ainsi, en pleine crise de générosité.

III

Claude s'était échappé à l'étreinte caressante de sa mère, qui ne fut point abusée par le motif qu'il parut prendre ; silencieuse, tristement préoccupée, elle le regardait aller vers la fenêtre, qu'il se disposait à entr'ouvrir pour voir si le verrou du volet était bien tiré.

Un long coup de tonnerre venait encore de retentir.

« N'a-t-on pas frappé, mère ? dit Claude, qui s'arrêta, la main levée, prêtant l'oreille.

— Non ; c'est le vent qui...

— Je vous dis qu'on frappe, écoutez.

— A cette heure, par ce temps, qui voudrais-tu ?

— Par ce temps, raison de plus. »

Et comme il courait vers la porte, la mère put entendre aussi bien que lui une frêle et grelottante voix qui disait, mêlée aux bruits de l'orage :

« Pour l'amour de Dieu, bonnes gens, ouvrez !

—Ouvre Claude ! c'est quelque enfant égarée, dit la mère impatiente, effrayée. »

Claude tira vivement la porte à lui.

Ce n'était point un enfant, comme la voix l'avait fait croire, mais une jeune fille qui attendait sur le seuil.

« Entrez, entrez vite ! » lui dirent la mère et le fils.

Elle entra, et avec elle une gerbe de pluie que le vent tordait et chassait devant lui. Claude s'empressa de repousser la porte.

« Merci ! » dit doucement l'étrangère, en attachant un regard ému sur le jeune homme et sur la vieille femme, qui la considéraient, stupéfaits de l'état dans lequel ils la voyaient.

Plutôt petite que grande, et d'apparence chétive, la nouvelle venue pouvait avoir un peu plus de vingt ans : mat, sans coloration était le teint de son visage au long ovale. Son vêtement se composait d'une pauvre robe de cotonnade grise, à manches courtes, d'un tablier de laine noire et d'un fichu de jaconas croisé sur sa poitrine : tout cela baigné, inondé ; une simple cornette de toile fixée sous le cou par un lacet enfermait la torsade de ses cheveux bruns ; derrière sa tête un chapeau de grosse paille commune, que la pluie avait déformé, d'un côté relevait, de l'autre laissait pendre ses grandes ailes épaissies et ruisselantes ; ses

pieds nus posaient dans de petits sabots tout chargés
de terre détrempée. Elle portait à la main un léger
paquet — de hardes sans doute — enveloppé d'un
mouchoir blanc. Une grande faucille dont le tranchant était garni — selon la coutume des moissonneurs errants — d'une double baguette de coudre ou
de saule, était fixée en sautoir sur son dos par un lien
de chanvre.

« Seigneur Jésus! comme la voilà faite, cette
pauvre petite! s'écria la mère, les mains jointes devant
la jeune fille — on dirait qu'elle sort de la rivière.
Vite, Claude, mon enfant, une bourrée dans l'âtre!
vite un bon feu pour la sécher, la réchauffer! »

Claude n'avait pas attendu jusque-là pour coucher
sur les chenêts le fagot qu'il avait trouvé debout près
de la cheminée, et pour glisser sous les branches
sèches un brin de chenevotte allumé à la lampe.

« En vérité, reprit la bonne femme qui, sérieusement alarmée, trouvait sans doute que son fils
agissait trop lentement encore, il y a là de quoi
prendre le mal de la mort; presse-toi, Claude, fais
tôt flamber ces bois. »

Alors la jeune fille, souriant malgré sa détresse :

« Mon Dieu, Madame, ne vous effrayez pas ainsi,
ce n'est rien. Ce feu que vous voulez bien faire, va
me remettre. Bientôt il n'y paraîtra plus, et... »

Mais, comme déjà les langues aigües de la flamme

avivée par le souffle de Claude se tordaient en pé-
tillant au-dessus du fagot :

« Approchez-vous, mettez-vous là, » interrompit
la mère, qui avait poussé une chaise devant le foyer.

La jeune fille s'assit, en remerciant d'un nouveau
sourire. Claude la regardait, tout en rejetant sur la
masse qui s'embrasait les brindilles éparses.

Un épais nuage de vapeur ne tarda pas à s'élever
autour de la jeune fille. Aussitôt la mère dit, en
haussant les épaules d'un air de profonde pitié.

« Claude, laisse-nous un peu; va au cellier
chercher un autre fagot et aussi quelques bûches. »

Puis s'adressant à l'étrangère :

« Pendant ce temps, ma fille, vous allez vous
rechanger un peu : jamais vos habits ne sécheraient
de la sorte; vous n'avez pas sur vous un fil qui ne
soit trempé. Tenez, entrez là sous les rideaux de mon
lit, vous mettrez cette chemise, que je vous ferai
chauffer, ce jupon, ce mouchoir. »

La brave femme tirait en hâte chacun de ces objets,
à mesure qu'elle le nommait, d'une vieille armoire
qu'elle venait d'ouvrir.

« Oh! madame, que de bonté, repartit la jeune
fille en se levant avec une humble confusion; mais
vous ne me connaissez pas; mais...

— Dépêchez-vous, c'est dangereux de rester ainsi.

— Mais, tant de prévenances...

— Allez, allez vite! nous causerons après. »

Quand, au bout de quelques minutes; Claude rentra, il ne put s'empêcher de sourire en voyant installée de nouveau près de l'âtre, la jeune fille que, dans sa compatissante préoccupation, la mère semblait avoir pris à tâche de travestir comiquement.

Alors la jeune fille, d'un mouvement gracieux de ses petites mains, rebroussant le long de ses joues l'espèce de capuche que la mère lui avait faite, à l'aide d'un grand châle d'indienne dont les pointes lui retombaient sur le dos, et dans les plis duquel son buste était perdu :

« Vous me trouvez drôle ainsi, monsieur Claude ? dit-elle.

—- Tiens ! fit le jeune homme, qui la regarda avec une naïve curiosité, et la vit rougir comme si elle se fût repentie d'avoir été trop familière, — vous savez mon nom? »

La jeune fille, qui d'ailleurs ne se hâtait pas de répliquer, bien que la réplique n'eût en réalité rien d'embarrassant, fut prévenue par la mère :

« Eh nigaud! est-ce qu'elle ne m'a pas entendu te nommer deux ou trois fois?

— Donc il n'y a rien d'étonnant, ajouta vivement l'étrangère, qui sembla tenir à rendre plus formelle sa justification.

— Non rien, c'est vrai, fit Claude, avec une espèce

de désappointement. Et il posa derrière les branches enflammées une des bûches qu'il venait d'apporter.

— Maintenant, reprit la mère, — qui achevait d'étendre sur des chaises tournant leur dossier au feu les vêtements dont la jeune fille s'était dépouillée — maintenant, Claude, pends à la crémaillère la petite marm'te à moitié pleine d'eau, et donne-moi une écuelle du vaisselier. Nous lui ferons une soupe, à cette petite, ça la réchauffera. »

La jeune fille voulut se défendre de cette nouvelle attention.

« Ma foi, ma chère enfant, vous vous accommoderez de ce que nous pouvons vous donner : le bon Dieu vous a mal adressée en vous faisant frapper à notre porte, au lieu de vous mener vers quelque maison riche et fournie. En d'autres temps nous vous aurions mieux reçue ; mais vous verrez cependant qu'un bouillon bien chaud...

— Mère, interrompit Claude, j'aurai bien vite couru jusqu'à l'auberge de Rémond, chercher un peu de vin.

— J'y pensais. Mais il est tard ; ils seront couchés.

— Je les ferai lever.

— Vas-y donc. »

Ces dernières paroles avaient été si rapidement échangées, qu'avant que la jeune fille eût pu intervenir, Claude marchait déjà vers la porte, tenant un broc de grès qu'il avait pris sur la table. Mais elle s'était élancée; il la trouva sur ses pas, paraissant grandie par l'air impérieux de son visage, et il l'entendit lui dire, d'une voix dont l'énergie lui sembla contraster singulièrement avec le frêle corps qui était devant lui :

« Vous moquez-vous de vouloir vous déranger ainsi, à cette heure, par ce temps, et croyez-vous que je l'endurerai? non, certes, non! »

Et le prenant par le bras, elle le faisait reculer dans la chambre.

« Posez ça où vous l'avez trouvé. »

Et elle lui ôtait des mains le broc, qu'elle remettait ensuite sur la table.

Et Claude lui obéissait, la laissait faire, non sans s'étonner d'être comme sans force, lui fort, contre cette faible créature.

« D'ailleurs, continua-t-elle, ai-je besoin de tant de choses? et quand même il me les faudrait, êtes-vous tenu de me les donner, alors que vous ne savez ni qui je suis, ni d'où je viens ? croyez-vous donc qu'une fille qui va courant le pays en s'offrant pour ouvrière moissonneuse, ne sache pas se trouver bien traitée à moins de l'être comme une princesse?

— Oui, c'est vrai, dit encore naïvement Claude, qui était docilement revenu vers la cheminée, et qui tenait arrêtés sur la jeune fille des regards dont, mal-

gré le prestige exercé par elle sur le jeune homme,
elle semblait éprouver quelque gêne.

— Au surplus, reprit-elle, qu'est-ce qui me manque ici?

— Venez-vous de loin ? interrompit la mère avec
l'évidente intention d'éluder les obligeantes remarques
de la moissonneuse.

— Oh oui ! assez, d'une quinzaine de lieues, de la
montagne. J'espérais pouvoir gagner le village avant
la pluie, mais elle a été plus vite que moi. Passant là,
j'ai vu de la lumière, alors j'ai frappé...

— Et vous avez bien pensé, mon enfant.

— Je remercie le bon Dieu qui m'a fait vous trouver ainsi. Quoi que vous en disiez, il ne pouvait m'a-
dresser à de meilleures gens ; mais voyez tout l'embarras que je vous cause, toute la peine que je vous
donne... Est-ce que jamais je pourrai ?...

— Vous êtes partie comme ça toute seule ? interrompit encore la mère, qui allait du buffet à la marmite déjà prête à bouillir, — où elle jetait du sel, un
petit quartier de lard, — et du foyer à la table, où
elle taillait des tranches de pain noir dans un écuelle
que Claude venait d'y poser.

— Oui, toute seule. Ne suis-je donc pas assez grande?
repartit la moissonneuse en se redressant, avec un
sourire de douce fierté.

— Oh ! si fait ! mais c'est que d'habitude les gens

de chez vous, quand ils viennent dans nos pays pour
les récoltes, se mettent en troupe. Il n'en manque pas
ici en ce moment.

— Je sais bien… Oui, je sais bien,…» dit la jeune
fille avec quelque hésitation ; puis elle reprit avec
une certaine résolution : « Mais j'ai autant aimé être
seule.

— Sans doute parce que vous vous êtes dit qu'on
est souvent mieux seule qu'en la compagnie des
maintes gens.

— Vous avez raison.

— Ça témoigne envers vous, cette pensée-là ;
mais est-ce la première fois que vous allez aussi loin?

— Oui, la première fois.

— Alors vos parents n'ont pas dû vous voir partir
sans quelque inquiétude.

— Mes parents ! répéta la jeune fille avec une expression de pieuse tendresse, et en jetant furtivement
sur la mère et le fils un regard douloureux.

— Est-ce que vous ne les auriez plus, pauvre enfant ?

— Ma mère est morte il y a longtemps, je l'ai à
peine connue ; mais, Dieu merci ! j'ai encore mon
père, mon brave père. C'est pour lui que je suis partie, avec l'espoir de lui apporter bien du soulagement
au retour, si tout va comme je pense. J'ai eu quelque mal à le faire consentir, non pas qu'il eût crainte

de mauvaises aventures pour moi. Il n'y a, je crois,
qu'à se respecter pour qu'on vous respecte, et d'ailleurs on trouve partout de bonnes gens pour vous
défendre contre les mauvaises ; — mais il disait que
je ferais peut-être mon voyage sans profit; moi, j'ai
eu confiance, je me suis mise en route à la garde de
la Providence, et m'est avis que j'ai bien fait, et que
je ne m'en retournerai pas comme je suis partie.

— Vous avez déjà travaillé en route, et partant
économisé quelque petite somme?

— Non, je suis venue ici sans couper un épi. C'est
demain seulement que je compte chercher à travailler pour la première fois. Par ces temps chauds les
moissons doivent presser, on doit bien payer les ouvriers, J'irai à la *loue* (1); car il y en a une sûrement
dans le pays...

— Oui, il y en a une ; mais vous n'aurez pas besoin d'y aller. Claude et moi nous vous emmènerons
avec nous chez le fermier pour qui nous travaillons ;
son domaine est étendu ; il lui faut beaucoup d'ouvriers, nous vous ferons, je pense, engager.

— Peut-être qu'en me voyant peu grande et me-

(e) La *Loue;* on appelle ainsi la réunion sur un point convenu, au
temps des récoltes, des ouvriers journaliers qui s'offrent à *louage* pour
les travaux des champs.

nue, reprit la moissonneuse avec une charmante
mine d'importance, que Claude considérait ébahi, —
il se méfiera de ma force ou de mon adresse ; pourtant je sais proprement et prestement faire la javelle
tout comme une autre, allez ! Chez nous, je tenais
pied à mon père, qui est renommé pour un maître
ouvrier.

— Je n'en doute point, mon enfant, je n'en doute
point, repartit la mère, qui en ce moment amenait
la petite table près de la cheminée, — mais, tenez,
voici votre soupe trempée ; mangez-la aussi chaude
que possible, ça vous fera du bien ; pendant ce temps
Claude et moi nous vous accommoderons là, entre l'armoire et l'encoignure, avec de la paille fraîche et un
drap que je mettrai dessus, un endroit pour dormir
comme vous pourrez jusqu'au jour. Si vous n'êtes
guère tendrement, au moins serez-vous proprement.

— Quoi, madame ! encore ce dérangement, dit vivement la moissonneuse, non, laissez, laissez.

— Comment, que je laisse, où compteriez-vous
donc aller trouver un gîte maintenant ?

— Certes, je ne refuse pas de passer la nuit chez
vous, puisque vous le voulez bien mais j'irais bien
dormir sur la paille là où elle est, ou encore ici tout
bonnement, sur une chaise, si ça ne vous gênait
point.

— Pardieu oui ! sous le hangar qui est ouvert à

tous vents, ou là devant l'âtre, pour être plus fatiguée, plus rompue demain que ce soir... Ne l'écoute pas, Claude, va chercher quelques bonnes brassées de paille, et aussi encore un peu de bois que nous mettrons sur le feu, pour que ses habits sèchent bien pendant notre sommeil. »

La jeune fille s'était levée, et prenant les mains de la mère. « O madame, s'écria-t-elle, avec un véritable attendrissement, que vous êtes bonne, voulez-vous me laisser vous embrasser ?

— Mon Dieu, chère petite, si ça peut vous faire plaisir... répliqua avec un sourire de modeste embarras, la mère qui semblait s'étonner que sa conduite toute spontanée donnât lieu à une aussi vive manifestation de reconnaissance.

La moissonneuse déposa deux longs et énergiques baisers sur les joues ridées de la vieille femme : puis, s'adressant au jeune homme qui, sur le point de sortir, s'était retourné ; « Et vous, M. Claude, voulez-vous me donner la main ! »

Claude vint en courant, tendant une de ses mains que la jeune fille prit dans les deux siennes, en s'écriant : « Ah ! vous ne savez pas comme je suis heureuse de votre accueil ! je ne l'oublierai jamais; non, jamais !... »

L'émotion entrecoupait sa voix, et elle avait des larmes dans les yeux.

« Allons, lui dit la mère, en la forçant doucement à se rasseoir devant l'écuelle fumante, allons, prenez vite ça. Il est tard, le jour se lève tôt, il faut que nous ayons le temps de nous reposer un peu pour être à même de bien travailler demain.

Et elle alla de nouveau ouvrir l'armoire, dont elle tira un gros drap roux pour le coucher de la jeune fille, qui s'était mise résolûment en devoir d'obéir à son invitation, et qui tout, en soufflant sur sa cuiller pleine, disait, mais alors avec un candide enjouement :

« Savez-vous bien que vous êtes vraiment très-peu méfiante. Voilà que sans plus de façon, vous m'ouvrez votre maison, que vous m'habillez de vos habits, que vous me donnez à manger, que vous me faites un lit tout proche du vôtre, sans savoir si ce n'est pas pour une méchante personne que vous avez ces attentions, ces bontés. Car si je n'étais point celle que j'ai l'air d'être... Si tout ce que je vous ai dit n'était qu'un mensonge et tromperie, si vous alliez avoir à vous repentir de vous être montrée si bonne pour moi. Il y a tant de gens qui courent le pays avec de faux dehors, cherchant leurs dupes.., Si j'étais une vaurienne enfin...

— Non, ma fille, non, repartit la mère, en appuyant familièrement une main sur l'épaule de la moissonneuse, qui relevait vers elle son regard franc et limpide, vous n'êtes ni une menteuse, ni une chercheuse de dupes, j'en ai l'assurance. Si vous l'étiez, ce serait tant pis pour vous seule, après tout, car les gens pauvres comme nous ont cet avantage qu'ils n'ont pas à craindre les dupeurs, les voleurs. Triste butin ils feraient en notre maison les voleurs! mais encore une fois, je tiens qu'il n'y a qu'à voir votre mine, et entendre vos propos pour être bien certain que vous n'êtes rien autre qu'une sage et méritante fille.

— Certes! » fit Claude, qui rentrait, et qui sembla faire passer toute l'énergie, toute la sincérité de son cœur dans cette laconique confirmation des paroles de sa mère.

Comme si elle eût soudain reçu un menaçant avertissement, la mère regarda son fils avec une expression d'inquiète curiosité.

« Allons, dit la jeune fille, dont le sourire traduisit une intime satisfaction, me voilà trop bien jugée pour que l'idée me puisse venir de donner un démenti à ce bon jugement. »

. . . .

Quelques instants plus tard, au moment où Claude venait d'embrasser sa mère avant de gagner la chambre voisine, où était son lit :

« Bonsoir, monsieur Claude, dormez bien, lui dit gaiement la moissonneuse.

— Bonsoir repartit le jeune homme d'une voix qui — la mère ne manqua pas de le remarquer — était loin d'avoir son timbre accoutumé — bonsoir demoiselle… mais je ne peux pas vous nommer par votre nom, moi, je ne le sais point.

— Mon nom ! répéta la jeune fille avec une légère hésitation, en baissant les yeux sous le regard de la mère qui s'était vivement fixé sur elle. — Vous voulez savoir mon nom. C'est… Marie… oui, Marie.

—Tiens ! comme ma mère ! remarqua Claude. Eh bien donc, demoiselle Marie, bonne nuit ! Et il sortit, non sans s'être un peu attardé à regarder la moissonneuse, et non sans avoir été de sa part l'objet d'une évidente attention : — muet et rapide échange qui n'échappa point à la mère.

Quand les deux femmes se retrouvèrent seules : « Si vous n'avez point fait la prière — dit après un instant, la jeune fille rompant le silence, que, pensive, préoccupée, la mère semblait disposée à garder, — voulez-vous que nous la fassions ensemble ?

— Oui, repartit tout bas la mère, d'un air contraint.

Et sans en dire davantage, elle s'agenouilla au pied de son lit et se signa.

La jeune fille qui s'était agenouillée près d'elle, commença à réciter, avec l'expression du plus sincère recueillement, de la plus candide ferveur, l'oraison du soir, dont la mère murmura les répons.

— Elles se relevèrent; puis d'un ton d'affectueux respect la moissonneuse adressa à la mère un bonsoir, que celle-ci lui rendit presque machinalement.

Et bientôt après, la lampe éteinte, l'on n'entendit plus dans la salle qu'un léger bruit de respiration, mesurant de sa lente et monotone cadence le sommeil calme, profond qui s'était emparé de la jeune fille.

IV

La mère de Claude, elle, ne pouvait dormir, car l'instinct du péril venait de troubler encore une fois, et peut-être plus profondément que jamais son ombrageuse quiétude. Ce qu'elle avait remarqué, ou cru remarquer du sentiment de sympathie manifesté par son fils avait suffi pour la livrer à de cruelles appréhensions.

Il lui semblait déjà voir inévitablement accompli l'événement tant redouté; elle jugeait déjà l'affection de son enfant chéri sinon entièrement perdue, au moins inégalement départie : le plus petit lot à elle, le plus grand à l'étrangère ; déjà elle se considérait comme vouée au triste isolement.

Elle maudissait l'enchaînement évidemment fatal des circonstances toutes particulières qui avaient préparé cet affligeant résultat; n'était-ce pas en effet par le fait d'une malheureuse influence qu'au moment même où Claude témoignait d'une indifférence absolue, une jeune fille, au doux visage, aux apparences honnêtes, modestes, s'était trouvée attardée dans la campagne, près de leur maison plutôt que près d'une autre, surprise par l'orage, et en quelque sorte obligée de chercher un abri chez eux ?

Déjà, elle allait jusqu'à déplorer l'extrême compassion dont elle avait fait preuve, et qui avait été comme une excitation aux sentiments de son fils.

« Et pourtant — se disait-elle — cette jeune fille doit ne faire que passer dans le pays, quand elle aura travaillé un jour ou deux chez le même fermier que Claude, elle ira chez un autre, ou gagnera le prochain village; et Claude ne la verra plus, n'entendra plus parler d'elle... dès lors plus d'alarmes. » Sans doute aussi, il se pouvait que Claude fût assez maître de lui pour ne pas laisser dégénérer en attachement sérieux la fortuite attention accordée à une inconnue. Il saurait se démontrer combien il serait peu sage de céder aux premières impressions; il se dirait qu'avant d'aimer il fallait être certain de ne pas aventurer son amour

sur de simples semblants de vertu ou de probité.
Claude, prudent, réfléchi, ne manquerait pas de faire
ces prudentes réflexions...

Mais ce retour de foi en son fils était bien vite
ébranlé, quand, d'une part, la mère se rappelait le trouble évident dans lequel elle l'avait surpris contemplant
la jeune fille, et quand, d'autre part, elle constatait
que par ses douces manières, son candide maintien,
celle-ci était douée des séductions les plus propres à
captiver le cœur honnête de Claude, et qu'en outre,
elle avait paru n'être pas indifférente aux attentions
du jeune homme.

Douloureuse alternative de crainte et de confiance
qui ne pouvait que devenir de plus en plus pénible
pour la patiente, à mesure qu'approchait davantage
le moment où elle devrait à de nouveaux indices la
confirmation de ses doutes affligeants ou de ses ras-
surantes prévisions.

La plus grande partie de la nuit se passa pour elle
en cette anxiété qui lui interdisait le sommeil; mais
vaincue enfin par la double fatigue du labeur de la
veille et des émotions même qui l'avaient tenue éveillée, elle s'endormit vers l'heure où les premières lueurs
de l'aube commençaient à dissiper l'ombre.

Quand elle rouvrit les yeux — peu d'instants après
les avoir fermés — elle aperçut la moissonneuse debout, achevant de revêtir ses habits que la
chaleur du foyer avait entièrement séchés.

L'heureuse tranquillité du visage de la jeune fille témoignait qu'un gai réveil avait suivi son calme repos. Elle avait déjà réparé, autant qu'il pouvait l'être avec une coquette habileté ce désordre où la mésaventure de la veille avait jeté sa pauvre toilette. Un frais fichu trouvé sans doute dans sa petite garde-robe de réserve remplaçait, correctement épinglé sur son svelte corsage, celui que la pluie avait frippé ; ses longs cheveux bruns, lissés avec soin sur le front étaient fixés, tordus derrière sa tête, par un léger peigne de laiton.

La mère de Claude ne put maîtriser un frémissement en la voyant ainsi belle d'une simplicité, contre les charmes de laquelle le jeune homme lui parut devoir être sans armes; aussi fut-ce sans pouvoir dissimuler une sorte de répulsion qu'elle répondit au gracieux empressement de la jeune fille s'informant si elle avait bien reposé.

La veille, au moment du coucher, la moissonneuse n'avait point semblé prendre garde à la disposition antipathique, d'ailleurs peu accusée, de la mère, mais cette fois le change était impossible. Ses traits traduisirent un sentiment de vive affliction, et aussi de profond étonnement.

La mère, qui le remarqua, en fut touchée; déjà dans sa conscience elle s'accusait de l'odieuse prévention dont elle rendait victime une pauvre enfant sans

doute bien innocente des méfaits mis à sa charge ; et
déjà elle s'apprêtait à racheter par les plus obligeantes
façons ces inexcusables rigueurs, quand entra Claude
dont les yeux battus, le teint hâve attestaient la fatigue de l'insomnie, et qui, à l'aspect modestement
séduisant de la jeune fille, ne songea nullement à
déguiser l'impression que cette vue produisait sur
lui.

En outre la moissonneuse, encore sous le coup du
blessant accueil de la mère, tourna vers le jeune
homme un suppliant regard, qui semblait comme une
plainte de l'injustice dont elle avait à souffrir, et où
se lisait l'intime conviction de trouver en dédomma-
gement chez lui à qui elle avait recours, une ferme
sympathie.

Dès lors rejetée instinctivement dans son aveugle
et arbitraire malveillance, la mère oublia de nouveau
tout sentiment de considération, et, de nouveau, retrouva en face de la jeune fille sa répulsive contenance.

Le jour venait,

« Partons, mère, — dit Claude qui avait ouvert la
porte et promenait ses regards sur la plaine humide.
— Voilà que le soleil va sortir, il n'y a plus marques
de nuages au ciel : hâtons-nous de nous rendre à la
ferme si nous y voulons trouver encore Jean Pache
— c'était le nom du fermier, — pour lui faire enga-

ger la demoiselle. Vous savez bien que tous les ma-
tins il a coutume d'aller mettre lui-même à l'œuvre
celle des bandes d'ouvriers qui entament un nouveau
quartier de moisson. S'il était parti, la demoiselle ris-
querait de n'être engagée que demain.

— Eh! Il n'y a pas dans le pays rien que Jean Pache
qui prenne des journaliers, — répliqua d'un ton bref
et décisif la mère qui, au lieu de se presser semblait
au contraire s'attarder à plaisir ; — ne le trouvant
pas, elle en sera quitte pour aller se mettre à la
loue devant l'église : quelque autre fermier l'enga-
gera. »

Claude comme frappé au cœur par cette amère répartie s'était brusquement retourné, et, d'un regard
inquiet, il cherchait, non plus à s'expliquer la conduite de sa mère dont il avait tout d'abord su pénétrer le secret motif, mais à constater l'effet produit
sur la jeune fille par un aussi étrange revirement
d'humeur. Il craignait surtout que, se considérant
comme atteinte dans sa dignité, elle ne fût poussée à
un mouvement tout naturel de révolte contre ces dé-
sobligeants procédés; mais il la vit appuyée d'un bras
sur le dossier d'une chaise, sa faucille autour du corps,
son paquet à la main, le front baissé et coloré d'une
légère rougeur, attendant, dans l'attitude de la plus
respectueuse résignation que le signal du départ fût
donné,

En face de cette généreuse passivité, — car il était évident pour lui qu'au cœur de la jeune fille existait la blessure dont elle avait la courageuse délicatesse de ne pas se plaindre, — Claude se sentit ému d'admiration ; et, pour la première fois peut-être depuis qu'il avait la conscience de ses appréciations il lui arriva de ne pas envisager avec l'indulgence la plus absolue un acte de sa mère.

Ils partirent, et cheminèrent en se retranchant dans un morne silence ; la mère pour rester fidèle à son système de froide réserve, le fils pour éviter que les propos de la mère imposassent de nouveaux froissements à la jeune fille, et celle-ci, sans doute pour témoigner, en s'effaçant en s'annihilant, si l'on peut ainsi dire, le plus possible, qu'elle voulait ne pas être un sujet de conflit entre la mère et le fils.

Grâce aux retards que la mère avait, non sans intention, apportés au départ, et malgré l'impatience de Claude, qui donnant l'exemple, tâchait de lui faire hâter le pas, ils arrivèrent à la ferme alors que dans l'ordre habituel le maître aurait dû l'avoir déjà quittée ; mais il attendait ce jour-là, pour conduire les ouvriers à l'ouvrage, que le soleil, qui se levait éclatant, eût un peu ressuyé les blés que la pluie de la nuit avait trempés. La jeune fille put donc lui être présentée par Claude, qui, pour la recommander vivement, oublia de considérer qu'il s'opposait peut-être au vœu secret de sa mère.

Le fermier non-seulement engagea l'étrangère, mais encore décida qu'elle ferait partie de la bande dont Claude, ouvrier habile et conciencieux, devait être le *meneur* (1).

Et Dieu sait combien la mère dût être affectée quand, obligée de rester à la maison, où la réclamaient ses travaux d'aide ménagère, elle vit son fils et la redoutable jeune fille s'éloigner de compagnie.

V

Par crainte sans doute de l'embarras où il n'eût pas manqué d'être jeté, s'il avait dû s'expliquer avec la jeune fille sur la singulière conduite de sa mère,

---

(1) Chacun peut savoir que, pour moissonner un champ, les ouvriers travaillent diagonalement échelonnés, c'est-à-dire le second ne commençant à *scier* que lorsque le premier — nommé le *meneur* — a déjà abattu quelques javelles. Quand ce n'est pas le maître qui *mène* lui-même, il a tout intérêt à confier ce soin à un ouvrier dont l'habileté et l'activité lui sont connues, et qui, ne s'épargnant pas, donne à ceux qui le suivent un exemple qu'ils sont forcément tenus d'imiter.

et peut-être aussi pour ne pas lui laisser voir le trouble que sa seule vue, sa seule approche lui causait,
Claude, tenant d'un air résolu la tête de la petite
troupe, s'était mis à converser banalement avec tel
ou tel des moissonneurs du pays.

De temps en temps, cependant, il se retournait à
moitié, comme pour s'assurer machinalement qu'il
était suivi; alors sur le visage de la jeune fille, qui
marchait silencieuse entre deux autres montagnar-
des, il pouvait voir l'indice d'une chagrine préoccupation; et il continuait à parler haut avec les moissonneurs, à affecter une allure décidée, pour dissimuler l'extrême tristesse dont il se sentait pris au
triste aspect de la jeune fille.

Arrivés au champ à moissonner, Claude ayant couché les premières javelles, les moissonneurs et les
moissonneuses prirent rang à sa suite. La jeune fille
venait la quatrième, de sorte que tout en travaillant
Claude pouvait, non pas causer aisément avec elle,
mais au moins la voir d'assez proche.

Penchée sur le sillon, elle gardait encore cette sou-
cieuse expression qui, aux yeux du jeune homme, la
faisait d'autant plus digne d'intérêt, qu'il était autorisé à se dire, bien qu'involontairement, le premier
auteur de son chagrin.

S'il n'avait tenu qu'à Claude, comme le sourire eût
vite éclairé de nouveau son joli visage! comme en

lui il jugeait impitoyable sa mère, qui n'avait pas craint d'attrister une aussi charmante et innocente créature !

Il la contemplait furtivement, elle frêle et mignonne, rivalisant d'ardeur et d'adresse avec les deux hommes robustes entre lesquels elle marchait. Il la voyait réunissant dans sa petite main un groupe d'épis, faisant sonner sa faucille pleine sur le chaume dru qui craquait, et rangeant à sa gauche, sur le sol hérissé, la lourde poignée blonde. Et Claude — dût le maître s'apercevoir qu'il avait mal placé sa confiance — Claude se surprenait à réunir moins d'épis dans sa large main, à trancher moins vivement le chaume et à se courber plus lentement pour déposer la javelle; car il voyait de temps à autre la jeune fille passer son bras sur son front baigné de sueur; et il eût tant voulu lui adoucir la rude tâche !

Au bout du champ, il s'attarda à raviver le tranchant de sa faucille pour attendre qu'elle eût, elle aussi, achevé de dépouiller son sillon, et quand elle arriva devant lui ?

« Savez-vous, demoiselle Marie — lui dit-il en accentuant ce nom avec une sorte de lente délectation — savez-vous bien que vous ne mentiez point en vous disant adroite et courageuse ouvrière? Voilà d'ailleurs votre *devanceur* et votre suivant qui le peuvent dire.

— Certes! repartit l'un des deux hommes appelés en témoignage, il ne ferait pas bon s'endormir avec cette petite.

— Ah! je crois bien, fit l'autre.

— Vous trouvez; allons, tant mieux! dit-elle modestement; et Claude eut la joie de la revoir souriante; mais à peine eut-elle prononcé ces quelques mots, que ses traits reprirent leur voile de tristesse.

Vers neuf heures, Claude aperçut venir sa mère qui apportait le premier repas des moissonneurs, et il osa espérer qu'elle aurait amendé son injuste rigueur envers l'étrangère. Mais son attente devait être péniblement trompée.'

La jeune fille s'élança empressée au-devant de l'arrivante, pour l'aider à décharger sa tête de la lourde corbeille qui y était posée. Mais dès qu'elle eut remarqué son approche, la mère s'arrêta court, et sans attendre le secours qui lui était offert, ayant mis la corbeille à terre :

« Merci, vous êtes bien bonne, » dit-elle de ce même accent froid que la jeune fille avait déjà entendu, et qui la fit douloureusement tressaillir.

Claude la vit blémir, et il fut sur le point de courir à sa mère, et de lui crier, en oubliant peut-être qu'il ne devait pas laisser se trahir devant tous le sentiment d'indignation qui l'agitait:

« Pourquoi êtes-vous si dure envers celle qui est si douce ? »

Mais il en fut empêché par la jeune fille elle-même, qui presque aussitôt parut avoir dominé la douleur ressentie, pour jeter sur lui un coup d'œil qui semblait lui imposer l'exemple d'une affectueuse indulgence.

Les moissonneurs s'installèrent en cercle à l'ombre d'une haie, et se mirent à faire gaillardement honneur au frugal festin que la mère avait disposé sur l'herbe. Tout en mangeant et buvant, ils échangeaient de gais propos.

La mère de Claude, qui pour attendre qu'ils eussent achevé, s'était assise près d'eux, paraissait vouloir rester complétement étrangère à leur entretien. Un soin plus grave l'absorbait : celui d'une sorte de farouche surveillance exercée par elle sur le maintien respectif de Claude et de la jeune fille, qui, soit précaution de l'un ou de l'autre, soit hasard, se trouvaient placés aux deux extrémités de la bruyante réunion.

Le résultat de cet austère contrôle aurait pu la satisfaire ; car, en même temps que Claude — pour tromper les défiances évidentes de sa mère — affectait de n'accorder aucune attention à la jeune fille, celle-ci, de son côté, semblait prendre un certain plaisir à suivre la conversation des moissonneurs, à s'y mêler même, tout en prenant bravement sa part du repas.

Mais une indifférence aussi complète, aussi formelle, succédant tout à coup aux marques non équivoques de sympathie qu'elle avait précédemment surprises pouvait paraître suspecte à la mère; au lieu de l'accepter comme véritable, elle voulut y voir au contraire un tacite accord conclu en son absence, sinon explicitement, au moins par mutuelle intuition. Et cette pensée — est-il besoin de le dire? — la jetait secrètement dans un état de sourde irritation qui ne laissait pas de communiquer à ses traits une étrange expression.

« Qu'avez-vous donc aujourd'hui, mère Anselme? dit un vieux moissonneur du pays, vous voilà ne soufflant mot et roulant sur nous des yeux à nous faire croire que vous nous tenez en aversion. Vous n'êtes pas malade, que je pense?

— Moi, non ! repartit la mère Anselme qui, gênée par le regard que Claude fixa subitement sur elle, se contraignit pour tâcher de prendre un air moins sévère.

— Vous n'avez-pas, m'est avis, plus de sujet de tristesse qu'hier?

— Non, certainement.

— Eh bien , un peu de gaieté, donc ! A vous voir là ainsi devant nous, du diable si on ne jurerait pas que vous êtes envoyée par Jean Pache, à seule fin de nous mettre les idées noires en l'âme pour que ça nous coupe l'appétit, et que sa pitance s'en trouve épargnée. »

Et le vieux moissonneur ajouta, avec un gros rire plein de bonhomie, pour aller au-devant des susceptibilités du fils ?

— Tu sais, Claude, ce que j'en dis à ta mère, c'est affaire de plaisanter entre nous, sans méchante intention.

— Je le pense bien, répliqua dignement Claude.

— D'ailleurs, petit, reprit l'homme, il n'est pas besoin de te dire que ce n'est point moi qui voudrais faire de la peine à la mère Anselme. Non, vu que nous sommes quelque chose comme des camarades du tout jeune temps. Encore que mon père ne fût pas riche, il n'était pas moins au mieux avec ton grand-père Rivet, dont je sais même qu'il reçut maintes fois les bons services. Il ne s'en cachait pas, tenant qu'il y a honneur à confesser les obligations qu'on peut avoir à ses amis. Je fais comme lui. Alors que nous étions enfants, en avons-nous fait de ces parties, Claude Rivet, qui est ton oncle, et la Marie Rivet qui est ta mère ! Quel bon garçon c'était que ce Claude ! Nous sommes, au fait, demeurés amis, jusqu'au jour qu'il est parti. Pauvre Claude ! faut avouer tout de même qu'il n'a guère eu de chance au pays...

— Pourquoi en aurait-il eu plus que les autres,
lui? gronda sinistrement la mère Anselme, trouvant
dans la libre expression de cette haineuse remarque
une compensation au pénible secret qui lui était imposé sur un autre point.

— Je ne dis pas, mère Anselme, je ne dis pas, repartit doucement le vieux moissonneur; mais vous
savez, le mal des uns ne guérit pas celui des autres,
et encore que vous ayez eu dans le temps quelque
désaccord avec votre frère, je mettrais, comme on
dit, la main au feu que vous n'avez jamais fait de
mauvais souhaits à son intention.

— Le feu, ça brûle! riposta, avec un amer sourire
la vieille femme, qui semblait se délecter dans une
âcre jouissance.

— Eh la, la! je crois qu'en vérité vous vous faites
plus méchante que vous n'êtes, mère Anselme. Tenez, votre frère Claude viendrait aujourd'hui pour
demain — en supposant qu'il soit encore de ce
monde — il viendrait vous dire : Faisons la paix...

— Qui est-ce qui vous a chargé de me tenir ces
propos, Cyprien? demanda brusquement la mère
Anselme, en dardant sur son interlocuteur un regard
dont la puissante pénétration semblait devoir lui interdire jusqu'à la moindre pensée de feinte.

— Moi, mère Anselme, balbutia l'homme sous le
coup d'une véritable intimidation; mais... mais personne, je vous jure.

« — Eh bien! donc, pourquoi parlez-vous de choses dont il ne peut y avoir à parler jamais?

— Enfin, mère Anselme...

— Quand je dis jamais, c'est jamais! »

Ces dernières paroles avaient été articulées avec un tel accent d'autorité que non-seulement le vieux moissonneur n'osa pas hasarder une nouvelle réplique, mais qu'encore tous les autres parurent saisis d'une sorte d'effroi devant cette implacable manifestation de rancune.

Il n'était jamais arrivé à Claude d'entendre sa mère exprimer son ressentiment avec autant d'énergie. Pendant qu'elle parlait, il avait tenu ses yeux tristement arrêtés sur elle; les dirigeant ensuite sur la jeune fille, il la vit comme frappée d'une navrante consternation.

Pâle, les lèvres entr'ouvertes, les paupières humides, les mains retombant inertes sur ses genoux, elle considérait d'un regard morne cette femme qu'elle avait trouvée si généreuse, si bienfaisante, et qui en ce moment pouvait lui sembler personnifier la haine sauvage, la malveillance intraitable.

Comme si le repas eût été soudain fini pour elle, elle se leva et s'écarta de quelques pas en détournant son visage, sans doute, — pensa Claude, pour cacher la vive émotion qu'avait dû lui causer, à elle profondément bonne, le nouveau et cruel désenchantement qu'elle venait d'éprouver.

Mais bientôt Claude la vit revenir se joindre au groupe, et sans paraître garder aucune pénible préoccupation, prêter la même attention qu'auparavant à l'entretien que les moissonneurs avaient engagé sur des sujets moins graves.

Quelques instants plus tard la mère Anselme remettait, bien allégée, sur sa tête la corbeille qu'elle avait apportée lourde, et reprenait le chemin de la ferme.

Les moissonneurs regagnant à l'extrémité du champ l'endroit où le travail avait été interrompu, Claude fit en sorte de se rapprocher de la jeune fille qui marchait seule une des dernières, et qui d'ailleurs ne chercha nullement à l'éviter.

« Demoiselle Marie, lui dit-il à voix basse, quand il se trouva à son côté, ma mère, n'est-ce pas, vous a paru méchante, tantôt ?

— Méchante pour son frère : peut-être bien ; mais elle a été si bonne pour moi.

— Bonne pour vous, répéta Claude en branlant piteusement la tête, ah ! pas depuis ce matin au moins.

— N'importe ! si elle l'a été hier.

— Elle vous a fait de la peine ; je l'ai bien vu.

— Je lui en ai peut-être fait aussi, moi.

— Vous, demoiselle, et comment l'auriez-vous pu ? se récria vivement Claude, qui pour s'exprimer ainsi n'avait obéi qu'à l'impulsion spontanée de son cœur, sans songer qu'il abordait une question bien délicate.

— Eh! que voulez-vous que je croie? demanda, de son air le plus candide, la moissonneuse qui ajouta avec une touchante ingénuité : Oh! mais, si j'ai pu faire mal envers elle, c'est bien sans mauvaise intention, allez, M. Claude. Je la respecte trop, j'ai pour elle trop de reconnaissance, d'amitié... Oui, d'amitié, car je sens que je l'aime, je peux vous le dire à vous, comme j'aimerais ma mère, une bonne mère, comme si j'étais sa fille, une fille bien dévouée, bien soumise. »

Ces paroles portaient au cœur de Claude une double joie, joie étourdie de l'homme qui, n'osant pas scruter l'avenir, s'attache à savourer les moindres douceurs du présent. Il lui semblait que les fâcheuses précautions de la mère fussent mises à néant, par cela, même que la jeune fille ne soupçonnait point les motifs de l'aversion dont elle était l'objet ; d'autre part il se plaisait à voir une douce communauté établie entre lui et la jeune fille, par l'affection qu'elle manifestait pour la chère femme dont il pouvait déplorer les rigueurs, sans cesser de lui vouer une vive tendresse. Et il trouvait, en savourant ces pensées, un charme à oublier, à méconnaître combien peu elles lui étaient permises.

« Ah! que ma mère n'est-elle là pour vous entendre ! s'écria-t-il encore emporté par un mouvement irréfléchi,

— Elle ne voudrait peut-être pas me croire, répliqua tristement la moissonneuse : et elle reprit, avec une expression toute contraire : « Mais, du moins, vous me croyez, vous?

— Si je vous crois ! — Et Claude joignait les mains avec une sorte de ferveur. — Est-ce que vous pourriez savoir mentir ? »

La jeune fille fixa sur le jeune homme ses regards dont le doux éclat le semblait éblouir, et, lui tendant une main qu'il s'empressa de saisir, pendant qu'elle portait l'autre sur sa poitrine, comme pour comprimer une émotion trop forte :

« Merci, lui dit-elle, avec un accent singulièrement animé ; merci de votre confiance en moi ; j'en suis heureuse, j'en suis fière, oui, bien heureuse, bien fière ! »

Puis, comme prise tout à coup d'un accès de faroucherie, comme affectée d'un secret sentiment de crainte, elle lui retira brusquement sa main ; et, sans un coup d'œil jeté derrière elle, sans une parole prononcée, elle gagna à grands pas l'avance sur Claude qui, arrêté, la regardait fuir, en proie à un inexprimable émoi.

Moins favorablement, moins sympathiquement prévenu, Claude eût cependant pu trouver que, dans

ces derniers moments, la jeune fille avait agi, non
plus avec l'heureux abandon qui avait jusque-là paru
lui être coutumier, mais bien sous l'influence d'une
coquette intention ; il se fût sans doute aperçu que,
à ses regards, à ses gestes, au son de sa voix, le naturel faisait quelque peu défaut, et peut-être même
cette fuite soudaine, précipitée, lui eût-elle semblé
avoir pour but de rendre évident le trouble qu'elle
prétendait cacher ..

Mais Claude pouvait-il faire aucune remarque sur
la jeune fille, alors que la fièvre qui l'agitait lui en-
levait pour ainsi dire la conscience de lui-même ?...

VI

Ce ne fut pas la mère Anselme, mais une autre
servante de la ferme qui apporta le dîner aux moissonneurs.

Pour ce repas la jeune fille prit place immédiatement à côté de Claude, et bientôt — sans toutefois
avoir eu recours à aucune provocation, mais au con-

·traire en gardant la plus digne réserve — il arriva
qu'elle eût attiré l'attention , l'on pourrait presque
dire l'admiration de tous,. car il n'y avait d'yeux que
pour la regarder, d'oreilles que pour l'écouter ; et cependant elle n'avait pas cessé d'être l'humble et pauvre
paysanne ; et cependant les propos qui s'échappaient
de ses lèvres n'étaient encore que simples et modestes
comme elle.

Mais s'il est un prestige irrésistible, n'est-ce pas
celui qui est dévolu à la simplicité gracieuse, à l'accorte modestie ?

Ce qu'elle disait, chacun eût pu le dire, mais non
pas comme elle sans doute ; à la beauté de son visage,
il eût été facile d'opposer bien des beautés rivales,
mais qui auraient manqué sans doute de la charmante expression du sien.

Comment sa calme et discrète personnalité avait
su effacer toutes les autres dans ce groupe aussi
bruyant qu'animé ? comment la grosse hilarité, la
brutale belle humeur de ces robustes convives, s'étaient
laissé dominer par son fin sourire et sa sobre gaieté ?
comment toutes les fortes natures qui l'entouraient
avaient accepté l'empire de sa faiblesse ? — on n'a jamais pu donner les raisons de l'instinct, pourquoi les
chercherions-nous ?

Toujours est-il qu'elle semblait au milieu de ses
compagnons de travail comme une douce souveraine

dictant à l'esprit heureux de tous les plus aimables lois.

« Là-bas dans mon pays... » disait-elle; et c'était quelque histoire pleine d'intérét, bonnement, brièvement contée, dont elle leur émouvait le cœur ; ou bien : « Un jour, alors que j'étais jeunette, toute jeunette... » et c'était quelque gentille espiéglerie, dont elle les égayait.

Et si quelque homme d'âge lui adressait une question, comme elle savait, en répondant, trouver ce ton de naturelle et délicate déférence qui tant flatte la vieillesse !

Et si quelque autre, la jalousant peut-être, s'avisait de la prendre à partie, comme elle avait toute prête pour le vaincre, aux acclamations de tous, la réplique qui désarme sans blesser !

Mais si, au contraire, quelque propos élogieux lui était décerné, comme en se défendant de la louange, elle prouvait ingénieusement qu'elle la méritait.

Et les vieux se disaient, en la couvrant d'un regard bienveillant : « Quelle gentille et honnête enfant ! Qu'heureux doit être son père ! » Et les jeunes pensaient : « Quelle avenante fille ! que fortuné sera celui qu'elle aimera ! »

Et c'était, dernier et puissant avantage, sans paraître le vouloir, ni le comprendre, qu'elle exerçait de telles séductions autour d'elle.

Pourrions-nous traduire les pensées qui se heurtaient dans le cœur de Claude ? Non, car ce n'était plus, comme autrefois, une vague disposition aux tendres sentiments, mais la passion vive pour un objet déterminé qui se trouvait en lutte avec la loi d'indifférence que son attachement filial lui avait imposée. D'une part, il aimait d'un amour profond, et non-seulement ses propres réflexions, mais un aveu général semblait lui répéter que la femme aimée était en tous points digne de l'être ; d'autre part venait l'implacable, la menaçante aversion manifestée par sa mère, qui lui interdisait la sympathie pour l'étrangère. La veille encore, pour calmer les alarmes maternelles, il avait, presque avec serment, protesté de son renoncement à l'amour, et, en ce moment, il était tenté de se demander si cette parole inconsidérée pouvait l'avoir engagé. Alors qu'un élan de courage lui faisait désirer que la charmeuse s'éloignât, afin de mettre un terme à sa cruelle incertitude, il se surprenait cherchant à l'enchaîner des yeux ; et un frisson glacial le secouait, à l'idée qu'il pourrait ne plus la voir.

Aussi quel était son embarras au milieu de ces gens dont le concert d'hommages pour la jeune fille lui causait à la fois une orgueilleuse satisfaction et une sourde jalousie ! Dans quel silence ému il était jeté quand — précieuse faveur qu'il ne la voyait accorder à nul autre — elle arrêtait longuement sur lui son pur regard souriant ! Combien d'espoir, et combien de crainte ! Que d'ardentes aspirations, et que de froids sacrifices ! Enfin comme il était heureux, et comme il souffrait !...

VII

Pendant l'après-dînée Claude, pour surcroit de tourment, put remarquer que si, a l'exclusion de tous, il avait les attentions de la jeune fille — avantage dont il se réjouissait dans le plus grand mystère — il n'était pas seul à se préoccuper particulièrement d'elle.

Parmi les moissonneurs étrangers, faisant partie de la bande qu'il dirigeait, se trouvait une sorte de brute gigantesque aux longues jambes, aux grands bras, aux vastes pieds plats, aux mains épaisses et larges, à la tête basse, hérissée de poils roux, au profil camard, à l'immense bouche montrant des rateliers formidables, aux fauves prunelles brillant entre des

paupières à peine disjointes, et sans cesse clignotan-
tes. Hableur aussi stupide qu'infatigable, dans son
rapide et sonore jargon montagnard, ce colosse assai-
sonnait chaque période d'un rauque et interminable
ricanement ; s'il cessait de proférer ses obtuses plai-
santeries ou de donner cours à sa retentissante hilarité, ce n'était que pour se mettre à hurler, de toute
la force de ses redoutables poumons, quelque sauvage
mélodie au rhythme insaisissable.

Ce grand corps disgracieux et inepte affectait —
tous les phénomènes sont dans la nature — une sincère fatuité, un absorbant amour-propre. S'il riait,
ce n'était guère que des bons mots qu'il pensait avoir
dits; s'il chantait, c'était uniquement pour qu'on l'é-
coutât, comme il s'écoutait lui-même; si le poing au
flanc, la tête fièrement inclinée, la lèvre dédaigneusement grimaçante, il laissait tomber autour de lui
les regards courts de ses yeux étroits, il ne doutait
pas d'ajouter le prestige de l'importance aux séductions déjà si nombreuses dont il se croyait incontes-
tablement doué.

Tel était, sommairement envisagé l'étrange rival
que le hasard avait donné à Claude, et qui avouait
ses brutales prétentions avec autant de soins que
Claude en prenait à dissimuler ses délicats sentiments.

Dieu sait quels froissements devaient être infligés

au mystérieux amant, par les fâcheuses témérités de l'indiscret adorateur ! Au moins espérait-il que la conscience de sa dignité inspirerait à la jeune fille quelque fier mouvement par lequel elle saurait, sinon reduire au silence le malheureux personnage, du moins répudier hautement ses attentions. Mais elle se bornait soit à sourire avec une tranquille indulgence, soit à ne pas paraître prendre garde aux impertinentes provocations dont elle était l'objet. Et Claude — jugeant comme il pouvait juger — faisait honneur de cette contenance à une candeur profonde, tandis que d'autres yeux que les siens se fussent peut-être crus en droit de reconnaître sous ces naïfs dehors quelque intention légèrement artificieuse — comme si, par exemple, la jeune fille eût été bien aise que l'audace du montagnard servît de stimulant à la timidité de Claude, ou tout au moins comme si, gardant encore un doute sur l'amour du brave garçon, elle en eût voulu demander la dernière confirmation aux signes de jalousie qu'il ne pouvait manquer de laisser voir.

Mais, répétons-le, ces subtiles appréciations échappaient aux facultés troublées de Claude; et peut-être la jeune fille, constatant cet avantage, s'en autorisait-elle avec un habile discernement, pour développer sa tactique jusqu'au point où elle eût risqué d'en compromettre le succès.

A la chute du jour, les moissonneurs reprirent ensemble le chemin de la ferme où le repas du soir les attendait, et dans la grange de laquelle ceux qui n'appartenaient pas au village devaient selon la coutume, passer la nuit.

En route encore le montagnard qui affectait sans cesse de marcher en se rengorgeant à côté d'elle entoura la jeune fille de ses sottes et bruyantes assiduités; et la jeune fille semblait encore tolérer cet indiscret manége, non-seulement avec une naïve patience, mais presque comme un jeu dont elle ne devait pas craindre de s'égayer.

Faut-il remarquer combien, en conséquence, pouvait être pénible la situation de Claude, qui toujours se condamnait rigoureusement à ne pas intervenir.

Une fois cependant le rustaud, qui sans doute croyait tout permis au prétendu mérite de ses ineptes boutades, s'étant avisé d'une expression trop familière, qui avait trouvé chez la moissonneuse la même tolérance enjouée, Claude ne fut plus maître de s'abstenir. Passant aussitôt près de la jeune fille:

« Êtes-vous donc si simple de ne pas comprendre que cet homme vous manque de respect? murmurat-il à son oreille, d'une voix sourde et singulièrement altérée. Faudra-t-il donc que ce soit moi qui lui dise le premier de garder pour lui ses malhonnêtes paroles ? »

La jeune fille le regarda avec une sorte d'effroi, tout en semblant faire avec la plus confiante soumission, un grave retour sur les circonstances antérieures ; puis doucement :

« Vous avez raison, lui dit-elle; à partir d'à présent, je vous le promets, il ne dépendra pas de moi que ce mal-appris me laisse tranquille. »

Et dès lors en effet, non-seulement elle veilla à ce que le montagnard ne l'avoisinât plus en marchant, mais encore elle s'appliqua, soit à rétorquer dignement ses propos hasardeux, soit à y opposer le plus dédaigneux accueil.

En un mot, son maintien grave, circonspect, attestait qu'elle ne redoutait rien plus que d'encourir encore les sévères avertissements de Claude ; et cette significative déférence ne manquait pas de faire éclater une joie enivrante au cœur du jeune homme.

C'était ainsi, que peu à peu, par de successives transitions qui pouvaient être fortuites; mais dont une coquette émérite n'eût pas, croyons-nous, désapprouvé l'heureux enchaînement, la jeune fille arrivait à parfaire la conquête primitivement due à sa gracieuse ingénuité.

VIII

Quand ils arrivèrent à la ferme, grand fut l'étonnement de Claude — et sans doute aussi de la jeune fille — en voyant chacun de leur côté que les affligeantes dispositions de la mère Anselme semblaient être entièrement modifiées. Plus d'inquiets regards jetés sur l'étrangère, plus de précautions prises entre les avances affectueuses, mais au contraire, un souriant accueil, et toutes les marques d'une confiante sympathie.

Combien Claude se délecta lorsqu'il vit sa mère aller d'elle-même au-devant de la moissonneuse, lorsqu'il l'entendit s'informer si le rude labeur d'une longue journée n'avait pas surmené ses forces; et lorsque à la table où elle était chargée de servir un certain nombre d'ouvriers, il crut remarquer qu'elle veillait attentivement à ce que la jeune fille fût aussi bien partagée que possible.

« Allons! pensa-t-il, emporté déjà bien loin sur les ailes de ses rêves indécis — la raison s'est enfin fait entendre à elle; elle a reconnu son injustice, et elle veut en effacer le souvenir. Sans doute il lui a fallu une grande force pour se dominer ainsi, pour étouffer le sentiment de jalousie si profondément développé dans son cœur; mais elle m'aime tant qu'elle a su comprendre à quel point sa conduite m'affligeait, et le sacrifice lui a été possible. »

Et Claude, considérant cette preuve de tendresse comme la plus grande que sa mère lui eût encore donnée, se prenait à l'aimer comme jamais encore il ne l'avait aimée.

Vers la fin du repas, Claude qui s'était levé et avait pris sa mère à part dans un coin de la salle, essayait de lui remontrer, non sans quelque embarras, à quelles déplorables éventualités une honnête jeune fille pouvait se trouver exposée, par la communauté de gîte avec un véritable ramassis de gens grossiers et mal avisés. La conclusion qu'il laissait à sa mère le soin de tirer elle-même, était tout naturellement qu'elle devait offrir de nouveau pour la nuit un abri plus digne à la moissonneuse. Celle-ci, qui vint franchement, mais toutefois avec une humble douceur, formula une requête dans le même sens, en la motivant sur les mêmes appréhensions.

Alors la mère :

« Soyez tranquille, dit-elle, j'ai pensé à ça. C'est pourquoi j'ai tantôt parlé à Jean Pache; il est entendu que vous n'irez pas coucher à la grange, mais bien dans la chambre de la vieille Françoise, la servante. J'ai prévenu la Françoise, elle m'a dit qu'elle ne demandait pas mieux que de rendre service à une brave fille. Donc tout est arrangé. »

Bien que l'annonce de cette prévoyante attention, pour n'y avoir qu'indirectement répondu, n'eût pas moins satisfait au souhait avoué de la jeune fille, ce ne fut pas sans être restée un instant sous le coup d'un évident désappointement, qu'elle témoigna sa gratitude à la mère — qui d'ailleurs tout en gardant avec elle une parfaite aménité, paraissait scruter attentivement son maintien.

Claude éprouva, lui aussi, une sorte de déception, car il se demanda, sans trouver la réponse, si le soin pris par sa mère, décelait à l'égard de la jeune fille un sincère sentiment d'intérêt, où s'il ne devait y avoir au contraire, qu'un biais pour l'empêcher de s'immiscer davantage dans leur intimité.

Livré à cette incertitude, Claude reprit avec sa mère le chemin de la maison. Dans le trajet ils prononcèrent à peine quelques paroles insignifiantes, et, arrivés, tous deux gagnèrent leur couche sans avoir abordé la question, qui malgré tous leurs semblants d'indifférence, ne pouvait qu'être l'objet de leur unique préoccupation.

A l'aube ils se mirent de nouveau en route pour la

ferme, et, d'abord rien encore dans les propos qu'ils échangèrent n'eût fait supposer que la pensée de la jeune fille fût présente à leur esprit, quand tout à coup, et comme il ne leur restait plus que quelques pas à faire :

« Sais-tu bien, Claude — dit la mère avec la plus complète apparence de calme — que si tu avais l'idée de te marier avec cette petite montagnarde, il ne faudrait pas me le cacher ?

— Me marier ! répéta Claude, confondu par l'imprévu, et par la nature même de ces paroles qui posaient la redoutable question au grand jour plus explicitement peut-être qu'il n'avait encore osé le faire dans le profond secret de son cœur.

— Oui, continua la mère sur le même ton, et sans paraître remarquer le saisissement de son fils, je sais comprendre que l'amour ne se commande point et puisque tu aimes cette fille, pourquoi ne songerais-tu pas à l'épouser ?... car enfin tu l'aimes. »

L'accent que la mère avait pris pour énoncer cette dernière affirmation, et l'étrange pénétration du regard dont elle l'accompagna étaient bien faits pour faire perdre à Claude le peu d'assurance qui lui restait, ou pour lui interdire en tous cas la possibilité d'un libre aveu.

« Mon Dieu, mère, balbutia-t-il en rougissant, en baissant les yeux avec une confusion toute puérile, voilà que vous supposez des choses...

— Est-ce qu'elles ne sont point? se hâta de reprendre la mère, alors, c'est bien! Du moment que tu t'en
défends, je te crois comme si tu en convenais.

— Mais...—hasarda Claude qui malgré son désarroi, avait cependant la faculté de trouver trop étendue
la portée donnée à sa timide réclamation.

— Donc, c'est que j'ai supposé vrai, reprit encore
la mère avec une froide vivacité, aussi t'ai-je déjà dit
que tu n'avais pas à t'en cacher. Que tu te marierais
un jour, je pouvais m'y attendre, et mon parti en est
pris, bien pris, va. Ce n'est pas ma considération qui
te doit retenir. Tu as pleine liberté, et par ton âge et
par le consentement que je te donne. Marie-toi, mon
enfant. Cette fille est assez jolie, assez avenante ; elle
a l'air d'être bonne, il faut la croire de gens honnêtes;
d'ailleurs tu tâcherais de le savoir au juste, avant de
rien conclure. Bref, si tu penses être heureux avec
elle, marie-toi sans t'inquiéter de moi, je m'arrangerai bien de mon côté.

— Mais enfin, repartit Claude qui n'était pas abusé
par les allégations de sa mère, et qui en désespoir de
cause, voulait tenter de l'amener à une argumentation
moins extrême, moins décisive, je ne vous ai dit ni
que j'aimais cette personne, ni que je voulais me
marier.

— Alors, si tu ne l'aimes pas, et si tu ne veux pas
te marier, riposta aussitôt la mère, n'en parlons plus,

restons-en là. J'avais cru... j'avais pensé... et je tenais à bien t'assurer que je n'étais pas contraire à tes projets. Mais quisqu'il n'y a rien de vrai dans ce que j'ai pu croire et penser, n'en disons plus mot. C'est un sujet trop délicat, et pour moi, et pour toi : laissons donc ce sujet, oui, laissons-le. »

Claude allait encore sinon protester, au moins essayer de restreindre cette discussion aux limites moyennes dans lesquelles il espérait pouvoir aventurer quelque sincère confidence, mais l'entretien fut forcément interrompu, car en ce moment la mère et le fils entraient dans la cour de la ferme, peuplée déjà des nombreux ouvriers qui, se groupaient pour se rendre à leurs travaux.

La mère Anselme aurait pu témoigner qu'il n'était pas fortuit cet empêchement sur le concours duquel elle avait en quelque sorte compté pour le succès d'un stratagème, qui, bien que lentement et minutieusement élaboré, ne laissait pas que de sembler dû à la plus pauvre imaginative.

L'on est ordinairement assez mal inspiré par une mauvaise cause, et tel était le cas de la mère Anselme, qui agissait sans oser peut-être s'avouer le véritable motif de ses menées, ou qui plutôt le dénaturait avec la complaisante bonne foi d'un esprit profondément timoré.

Qu'ils lui soient sans pitié ceux qui pourront affirmer n'avoir jamais eu recours à de spécieux prétextes pour se tromper eux-mêmes sur le sens de leur propre conduite : nous nous bornerons, nous, à tâcher de faire un peu de jour dans l'ombre où sa naïve duplicité se croyait bien habilement abritée.

Cédant au mouvement irréfléchi de son instinctive jalousie, la mère Anselme avait, en premier lieu, manifesté ouvertement, et à plusieurs reprises, une vive répulsion pour la jeune fille ; mais, avertie par la tristesse de Claude, elle s'était demandé si ses brutales façons d'agir n'étaient pas plus propres à aggraver le mal qu'à le conjurer ; puis comme elle venait de renoncer, par prudent calcul, à ce violent système, elle fut conduite à rechercher si elle avait bien le droit de condamner son fils à l'isolement, à l'indifférence, et toute ombrageuse considération écartée, sa conscience de tendre mère lui avait résolûment dénié ce tyrannique privilége.

Tout d'abord elle fut saisie comme d'un froid anéantissement à cette irréfutable déclaration qui semblait, en lui ravissant ses seules, ses dernières joies, lui interdire de rien faire pour tenter de les conserver.

Mais bientôt, à son insu pour ainsi dire, sans que peut-être elle reconnût l'influence sous laquelle s'opérait la métamorphose de ses appréciations, il lui arriva sinon d'être délivrée de ses angoisses, mais de se croire autorisée à engager une lutte qui avait pour but inavoué de défendre son bonheur menacé.

« Non, sans doute, pensa-t-elle, je n'ai pas le droit d'exiger que Claude renonce à des projets qui sont de son âge, et qu'il est en droit, lui, de former ; mais s'en suit-il qu'en cette grave et périlleuse circonstance, je doive l'abandonner aux seuls entraînements de son cœur confiant et bon ? Ne m'est-il pas permis au contraire, commandé même d'employer toute ma clairvoyance, tout mon discernement pour lui conseiller un choix digne de lui, ou l'empêcher d'en faire un mauvais ? Telle est assurément la tâche maternelle à laquelle je ne puis ni ne veux faillir.

Et — du moment où la mère Anselme pouvait se persuader en pleine sincérité qu'elle ne faisait rien que poursuivre l'accomplissement d'un pieux devoir, faudra-t-il s'étonner si, au cas échéant, elle oublie de s'imposer certains scrupules qui viendraient à la traverse de son entreprise, et si les jugements, qu'elle regardera comme sérieusement motivés, sont entachés de la plus arbitraire et malveillante partialité.

Son raisonnement, on en suit aisément les simples déductions.

« Quelle est cette fille dont Claude s'est épris à l'étourdie ? Une inconnue : ou pour mieux dire une aventurière. — Oui, une aventurière, car l'empressement avec lequel elle a répondu aux marques d'une sympathie, que ses agaceries ont provoquée, prouve

le cas qu'il faut faire de ses dehors ingénus et de ses
protestations de gratitude. Quel sentiment moral peut
être le sien, alors qu'elle reconnaît la plus cordiale
hospitalité, en s'efforçant de faire triompher presque
dès son arrivée sous le toit hospitalier, les coquettes séductions dont elle est malheureusement pourvue ? Et
ce serait à une créature aussi profondément fausse et
perfide que serait livrée la destinée du plus honnête,
du plus vrai des jeunes hommes ! N'est-il pas évident
que dédaignée, pour ne pas dire décriée, dans son
pays, elle court le monde afin de trouver la dupe de
ses semblants d'innocence ? et, s'il en fallait un témoignage irrécusable, ne l'aurait-on pas dans le soin affecté
qu'elle a pris d'énoncer elle-même la probabilité d'une
suspicion ? Son étalage sans motif de piété filiale, son
obstination à exagérer le prix de l'assistance toute
naturelle qui lui a été offerte, ses élans d'attendrissement. . — Qu'est-ce donc, sinon autant de semblants
hypocrites devant concourir à la réussite de ses cap-
tieuses visées ?... »

Engagée en pareille voie la mère Anselme ne pouvait nécessairement s'arrêter qu'à cette conclusion,
que l'odieux d'une aussi dangereuse personnalité
étant formellement avéré, tout expédient devait être
réputé licite et de bonne guerre, qui tendait à en paralyser l'influence.

Ainsi s'explique l'accueil en apparence affectueux

que la jeune fille retrouva le soir à son retour à la ferme, car la mère Anselme, tenant compte surtout des impressions de Claude, s'était dit quelle prendrait d'autant plus d'avantage sur son adversaire qu'elle semblerait l'avoir moins en défiance. Ainsi s'explique le témoignage de sollicitude qu'elle avait paru lui donner, en lui assurant un gîte moins hasardeux que l'asile commun à ses compagnons de travail : et qui n'était rien moins qu'une mesure d'exclusion, habilement prise en cela qu'elle pouvait être interprétée, comme un hommage rendu à l'honnêteté de la jeune fille.

Elle avait trouvé d'autre part que, pour pouvoir dénigrer la jeune fille dans l'esprit de Claude sans laisser voir aucune prévention, elle devait tout d'abord faire mine d'accéder spontanément à cette union qu'elle répudierait ensuite sur un semblant d'examen réfléchi.

Elle s'attendait bien à ce que le brusque aveu de son assentiment, présenté d'ailleurs sous une certaine forme, impressionnerait Claude à ce point de lui ôter la libre expression de ses intimes pensées, et que, partant, elle ne risquait point d'être prise au mot; mais pour le cas où, son premier trouble dissipé, Claude voudrait engager un entretien qui la pourrait mettre à la gêne, elle s'était ménagé l'obstacle matériel qui devait l'en affranchir.

Par cette manœuvre elle tendait simplement à s'assurer le bénéfice d'un antécédent dont elle pût se prévaloir dans la suite, quand elle voudrait arguer de sa prétendue adhésion à des projets reconnus inadmissibles, et aussi de l'indifférence avec laquelle Claude l'avait alors accueillie.

Gauches et grossières combinaisons, il faut bien le constater, mais qui attestaient moins encore peut-être la misère de la cause au service de laquelle elles étaient mises, que la maladresse normale d'un cœur droit, s'essayant, dans un fiévreux accès de terreur, à la pratique des voies obliques et tortueuses.

IX

Les preuves de sympathie bien et dûment faites, au moins à son avis, la mère Anselme n'attendait plus que l'occasion favorable pour commencer les hostilités. Quelque simple remarque, formulée avec une feinte indulgence, devait comme donner l'éveil aux appréciations défavorables qui sourdement iraient en renchérissant l'une sur l'autre, jusqu'à ce que la condamnation absolue pût paraître suffisamment motivée, et fût, au cas échéant, hautement prononcée.

La mère Anselme s'était munie de toute la prudente patience que pouvaient exiger la mise en œuvre d'un tel système, mais elle devait être dispensée de s'astreindre à ces timides lenteurs.

Au moment où la mère et le fils franchissaient le portail, une explosion de rires moqueurs éclatait à l'autre extrémité de la cour, dans un groupe que dominait le front surbaissé du colossal montagnard, et non loin duquel se tenait la jolie moissonneuse, qui, tranquillement accoudée sur la marge d'une fenêtre, semblait par la réserve de son maintien, s'efforcer d'échapper à l'importune attention du rustaud.

« Ah ah ! voilà qui s'appelle parler, se prit à dire un des hommes qui entouraient le stupide personnage, évidemment interloqué par une répartie à la fois digne et subtile de la jeune fille.

— Tire-toi de là, grand, ajoutait un autre.

— Ah bien oui ! reprenait un troisième, il n'est pas assez malin pour la petite. Elle en revendrait trois comme lui.

— Trois : dites donc un cent.

— Oh ! il ne lui saura rien répliquer.

— Ma foi, non ! le voilà tout penaud.

— Tout coi.

— Il est à bout de ses finesses, le piètre finaud.

— Pas malin, le grand ! pas malin ! »

Et la railleuse hilarité recommençait de plus belle.

Claude s'était arrêté : la mère Anselme se dirigeait lentement vers la maison ; non sans prêter quelque attention à ce qui se disait parmi les ouvriers.

— Oui, oui, c'est bon, murmura, avec un ricanement concentré le montagnard qui tournait sournoisement ses regards fauves sur la jeune fille, si elle est plus fine que moi, tant mieux pour elle ! ça lui fait honneur : je ne lui en veux point de mal, non, et mêmement, contrairement, je dis que ça rend tout aise de la revoir après qu'elle s'est cachée de nous durant la nuit... C'est pourquoi, je ne vois pas à quelle cause elle fait la méchante, je ne suis point méchant, moi. Eh bien ! ce n'est pas la manger que je veux, non. Eh ! eh ! eh ! c'est tant seulement l'embrasser. Eh ! eh ! eh !... »

En s'exprimant ainsi, le montagnard marchait avec une narquoise assurance vers la moissonneuse, qui le voyant venir, se redressa fièrement. Sans doute se croyait-elle suffisammeut protégée par le prestige de sa dignité. Mais la force morale devait échouer contre l'audace du brutal. Quand la jeune fille eut pu s'en convaincre, et que, adossée au mur, elle voulut se jeter de côté, les grands bras du montagnard étaient ouverts qui, la cernant, lui rendirent la fuite impossible. Alors éperdue, frémissant d'effroi, de colère : « Claude ! cria-t-elle, Claude, à mon aide ! »

Encore sous l'impression de l'étrange entretien qu'il venait d'avoir avec sa mère, peut-être Claude se fût-il abstenu de prendre part à ce démêlé, qu'il ne pouvait cependant observer sans une vive émotion mais le suppliant appel de la jeune fille, alors surtout qu'il ne contenait plus qu'à grand'peine son indignation, devait l'emporter sur toutes les considérations. Il s'élança. Avant que d'avoir pu se douter de cette intervention, le montagnard était saisi, poussé, emporté violemment contre le mur, où Claude le retenait comme cloué, pendant que la jeune fille courait, effarée, tremblante vers la mère Anselme, sur le sein de laquelle elle semblait vouloir se réfugier, avec tout l'abandon d'une profonde alarme. Mais elle trouva tendus pour la repousser rudement ces bras où elle pensait se jeter. S'arrêtant stupéfaite devant l'expression de mépris qu'elle voyait sur le visage de la mère Anselme, elle entendit celle-ci lui dire de l'accent le plus hautain :

« Loin donc, éffrontée !

— Effrontée ! répéta la jeune fille, en blêmissant, en portant ses deux mains sur sa poitrine, et en jetant autour d'elle des regards ébahis, — éffrontée ! mais qu'est-ce donc ?... qu'ai-je fait ?...

— Oh rien ! repartit la mère Anselme, avec un sourire d'amère ironie, je ne le sais pas, moi ; mais ceux qui sont là le savent peut-être. »

Et elle désignait les ouvriers, qui semblaient aussi déconcertés que la jeune fille.

« Mais encore ?

— Il le leur faut demander à eux. ».

Mais tout à coup : « Ah ! je crois que j'entends ! dit la moissonneuse, dont aussitôt les joues se teignirent d'une vive rougeur, et qui baissa timidement les yeux, c'est sûrement qu'en appelant à mon aide, j'ai dit simplement « Claude » comme si nous étions en familière connaissance, votre garçon et moi. Voilà ce que vous me reprochez ?

— Il se pourrait, fit brièvement la fière accusatrice.

— Eh, mon Dieu ! balbutia alors la jeune fille, c'est que... c'est que... vous comprenez... effrayée, je n'ai pas réfléchi ; en ces moments-là l'on n'a pas toujours sa libre attention... »

Le dédaigneux sourire plissait plus profondément les lèvres de la mère Anselme.

L'attention générale s'était portée vers les deux femmes, à la grande satisfaction sans doute du montagnard qui, sorti quelque peu froissé des mains de Claude, couvrait sa couardise en se donnant à l'écart, une façon de plaisante et pacifique humeur.

« Enfin, reprit la jeune fille ! si j'ai pu vous fâcher, je vous en demande franchement pardon, devant tous. »

Elle avançait humblement une main : mais la mère Anselme se reculant d'un pas, et la toisant froidement : « Je n'ai point à vous pardonner, j'ai seulement à dire devant tous que si nous vous avons amenée ici, mon garçon et moi, c'est par hasard, sans savoir qu'elle vous étiez ; ainsi on ne pourra nous faire répondants ni de vos propos ni de vos actions. »

Jean Pache, le fermier, intervint avec bonhomie : « Eh ! laissez donc, mère Anselme, laissez donc, dans tout ça, comme on dit, il n'y a pas de quoi fouetter un chat. Entre jeunesses qui ont ri et travaillé ensemble, est-ce qu'on est si cérémonieux ? Vous causez à cette petite une rude avanie, pour une chose dont votre garçon, j'en suis bien sûr, ne lui fait pas un si gros péché. »

Enhardi par ses accommodantes paroles qui pouvaient lui sembler revêtues de quelque autorité, Claude s'avança dans l'intention de les appuyer directement ; mais sa mère l'interrompant sans radoucir son accent : « Libre à vous, Jean Pache, d'en juger comme vous faites, mais je sais mon garçon trop soucieux de lui-même, et trop confiant en mes façons de voir pour craindre son démenti. La richesse des pauvres gens comme nous, c'est l'orgueil du cœur. Quand on n'a que ça, on y tient : nous y tenons, moi pour lui, lui pour moi. D'ailleurs c'est entre nous, ça, Jean Pache ; je n'ai pas besoin d'en dire plus ici, en présence du monde. »

Ět la mère Anselme gagna la maison, où elle disparut, laissant les nombreux témoins de cette scène singulièrement surpris d'un tel excès d'intolérance.

Qu'on ne suppose pas toutefois que pour atteindre à cette farouche exagération, elle eût dû recourir à une factice excitation, que l'austère expression de son visage n'eût été qu'un masque de circonstance et sa froide colère qu'une feinte. Ayant sincèrement reconnu l'indignité de l'étrangère, et sincèrement admis la nécessité de combattre sa fâcheuse influence, c'était en toute sincérité qu'elle avait senti l'inconvenance, qui, fortuite, ajoutait un témoignage aux indices révélant le peu de créance que méritait l'apparente réserve de la jeune fille, et qui, volontaire, n'attestait rien moins qu'un profond instinct d'audacieuse coquetterie. C'était en toute sincérité qu'elle avait obéi à la révolte de ses sentiments de délicatesse naturelle, qu'elle avait manifesté son mépris, sa répulsion, et qu'elle s'était retranchée — et son fils avec elle, dont le salut seul la préoccupait — dans le respect de soi le plus rigoureux.

Toujours est-il que la rupture éclatante avait eu lieu, qui, si elle ne frappait pas de néant tous les secrets desseins de l'ennemie, substituait du moins pour la mère Anselme, aux difficultés laborieuses de la lutte inavouée, indirecte, les franchises d'une formelle réprobation.

X

La contenance de Claude ne pouvait qu'être difficile en face de la jeune fille que sa mère avait si cruellement traitée, et aussi celle de la jeune fille devant tous ces gens qui avaient assisté à son humiliante aventure : le fermier le comprit :

« Allons, enfants, à la besogne! il n'est que temps — cria-t-il d'abord, au milieu du silence d'étonnement qui s'étaient établi après la retraite de la mère Anselme. Puis il ajouta en forme de plaisant commentaire du grave événement : — Quoique la mère Anselme en dise, je tiens qu'il n'y a personne de pendable ici. Elle est bonne femme, très-bonne femme, la mère Anselme, mais elle a ses petites idées à elle, comme tout le monde. Qui est-ce qui n'a pas ses petites idées à soi? Figurez-vous bien que, le dos tourné, elle ne pensera plus à çà : faisons comme elle. Toutefois pour lui ôter la chance d'avoir le même sujet de fâcherie, toi, Claude, tu vas emmener ta bande d'une part, le grand dépendu là-bas ira dans l'autre, et la petite viendra avec nous. De cette façon, du diable si d'ici à ce soir il vous arrive de vous colleter et de vous parler sans gêne. Allons, en route ! et d'un bon pas : voilà le soleil sorti. »

Les trois bandes se dirigèrent chacune de leur côté.

Ainsi prit fin cet incident, mais non pas sans laisser impressionnés à divers dégrés ceux qui en avaient été les héros ou les témoins. Ces derniers s'accordaient — avec quelque raison peut-être — pour remarquer que la jeune fille, bien qu'impitoyablement ravalée, n'avait eu d'autre moyen de défense qu'une profonde confusion ; qu'au lieu de se révolter avec la puissante fierté d'une conscience irréprochable, elle n'avait fait au contraire que s'incliner timidement devant le blessant arrêt, et qu'enfin, sans tenter même le moindre essai de réhabilitation, elle avait paru tout aise d'accepter le bénéfice des arguments à l'aide desquels, vaillent que vaillent, le fermier avait pris sur lui d'atténuer sa fâcheuse situation.

C'est dire que si ces remarques n'avaient pas pour résultat de justifier pleinement les rigueurs de la mère Anselme à son égard, au moins s'en suivait-il qu'une tendance à la déconsidération prenait dans beaucoup d'esprits la place du sentiment général d'intérêt et d'extrême sympathie que la jeune fille avait jusqu'alors inspiré.

Répétons qu'il pouvait n'y avoir là rien que d'assez rationnel.

. . . .

La nuit venue, les moissonneurs se trouvèrent de nouveau réunis dans la salle de la ferme pour le repas du soir.

Profitant de l'espèce de confusion à laqnelle devait donner lieu l'installation des nombreux convives, Claude passa près de la jeune fille, et lui dit à voix basse, mais d'un air singulièrement résolu et audacieux :

« A toute force, il faut que je vous parle sans qu'on nous entende. Si vous voulez sortir dans la cour, tantôt vers la fin du souper, nous nous trouverons près du puits. »

La jeune fille le regarda, évidemment étonnée mais non point effarouchée par la nature de la proposition, en réalité un peu hasardée, qui lui était faite ; et, tranquillement :

« C'est bon ! » répondit-elle.

Puis elle alla s'attabler à un bout de la salle, tandis que Claude gagnait une place à l'autre extrémité.

Peu après elle quittait la table, et Claude, qui

guettait, ne tardait pas à la rejoindre à l'endroit indiqué.

Un ciel voilé rendait l'ombre épaisse autour d'eux, ils étaient, ou pouvaient se croire bien protégés contre toute indiscrétion.

« C'est vous, n'est-ce pas? demanda tout d'abord Claude, qui venait de s'arrêter à quelque distance de la margelle, sur laquelle il distinguait vaguement une personne appuyée.

— Oui, c'est moi, répondit la jeune fille.

— Eh bien ! demoiselle Marie, écoutez-moi de toute votre attention : les choses que j'ai à vous dire étant sérieuses, bien sérieuses.

— Ces choses, dites-les; me voilà vous écoutant de toute mon attention. »

Alors Claude avec une assurance trop solennelle pour qu'elle ne trahît pas une profonde émotion :

« Parlez-moi franchement, comme franchement je vous parle, reprit-il, encore que vous me connaissiez seulement depuis deux jours, croiriez-vous pouvoir témoigner que je suis un honnête garçon ?

— J'en jurerais sur mon salut, dit la jeune fille, d'un ton qui, à tout autre que Claude eût pu paraître manquer de l'élan convenable à une telle déclaration.

— Et moi, dit Claude avec une extrême animation, moi, je crois que je me ferais tuer pour soutenir que vous êtes une honnête fille.

— C'est qu'alors, remarqua posément la moissonneuse, vous n'avez pas pris l'avis de votre mère.

— Mon Dieu, laissons là ma mère, au moins quant à présent. Je comprends que vous ayez sur le cœur sa conduite à votre égard : mais ce n'est point de son avis qu'il s'agit en ce moment, c'est du mie .

— Ah ! j'aime autant ainsi ! fit encore la jeune fille, comme si son ressentiment se fût manifesté en dépit d'elle-même.

— Voyez-vous, reprit Claude, moi je sais quelquefois ne pas dire ce que je pense, mais je ne sais jamais dire ce que je ne pense point. Ai-je tort ou raison d'avoir cette franchise, c'est à vous d'en juger, et...

— Ne parlez pas si haut, interrompit la jeune fille, on pourrait nous entendre : d'ailleurs ne vous semble-t-il pas qu'on a marché par-là ?

— Non, — répondit Claude qui, tout en parlant avait jusqu'alors tenu ses yeux dirigés vers la porte de la salle, où tous les gens de la ferme étaient réunis et n'en avait vu sortir personne — c'est sûrement le vent qui fait rouler quelque feuille à terre.

— Donc vous disiez ?

— Que j'ai foi en vous, comme je l'aurais en moi. C'est pourquoi, écoutez : Si jamais il y eut cœur de jeune homme pris de sentiment pour une jeune fille, c'est le mien pour vous... Je vous dis cette chose sottement, étrangement peut-être. Un autre plus avisé aurait peut-être pensé à chercher des détours. Mais moi, bien que déjà à un certain âge... je suis encore tout neuf en tels propos. Oui, c'est la première fois qu'il m'arrive d'être dans ces sentiments, c'est vous la première qui m'aurez entendu en faire l'aveu.

— La première, répéta doucement, et comme se parlant en secret, la jeune fille, dont, cette fois, l'accent traduisit une sincère émotion.

— Oui, la première, réitéra Claude; le bon Dieu me punisse si j'ai menti!

— Oh! je vous aurais su croire sur une simple parole! dit la moissonneuse, avec une évidente spontanéité.

Et maintenant, continua Claude, qui semblait se hâter dans son audace, comme s'il eût craint qu'elle ne lui fît bientôt défaut — si je vous disais : « Faites-moi savoir en toute franchise les empêchements que vous pouvez voir aux honnêtes projets de mon honnête amour. » Qu'est-ce que vous diriez?

— D'abord, repartit la jeune fille, déjà revenue à son calme, je vous demanderais si vous croyez qu'il soit bien fort en vous, cet amour?

— Quelle demande! sinon par le conseil d'un fort amour, est-ce que je vous parlerais comme je fais, alors qu'il y a si peu de temps que je vous connais.

— Eh! voilà justement pourquoi ma demande. Ce sentiment que vous pensez être un fort amour, n'est-ce point une idée, qui se passera comme elle vous est venue.

— Oh! non, non, je le sens bien! s'écria Claude.

— Plus bas donc! fit la jeune fille, si quelqu'un vous entendait.

— Eh bien! quand même, après tout, on m'entendrait, répliqua Claude, avec une fière impatience, ne suis-je donc pas mon maître? Du moment que mes intentions sont droites, je n'ai, je crois, à m'en cacher de personne.

— Pas même de votre mère? insinua discrètement la jeune fille.

— De ma mère? répéta Claude embarrassé. Mais, reprit-il, que ne répondez-vous à ma demande sans ces détours?

— Je ne prends pas de détours, et c'est vous qui ne répondez pas.

— Comment?

— Je vous ai demandé si vous pensiez pouvoir faire l'aveu de vos sentiments pour moi, même devant votre mère.

— Eh bien! oui, même devant ma mère! dit Claude, avec une sorte de farouche énergie.

— A la bonne heure! voilà répondre, dit la jeune

fille; mais écoutez encore. Une suppositiou... ce n'est rien qu'une supposition, au moins... — Une supposition, je vous aurais dit que de mon côté il n'y a point d'empêchement à vos projets, si au contraire, votre mère en voyait, elle; si elle vous déconseillait ces projets, si elle voulait y faire opposition ?... »

La jeune fille s'arrêta, comme pensant avoir assez clairement formulé sa délicate question.

— Eh bien ! alors... fit Claude, avec peut-être plus de résolution encore; mais il n'acheva pas.

-- Claude, est-ce toi qui es là? demandait, tout proche dans l'ombre, une voix, altérée à ce point que le jeune homme eut peine à la reconnaître.

— Oui, mère, répondit-il d'un ton ferme, après un instant de silence; oui c'est moi qui suis là.

— Mais tu n'es point seul, me semble-t-il, reprit timidement la mère, déconcertée par l'assurance qu'elle ne s'était sans doute pas attendu à trouver chez son fils.

— Non, mère, je ne suis point seul, avoua Claude bravement. mais toutefois sans aucune forfanterie.

— Ah ! fit la mère, dont le désappointement semblait croître en proportion de la calme et respectueuse audace de Claude.

— Non, je ne suis point seul, reprit le jeune homme, et je pense bien que vous savez avec quelle personne je suis.

— Malheureusement ! soupira la mère qui, sur les dernières paroles de son fils, avait soudain recouvré ses facultés agressives.

— Ne jugez pas ainsi, mère, repartit Claude avec une gravité doucement imposante, vous n'avez point de raison pour le faire. Je vous dis, moi, que cette personne...

— Est honnête, n'est-ce pas ? interrompit la mère avec la plus amère ironie. Honnête ! une fille qui s'en va seule, la nuit, se cachant de tous, à un rendez-vous...

— Ce rendez-vous, objecta naïvement Claude, qui sentait évidemment l'avantage lui échapper, c'est moi qui le lui ai donné.

— Belle raison ! riposta la mère en riant d'un rire dédaigneux. Il ne manquerait plus, vraiment, que ce fût elle... Et encore n'en serais-je guère étonnée. Mais enfin elle y est venue. Ah ! mon pauvre enfant, tu te fâches d'un jugement que je fais, et pourtant, toi-même, tu le fais comme moi, sinon en paroles, au moins en pensée.

— Je ne vous comprends point, mère, dit le jeune homme, trahissant un véritable désarroi.

— Règle commune, vois-tu, Claude, tout le monde pourrait te le dire aussi bien que moi ; règle commune, un garçon juge qu'une fille n'est pas honnête, alors qu'il croit se devoir cacher des gens honnêtes pour lui parler, et, ce jugement, la fille ne le dément pas, alors qu'elle consent à se cacher pour entendre ce que le garçon peut avoir à lui dire. »

Ces paroles dites avec une sorte d'appareil de suprême autorité, un silence se fit pendant lequel on eût pu voir, — si l'ombre qui enveloppait les interlocuteurs se fût tout à coup dissipée, — une singulière expression de triomphe briller dans le regard de la mère Anselme ; mais bientôt :

« Vous avez raison, mère, dit Claude, dont l'accent traduisait de nouveau la plus calme et virile énergie, et j'ai eu tort, moi, j'en conviens, de songer à ce rendez-vous caché. Quant à la demoiselle, si elle est venue, c'est, — contrairement à votre avis, — parce qu'elle a eu confiance en mon honnêteté. Toujours est-il que ce rendez-vous n'aura servi de rien, vu que nous ne nous sommes qu'à peine parlé, et pourtant il faut que nous nous parlions. C'est pourquoi je veux donner un autre rendez-vous à la demoiselle ; mais non pas en secret, non pas en quelque endroit caché, ou, si vous aimez mieux, mère, non pas comme si je la jugeais déshonnête. A ce rendez-vous, il ne tiendra qu'à vous de savoir si nos pensées et nos intentions sont droites ou mauvaises...

— Comment? Quelle idée as-tu? demanda la mère Anselme, qui de nouveau semblait grandement surprise et déconcertée.

— Ecoutez seulement ce que je vais dire à la demoiselle, et vous saurez mon idée, repartit impassiblement Claude qui, s'exprimant ensuite avec une douce animation :

« Vous m'entendez, n'est-ce pas, demoiselle ? Tantôt, quand je vous ai demandé de venir ici, c'était parce que je désirais entre nous un échange d'aveux. Cet échange, il n'a pas été fait, et je le désire encore, mêmement plus que jamais. Si nous étions en votre pays, je vous dirais : « Soyez tel jour, à telle heure, en la maison de votre père, et j'irai là pour que nous parlions ensemble devant votre père qui sera témoin et juge de nos propos. » Mais votre pays est loin, et ici je ne vois pas d'endroit où je puisse vous dire de m'attendre, vu que vous êtes étrangère, sans parents, sans amis pour tenir la place de votre père. Un endroit pourtant où nous pourrions, je crois, nous rencontrer honnêtement, c'est la maison de ma mère...

— Eh quoi !... s'écria la mère Anselme.

— Patientez, mère, patientez encore un peu ; je n'ai pas fini de dire à la demoiselle ce que j'ai à lui dire. — Oui, demoiselle, je vous marque cet endroit à défaut d'autres. Demain, c'est jour de dimanche, jour de chômage, si vous vouliez venir dans la vêprée, en cette maison, nous pourrions parler ensemble, ma mère étant là pour juger de nos propos. Peut-être vous semblera-t-il qu'on pourrait trouver que ce n'était pas à vous de faire ce pas; mais pensez qu'aucun étranger ne saura jamais le motif qui vous aura amenée... Enfin, c'est l'idée que j'ai eue, la voilà franchement. Que voulez-vous ! à travers ces gênantes façons de convenance et non-convenanoe qu'on s'avise de mettre en tout, je fais comme je peux. Pourtant, si vous pensez qu'il y ait mieux à faire, il en sera selon votre pensée; vous n'avez qu'à dire. »

La jeune fille repartit, sans morgue comme sans vaine affectation de simplesse :

« J'irai là où vous avez dit. »

Puis la mère et le fils l'entendirent qui regagnait à pas lents la maison. Quand Claude l'eut vue franchir le seuil de la salle :

« Ne voulez-vous pas rentrer, mère? dit-il, s'efforçant, mais non sans quelque embarras, de mettre fin à la difficile situation que lui créait le silence de sa mère.

— Si ! je veux rentrer, et en même temps que toi surtout, répondit-elle avec une navrante expression de douleur ; ne faut-il pas que j'empêche les gens de dire que tu viens d'avec *elle?*

XI

Une demi-heure plus tard environ la mère et le fils étaient de retour dans leur maison, sans s'être adressé l'un à l'autre une seule parole.

Claude semblait résolu à se retrancher prudemment dans ce silence ; mais la mère ne crut pas devoir le prolonger au delà du moment où elle se retrouva, si l'on peut ainsi dire, dans la sphère normale à l'entretien en quelque sorte solennel, qu'elle devait avoir avec son fils.

Si, en effet, le cœur de Claude pouvait être touché, son esprit gagné, n'était-ce pas dans ce même lieu témoin de tant d'affectueuses, d'expansives causeries, auxquelles avait toujours présidé une si vive tendresse, une si entière confiance mutuelle ? N'était-ce pas alors qu'ils seraient seul à seul, assis près de la petite table, la mère travaillant, le fils la regardant, le pâle rayonnement de la lampe leur permettant de chercher, l'un dans les regards de l'autre, l'expression toujours sincère des sentiments éprouvés ? N'était-ce pas là où l'avant-veille encore le jeune homme avait si explicitement témoigné d'une affection dont la mère pensait avoir à déplorer la perte ?...

Elle prit sa place coutumière, et d'abord attendit, pour aborder la difficile question, que son fils, conduit par l'habitude, vînt s'asseoir en face d'elle ; mais il tardait, mais il errait dans la salle, cherchant sans doute le moyen de fausser compagnie à sa mère, en ne paraissant pas trop fuir devant l'explication dont il se sentait menacé.

La mère pouvait en même temps, et craindre qu'il ne lui échappât, et juger favorable pour le vaincre l'instant où il laissait se trahir un véritable embarras. Du ton le plus doux, le plus intime, qui contrastait fort avec celui qui avait accentué ses dernières paroles :

« Claude, mon enfant, dit-elle, que t'ai-je donc fait, pour que tu n'aies plus confiance en moi ?

— Rien. J'ai toujours confiance en vous, répondit brièvement Claude, qui s'arrêta, et resta immobile au milieu de la chambre.

— Non, reprit la mère, imputant à faiblesse le système d'extrême discrétion dans lequel il semblait vouloir se renfermer, et, s'apprêtant dès lors à le pousser pour le faire s'en départir ; non, tu n'as point confiance, puisque tu te caches de moi.

— Vous verrez bien demain que je ne me cache nullement, repartit Claude de la même façon.

— Mais tantôt, là-bas, dans la cour ?...

— Tantôt je n'ai rien dit que vous n'ayez pu entendre.

— Non, mais tu allais dire, si je ne t'avais pas empêché.

— Il ne fallait point m'empêcher.

— Comment, il ne fallait point? Veux-tu dire seulement que j'ai eu tort de venir, alors que tu désirais être seul avec cette... personne? Mais songe que j'étais là presque en même temps que toi, car te voyant sortir de la maison je t'avais suivi, je t'écoutais parler, et si je t'ai appelé, si je t'ai fait savoir ma présence, c'est que je n'ai pas eu la force d'entendre ce que tu allais dire. Ça m'aurait fait trop de mal. Je me suis épargné à moi un grand chagrin, et je t'ai dispensé, toi, d'une mauvaise action. »

Claude fit entendre un petit rire sourd.

La mère, qui jusque-là était demeurée assise sans presque chercher son fils des yeux, se leva d'un élan, et, debout en face de Claude, fixant sur lui des regards où se peignaient l'expression de la plus pénible surprise :

« Tu ris, s'écria-t-elle ; tu ris. Voilà la réplique que tu me fais quand je te remets en mémoire que tu as failli dénier envers moi toutes tes années de profonde affection. Las ! un pareil changement est-il bien véritable ? A qui m'aurait dit que je le verrais un jour, oh! comme j'aurais répliqué : « Non, non, ça ne se peut pas. Mon Claude m'aime, j'ai tout son cœur, et s'il en doit faire le partage quelque jour, au moins me restera-t-il toujours son doux respect, sa bonne confiance. » Et pourtant !... Oh! ne faut-il pas que ce soit comme un mauvais sort jeté sur toi, pour que tu en viennes là? Tu ris quand je suis près de pleurer ; tu ris de me voir triste peut-être! Mes épreuves n'étaient donc pas finies? Celle-là est la plus forte. Non, tu ne m'aimes plus, et pour aimer qui?... Tu ris de moi, et en pensant à qui?... A une coureuse. »

Sur ce mot Claude, qui, une main à la joue, le regard distrait, avait écouté sa mère dans une sorte d'impassibilité, releva vivement le front, et l'éclair de ses yeux traduisit une muette mais énergique protestation.

« Oui, reprit la mère avec une violence qui au lieu de l'exciter davantage, sembla tout à coup rejeter plus profondément Claude dans le calme réfléchi dont il s'était un instant écarté. Oui, je l'ai dit, je le redirai, tu ne saurais m'en empêcher, parce que c'est ma pensée : une coureuse, une malheureuse fille dont tu es la dupe, toi, pauvre brave garçon. Tu te laisses aveugler par sa beauté charmeuse, tu as foi en ses airs d'innocence. Innocente, une fille qui n'entre ici que pour aussitôt tâcher d'avoir tes attentions, en

t'alléchant par ses manières, ses mines coquettes !
Ne l'ai-je pas vue jouant son jeu ? Et je l'ai reçue !
et j'ai eu pitié d'elle ! Je ne l'ai pas chassée, comme
on chasserait une bête méchante ! Innocente, celle-là
qui, on me l'a redit, n'a cherché pendant toute la
journée que vous avez travaillé ensemble, que les
occasions de se faire remarquer, de sembler gentille,
avenante, belle diseuse à tous ! Innocente ! celle-là
qui fait ce qu'elle a fait ce matin, quand nous arri-
vions à la ferme ! celle-là qui sort au milieu du souper, tous pouvant y prendre garde, et tous y ayant
bien pris garde en effet, pour aller t'attendre seule,
cachée dans la nuit ! Innocente, cette fille qui n'a
pas la moindre honte d'avoir été trouvée à un rendez-vous, si peu de honte qu'aussitôt elle est prête à
venir là où tu lui dis, comme si tes paroles lui
étaient des lois, qu'elle doit subir sans amour-propre,
sans la plus simple retenue ? Innocente ? Oh ! non,
non ! Ce qu'elle veut, ce qu'elle cherche, et ma foi,
je crois qu'elle n'a que trop réussi en son dessein,
c'est prendre de forte passion un honnête cœur
comme le tien, pour ensuite se dire engagée, com-
promise, elle, la prétendue innocente ! Est-ce autre
chose ? Le crois-tu ? le peux-tu croire ? »

La mère Anselme s'était animée par degré, d'autant plus que ses ardentes récriminations semblaient
laisser Claude dans une complète indifférence, et

qu'elle croyait voir en cela l'indice du désastreux changement irrévocablement opéré en lui.

« Oh ! elle sait bien que sa tâche est aisée avec toi, continua-t-elle, la voix tremblante, les yeux mouillés, et levant sur le visage froidement inexpressif de Claude des regards lamentables. Aussi va-t-elle son chemin sans presque nulle précaution contre ta méfiance. Elle a bien compris que tu étais le bon, le brave garçon dont toutes les femmes de son espèce ont besoin pour se sauvegarder dans leur mauvaise conduite, et, sois tranquille, va, elle saura te paraître attachée, soumise, confiante. Ne faut-il pas qu'elle te donne des gages, pour être à même de t'en demander le prix. Et toi, dans ta bonté, dans ta droiture, tu te croiras lié, tu penses déjà l'être, ma foi ! car tu ne parles de rien moins que de l'épouser. L'épouser ! toi mari d'une telle créature ! Ah ! je ne verrai pas ça ! je serai auparavant morte de chagrin ! Son mari ! Ah ! pour toi quelle vie de regrets, de honte, de pleurs ! — Tu lui as dit de venir ici ; elle viendra plutôt deux fois qu'une, est-ce qu'une démarche osée peut lui coûter quelque chose, quand il s'agit de s'assurer un sort ? Mais je lui céderai la place, moi : je ne veux pas, je ne peux pas être là. A quoi bon d'ailleurs ? pour t'entendre, toi, lui proposer le mariage, et pour l'entendre, elle, accepter ce projet qui va faire ton malheur et le mien ? Pourrais-je m'y opposer ? non ; d'abord

parce que tu es d'âge à te passer de mes avis, et auss
parce que toutes mes paroles seraient paroles perdues'
puisque tu ne crois plus en moi, puisque je n'ai plus
ton cœur... Une étrangère, — et quelle étrangère'
Dieu saint! — m'en a chassée, comme demain elle me
chassera de cette maison, où je ne saurais demeurer
en même temps qu'elle!... Ah! c'est triste, bien triste
de me voir réduite à ce point. L'aurais-je pu jamais
supposer?... »

La mère Anselme s'arrêta suffoquée par les larmes
et comme perdue dans un morne désespoir

Claude lui prenant les mains et les pressant vivement dans les siennes :

« Mon cœur est pour vous toujours le même et il
le sera toujours, » répliqua-t-il d'une voix altérée
par l'effort qu'il faisait pour conserver son assurance
en dépit d'une violente émotion.

Alors la mère s'écria, sous l'empire d'un subit retour
d'espérance ;

— Ah! je savais bien! je me disais bien que!...

Mais Claude l'attirant à lui, comme dans un fébrile
transport de tendresse, l'étreignant et posant un long
et énergique baiser sur ses cheveux gris :

« Bonne nuit, mère, dormez tranquille, » lui dit-il,
en réussissant moins encore à dissimuler le trouble
auquel il était en proie.

Et avec une calme précipitation, si l'on peut ainsi

dire, il gagna sa chambre, dont il ferma la porte derrière lui.

XII

Claude n'avait su dénouer que par la fuite une situation également périlleuse pour ses sentiments de bon fils, et pour ses résolutions de fiancé : car, quelles que fussent les apparences, c'était sans manquer aux affectueux devoirs filiaux qu'il espérait réaliser le projet auquel sa mère se montrait si partialement hostile.

La mère Anselme en eût acquis la certitude, si au lieu de rompre, dans un accès de crainte préconçue, l'entretien dont elle s'était faite l'occulte témoin, elle eût laissé Claude énoncer l'ensemble de ses pensées.

Claude n'avait pas demandé cet entretien à la jeune fille par le simple fait d'une inspiration subite et inconsidérée : il ne s'y était pas rendu sans en avoir mûri les éléments avec tout le discernement, toute la prudence dont il disposait en dépit d'une passion qui, pour s'être rapidement développée, ne laissait pas que d'avoir un caractère véritablement sérieux et réfléchi.

Bien que remontant en principe à l'une de ces mystérieuses influences attractives qui semblent inopinément, fatalement, se manifester d'elles-mêmes, à un instant donné, le sentiment que Claude avait conçu pour l'étrangère, et le projet dont ce sentiment était le point de départ, pouvaient su pporter l'épreuve des considérations les moins hasardeuses, et d'ailleurs Claude ne s'était pas fait faute de les y soumettre. Son attention captivée, son cœur atteint, et enfin la possibilité admise par lui d'éluder le vœu d'isolement qu'il avait en quelque sorte prononcé, il s'était convaincu que, relativement, cette union conseillée par la sympathie se présentait dans les meilleures conditions morales et matérielles.

A la vérité, pour asseoir ses jugements, il avait cru pouvoir ne faire aucun cas de l'opinion systématiquement défavorable, qui dans l'esprit de sa mère avait tout à coup succédé à la plus cordiale sympathie. Il avait vu cette répulsion se manifester subitement, il en savait apprécier les motifs, et systématiquement aussi de son côté, il la tenait pour suspecte dans tous les cas, même lorsqu'elle aurait pu s'étayer de quelque raisonnement équitable. C'est d'ailleurs le fait commun du conflit des partis extrêmes, qui se signalent à l'envi la vérité, et qui à l'envi s'en éloignent par une mutuelle défiance.

L'amour est aveugle, assure-t-on, mais moins encore que la haine, cela seul suffirait à le prouver de constater combien les appréciations de Claude semblaient le fruit d'un examen plus calme, plus judicieux que celui auquel s'était livrée jusqu'alors la mère Anselme.

« Entre cette jeune fille et moi, avait pensé Claude, l'égalité de condition matérielle sauvegarde l'avenir de tout regret de mésalliance. — Elle est adroite, laborieuse, ajoutait-il, lui qui, adroit, laborieux, l'avait pu juger à l'œuvre. — Elle paraît d'humeur facile et gaie; elle sait être humble et fière selon le cas, » lui qui l'avait vue se commander, par reconnaissance et respect, la plus indulgente passivité, alors que pourtant elle était maltraitée sans raison, et qui ensuite avait été témoin de sa révolte imposante contre le manant qui se risquait à trop de privauté; lui qui s'était trouvé à même d'apprécier la gracieuse simplicité de ses manières, le charme de ses paroles : et il remarquait à l'avantage de son projet que l'enjouement, la douceur naturelle du caractère n'est pas la moindre compensation providentielle qui puisse être donnée aux pauvres gens dans les vicissitudes de leur difficile existence. « Elle comprend les pieux sentiments de famille; elle fait preuve envers son père du plus affectueux dévouement, » s'était encore dit Claude, qui refusait de considérer comme un jeu l'émotion provoquée chez elle par le souvenir de sa mère morte, et qui croyait sincère sa profession de tendresse filiale. Et il en concluait, lui, fils tendre et dévoué, que les soins, l'affection dont il voulait que sa mère fût entourée après comme avant son mariage, se trouveraient naturellement garantis sinon imposés par les soins et l'affection qu'il comptait offrir au père de son épouse.

A cette question de la jeune fille qui, avant de se prononcer, le mettait en demeure de lui faire connaître la conduite qu'il tiendrait si la mère désapprouvait son dessein, Claude allait répliquer qu'il était résolu à faire valoir auprès d'elle de pressantes considérations au nombre desquelles l'argument victorieux se trouverait assurément.

Sur quoi se fondait cette assurance? il n'en eût rien dit; et même se serait-il borné à affirmer discrètement sa conviction, pour que l'attention fût détournée d'un point, qui, sans doute, devait rester secret entre sa mère et lui. Quoi qu'il en dût être, il eût formellement ajouté qu'il était prêt à se départir de tout projet d'union, si la jeune fille croyait nécessaire la séparation de la mère et du fils, et si, la vie commune étant acceptée des deux parts, elle pensait avoir la

moindre violence à se faire pour s'acquitter envers
sa mère de tous les devoirs désintéressés du cœur. La
jeune fille eût-elle objecté que la tâche pourrait lui
être au moins fort difficile et ingrate, si elle devait se
heurter contre une implacable aversion, Claude eût
reparti qu'il ne doutait pas que sa mère ne renonçat
bientôt à ses hostiles préventions, et ne revînt à la
plus franche sympathie, quand elle se verrait l'objet
d'une constante et délicate sollicitude. Pour garants
des sentiments de la jeune fille à cet égard, de ses
dispositions à l'égard de sa mère, — et aussi pour lever toutes les incertitudes qui pouvaient résulter de
sa situation d'étrangère, — Claude voulait s'en rapporter à des affirmations qui, pensait-il, ne pouvaient
qu'être empreintes de loyauté, alors qu'il les aurait
loyalement provoquées. Outre que, pris d'un profond
amour, il devait à l'influence de sa pure passion d'être
accessible aux croyances généreuses, Claude apparte-
nait au nombre de ces cœurs instinctivement nobles
et droits qui, pour s'attacher de plus en plus à la no-
blesse et à la droiture, aiment à s'en affirmer la
puissance, le prestige, — en même temps que la normale utilité. Convaincu de la suprématie naturelle de
la bonne foi sur le mensonge, il ne doutait pas qu'on
ne la pût imposer par la force de l'exemple, comme
on fait parfois l'assurance ou l'audace. Il lui semblait
que la franchise ne dût éveiller que la franchise, la

confiance n'appeler que la confiance. Il croyait la dissimulation impossible en face de la vérité. Il ne comprenait pas que, à moins de corruption profonde, — et ce cas ne pouvait être à ses yeux celui de la jeune fille, — l'on fût capable d'abuser qui avait sincèrement fait appel à la sincérité. Illusions naïves qui déjà sans doute lui avaient attiré plus d'un mécompte, mais sans que le principe de sa foi consolante, fortifiante en fût détruit. On trouve encore, — Dieu merci! — des êtres d'une candeur obstinée, d'une libérale simplicité, qui savent en dépit de quelques tristes expériences, se garder impropres à cette prétendue sagesse, sous le voile de laquelle tant d'autres sont aises de pouvoir au plutôt dissimuler la froideur et la mesquinerie de leurs instincts. Claude était de ceux-là.

Toutes les questions relatives à la jeune fille devaient donc, de l'avis de Claude, se trouver pleinement résolues dans l'entretien que la mère avait empéché, ou plutôt retardé, car Claude se proposait de le reprendre, le lendemain, — qu'elle fût présente ou non, — sans s'écarter de la ligne qu'il s'était d'abord tracée.

Les réponses de la jeune fille étant conformes aux vœux de Claude, resterait, sinon à vaincre immédiatement les préventions de la mère, — ce que Claude devait croire impossible, — au moins à triompher

sans éclat de son opposition, car la perspective d'un
scandale quelconque était de soi inconciliable avec
les intentions toutes respectueuses, les espérances tout
affectueuses de Claude. Et Claude, qui savait pénétrer le cœur de sa mère, était fermement convaincu
que cette victoire, en apparence si difficile, serait à
sa discrétion quand il voudrait s'armer de certaine
considération dont, — quoique très-innocente, — il
ne voulait faire usage qu'après avoir reconnu l'im-
puissance de toutes les autres.

Il semble, à la vérité, que Claude n'eût plus aucune
raison pour hésiter encore de recourir à ce moyen
qu'il croyait d'une efficacité certaine; mais ne fallait-
il pas, au préalable, qu'il fût instruit des sentiments
de la jeune fille; car, si elle devait être contraire à son
projet, avait-il besoin de rien tenter pour en assurer
le succès?... Il attendait donc l'avis de la jeune fille.

Si, cet avis étant favorable, la mère Anselme s'ob-
stinait en son système de répulsion, Claude, — qui
n'aurait pour cela qu'à énoncer sa conviction, — lui
laisserait enfin entendre, non sans de grands ménagements, qu'il était tenté de soupçonner en elle un
sentiment de jalousie; et si, comme il pouvait s'y attendre, elle se récriait, Claude eût développé fidèlement les remarques qu'il avait été successivement à
même de faire, et dont elle ne pouvait manquer de
reconnaître en elle-même l'exacte justesse.

16

Claude s'était d'ailleurs délicatement préparé à lui épargner la confusion d'un aveu en quelque sorte impossible; — car quelle mère voudrait jamais confesser qu'elle a pu ne songer qu'à sa propre satisfaction, quand le bonheur de son enfant en demandait le sacrifice. Claude devait donc, après avoir très-explicitement motivé ses *doutes*, déclarer qu'il était prêt à les tenir imaginaires, du moment surtout où la mère se départirait de la ligne de conduite qui les avait fait naître, et qui avait paru de plus en plus les confirmer. Claude ne doutait pas que, se sentant ainsi pénétrée, et le moyen lui étant fourni de détruire un soupçon trop bien fondé, sa mère ne vînt résolûment à composition.

Il ne se dissimulait point la grandeur des efforts qu'elle aurait à s'imposer pour déguiser, sinon pour étouffer, un sentiment qui sous un faux dehors avait acquis une telle intensité, mais il connaissait l'énergie du cœur de sa mère. Il se rappelait en outre, dans quels termes, avec quelles précautions, — sans cependant y avoir été provoquée jamais, elle s'était défendue d'éprouver ce sentiment, toutes les fois qu'elle avait craint de l'avoir laissé se trahir; et il pouvait par là préjuger combien plus scrupuleusement elle saurait se dominer, alors que la menace tacite, mais formelle du soupçon pèserait sur elle. Un sacrifice aussi héroïque réclamé devait-il rester sans compensation? Claude était loin de le penser. Il se persuadait au contraire que la contrainte lui profitera d'autant mieux qu'elle réussirait plus courageusement à la subir. Car, selon lui, au lieu de cet appauvrissement du cœur qu'elle redoutait, c'était à un échange plus étendu, plus complexe d'amitié, de tendresse qu'elle allait être vouée; et il lui semblait rationnel de prévoir que l'affection de la future belle-fille dût se développer en raison de la manière dont elle serait accueillie et reconnue.

Telles étaient les opinions, les prévisions de Claude, bien opposées, sans doute, aux opinions, aux prévisions de la mère. L'événement seul pouvait dire lequel était le plus proche de la vérité, du fils qui, en dépit de certains indices non équivoques, admettait obstinément la parfaite bonne foi, l'entière candeur de la jeune fille, ou de la mère qui la condamnait sans rémission, sur ces mêmes indices dont la signification devenait au moins discutable, en acquérant une aussi grave importance.

XIII

Sa retraite opérée, qui laissait sans solution leur grave différend, ce n'était pas sans quelque appréhension que le fils songeait à se retrouver en présence de la mère, qui pouvait à nouveau soulever l'épineuse question. Il avisait à éluder sous quelque prétexte plausible les chances que devait faire naître le tête-à-tête coutumier du dimanche. Mais il fut, au moins pour la matinée, dispensé de toute précaution, par sa mère elle-même, qui, presque à l'aube, quitta la maison en disant qu'elle se rendait à la première messe, et qui ne revint du village qu'à l'heure ou Claude devait à son tour aller entendre l'office.

Quand il fut de retour cependant, le repas les mit face à face ; mais, bien que ne dissimulant point une profonde tristesse, la mère s'abstint de tout propos pouvant amener l'entretien sur l'objet évident de sa préoccupation.

Après une mûre réflexion, elle avait cru pouvoir conclure à l'inanité de toutes les remontrances qu'elle essayerait de faire entendre à Claude ; et s'était en

conséquence promis de ne plus s'armer contre lui
que du silence de l'affliction. Jugeant perdu l'amour
de son fils, elle ne se rattachait plus qu'à l'espoir
d'exciter sa pitié. Après avoir hautement déclaré
qu'elle ne voudrait, ne saurait être témoin de l'entretien qui devait avoir lieu chez elle, elle se préparait pourtant à y assister, mais avec la résolution
formelle d'y garder cette morne neutralité qui, pen-
sait-elle, pouvait avoir une dernière chance d'inspirer quelque saine réflexion au cœur abusé de Claude.

Cette épreuve tentée et demeurée sans succès, la
mère Anselme, en deuil de toutes ses chères joies,
n'aurait plus qu'à élire un nouvel asile, car elle ne
se sentait pas le courage de penser seulement à coha-
biter avec l'*aventurière*, qui d'ailleurs ne devait rien
désirer plus que cette séparation. Ce n'était point de
la résignation, mais du désespoir. Sa seule consolation, après l'accomplissement du désastreux événement, serait de prier Dieu qu'il épargnât à Claude
les malheurs auxquels il s'était volontairement exposé
par sa triste mésalliance.

La conduite inexpliquée de sa mère ne laissait pas
que de jeter Claude dans une gênante incertitude.
Cette passive abstention succédant aux opiniâtres
protestations de la veille, lui semblait dissimuler
quelque expédient imprévu à l'aide duquel sa mère
pensait le vaincre au dernier moment : car plus vi-

vement on espère et plus on est accessible aux pensées alarmantes, il n'osait pas croire qu'elle se fût rendue ; et, bien que se sentant fort contre toutes les éventualités, encore s'inquiètait-il de la voir dans ce calme, qui contrastait si gravement avec son trouble passionné des jours précédents.

Le repas achevé, elle était allée s'asseoir sur le banc de pierre extérieur, les yeux fixés sur le chemin qui menait au village.

Claude se demandait si elle s'était simplement placée là pour apercevoir de plus loin la jeune fille, afin d'éluder plus sûrement toute rencontre avec elle, et afin aussi de laisser à l'entrevue le caractère d'inconvenance que sa présence eût en quelque sorte effacé ; ou si elle comptait, en l'arrêtant au seuil de la maison, ménager à la moissonneuse un nouvel affront, et soumettre Claude à la difficile épreuve d'un conflit entre le respect dû à sa mère, et la déférence vouée à son indigne amante. Puis cependant il était tenté de supposer au contraire, — à quelles suppositions ne peut conduire un doute pénible ? — que sa mère, après un retour sur elle-même, projetait une réconciliation, et pour la rendre plus évidemment sincère, voulait en faire les premières avances. Mais bientôt l'invraisemblance de cette idée le frappait ; et ses fâcheuses appréhensions renaissaient...

Quoi qu'il en dût être, Claude trouvait démesuré-

ment longs les instants qui différaient encore l'événement. Pour tromper son impatience, il allait, venait
dans la salle, s'asseyait, se levait, s'arrêtait machinalement devant l'image de dévotion clouée au mur,
près du lit, s'approchait de la petite fenêtre donnant
sur la pleine campagne, et regardait au dehors, sans
fixer sur rien son regard... Seul dans la salle, il n'a-
vait point à se contraindre ; mais sa mère rentra, qui,
poussant un escabeau dans le coin sombre de la cheminée, s'installa auprès de l'âtre éteint, ainsi qu'elle
aurait pu faire en plein hiver. Elle s'assit, les mains
croisées, son chapelet dans les doigts, comme pour
témoigner qu'elle voulait encore se renfermer dans
la même abstention, garder le même silence. Claude
n'en éprouva que plus d'embarras. Dans l'espoir de
parvenir à se créer une contenance, il prit sur la
corniche poudreuse du bahut un vieux livre qui s'y
trouvait, puis s'assit près de la table, s'accouda, ouvrit le livre devant lui et fit semblant de lire.

En vérité, l'expédient n'était pas heureux, s'il devait donner le change à la mère sur la disposition
d'esprit du fils, en lui faisant croire qu'il était en état
de prendre quelque intérêt à une lecture ; car ce
livre, le seul peut-être qui existât dans la maison,
en plus des paroissiens obligés, n'était rien autre
qu'un pauvre syllabaire qui avait autrefois servi à la
mère et à l'oncle de Claude pendant leurs quelques

mois d'école. — Double circonstance qu'attestaient
encore les deux noms de *Marie* et de *Claude Rivet* ré-
pétés en gros et primitifs caractères sur les faces in-
térieures du cartonnage et sur maintes pages du
livre. Le jeune homme tournait machinalement ces
feuillets, qui pour tout sujet digne de quelque attention, ne lui pouvaient offrir que ces simples inscrip-
tions, naïfs monuments d'une époque vers laquelle
en d'autres circonstances il se serait plu sans doute à
remonter par la pensée ; car ils dataient d'un temps
où plus étroite, plus spontanée que jamais devait
être entre sa mère et son oncle cette union qu'il
aimait à faire revivre dans ses généreuses aspirations.
Mais alors qu'entre lui-même et sa mère régnait un
désaccord aussi manifeste, aussi menaçant, il ne
pouvait arrêter ses yeux sur ces témoins d'un accord
détruit sans éprouver comme une sorte de secret
effroi, d'indéfinissable appréhension, pénible, navrante...

Dût-il subir une gêne plus évidente encore que
celle qu'il avait cru dissimuler, Claude ferma le livre
et se leva, pour aller le rejeter à la place où il l'avait
pris ; mais à ce moment un léger bruit de pas se fit
entendre vers la porte restée ouverte : la moissonneuse parut, qui, le seuil franchi, et avec une calme
assurance :

« Vous m'avez engagée à venir, dit-elle ; je suis
venue. »

Puis, les mains croisées devant elle, les yeux franchement levés, elle attendit, gardant le silence.

XIV

Comme s'il n'eût pas prévu, ou comme s'il eût redouté l'arrivée de la jeune fille, Claude après avoir jeté sur elle un regard effaré, tourna les yeux vers sa mère, dont les traits ne traduisaient aucune émotion, et qui semblait devoir trouver dans l'humble oraison où elle s'absorbait la force de vouloir rester complètement indifférente à cet entretien. Pourtant une question allait se décider, qui touchait aux plus chers intérêts de son cœur.

A cette vue, à la pensée du suprême effort dont cette tranquillité devait être le résultat, à l'idée de braver pour ainsi dire en face l'héroïque femme qui paraissait prête à subir patiemment toutes les épreuves, un trouble profond s'empara de Claude. Il s'oubliait à contempler, attendri, l'imposante tristesse de sa mère; et lorsqu'il voulut enfin parler à la jeune fille, l'on eût dit que toutes ses audacieuses résolutions lui fissent soudain défaut; car il hésita, il balbutia.

« Oui, oui… je vous ai engagée à venir… C'est pourquoi… du moment que… que vous êtes venue… écoutez-moi, oui… écoutez-moi. »

Et il parut ne plus savoir quels propos tenir. Le courage lui manquait. Il craignait d'ajouter encore à cette affliction qu'il comprenait si grande, si vive sous le voile de résignation qui la couvrait ; il lui semblait que ses paroles ne pussent être qu'autant d'outrages, de sacrilèges, dont ses respectueux sentiments de fils lui demandaient compte par avance.

Sans doute rien n'était changé dans ses intentions finales envers sa mère ; sans doute il se disait, comme auparavant, que la violence dont elle se croirait la victime devait être profitable à son cœur ; mais en dépit de ces heureuses restrictions, il se sentait hors d'état d'aborder en sa présence ce sujet, qu'elle ne pouvait considérer que comme une coupable dérogation à toute déférence, à toute tendresse filiale.

Il eût voulu pouvoir différer cet entretien ; car il se reprochait de n'avoir pas usé auprès de sa mère de tous les moyens de persuasion que pouvait conseiller l'intime affection ; il regrettait de ne lui avoir pas tout d'abord révélé ses plus secrètes pensées, au lieu de se retrancher dans une dissimulation, cause première du conflit. Il ne doutait pas qu'agissant ainsi il n'eût fait bientôt l'unité de vues s'établir entre elle et lui. Il se demandait pourquoi ces feintes auxquelles

il avait eu, et devait encore avoir recours; pourquoi
ce système d'apparente hostilité, destiné à servir les
plus avouables desseins; il se persuadait qu'il était
encore temps d'employer la franchise, la cordiale
confiance; et il eût désiré tenter cet essai dont le succès lui semblait certain.

C'est dire que par son humble abstention la mère avait
fait ce qu'elle n'avait su faire par ses ardentes remontrances, par ses hautaines récriminations : l'avantage qu'elle remportait était grand et pouvait en présager de plus significatifs encore.

La jeune fille parut bien le comprendre, car voyant
l'hésitation de Claude :

« N'avez-vous rien à me dire? demanda-t-elle,
non sans quelque évidente intention de reproche.

— Oh! pardonnez-moi! fit vivement Claude, qui
en dépit de cette affirmation ne parvenait guère à re-
couvrer son assurance, j'ai à vous dire comme
hier... »

De nouveau il s'interrompit, les yeux arrêtés sur
la mère qui ne pouvait manquer de s'applaudir secrètement de cette victoire inespérée, mais qui cependant réussissait encore à garder toutes les apparences de la plus parfaite impassibilité.

Alors la jeune fille :

« Si ce que vous avez à me faire entendre n'est
rien autre que ce que j'ai entendu hier au soir, il

n'est pas besoin que je vous laisse la peine de le répéter. A quoi bon? puisque ma réponse à votre demande est qu'il faut oublier les choses dont vous m'avez parlé.

— Que dites-vous?... Que voulez-vous dire? » s'écria Claude, qui avait passé brusquement d'une vive anxiété dans la plus decevante alarme.

Et la mère, se départant tout-à-coup de l'extrême indifférence où elle avait su jusque-là paraître se retrancher, fixa sur la jeune fille, un regard qui semblait traduire à la fois, la joie, la défiance, l'impatience, car elle pouvait à la fois et se réjouir d'une telle déclaration, et craindre qu'elle ne fût qu'un leurre habile, et désirer d'éclaircir au plus tôt ses doutes.

« Ce que je veux dire, repartit la moissonneuse, c'est que vous devez, me semble-t-il, quitter votre projet.

— Eh ! je l'ai bien compris ! fit Claude, comme voulant éviter d'entendre trop formellement affirmer son affligeante déconvenue.

Le visage de la mère avait un rayonnement.

« Peut-être, reprit la jeune fille, vous trompez-vous en pensant avoir bien compris... (Claude la regarda avec une inquiète curiosité; le front de la mère s'assombrit de nouveau...) Peut-être croyez-vous que si je vous parle ainsi, c'est pour vous faire entendre qu'il

me coûterait de consentir à votre dessein, ou que je
n'ose pas compter sur le consentement de mon père.
Non, ne le prenez pas de cette manière; car, je vous
le dis, avec toute la franchise d'un cœur honnête et
vrai, s'il ne tenait qu'à moi de lever tous les empêchements, je les lèverais, joyeuse. Je vous dis même,
— et c'est un serment que je fais, — que n'étant pas
votre femme, je ne serai celle de personne. Je m'en
irai d'ici : nous ne nous verrons plus; mais je ne vous
oublierai point, moi. Enfin je suis certaine, bien certaine, j'en pourrais jurer aussi, — que si vous veniez
me demander à mon père, sa joie serait grande de
vous agréer; d'ailleurs, quand je lui aurai fait savoir
qui vous êtes, j'ai l'assurance que tout son espoir sera
de vous voir venir un jour...

— Mais alors?... interrompit Claude, que les paroles sincèrement émues de la jeune fille n'avaient
pu que plonger dans la plus fiévreuse perplexité.

— Mais alors!... répéta aussi la mère, avec une hautaine ironie.

Puis se levant, et montrant outrageusement du
doigt la jeune fille :

– « Ne comprends-tu pas, poursuivit-elle, que celle-
là n'est qu'une créature sans honte, qui fait mine de
refus pour te prendre mieux? Es-tu aveuglé par cette
franchise de cœur dont elle se vante? donnes-tu foi
à ces serments qui ne lui coûtent pas plus qu'à une

autre les simples paroles ? Ne vois-tu pas comme elle
joue bien son jeu d'émoi et de vérité ? Iras-tu vers ce
père, dont ta venue va faire la joie, vers ce père qui
va t'espérer venir ?... Ah ! si tu ne vois point l'effron-
terie de cette jeune fille, quand donc la verras-tu !... »

Immobile, les traits empreints d'une entière sérénité, la moissonneuse semblait n'avoir rien entendu.
Comme elle ouvrait les lèvres pour parler à son tour :

« Regarde-la, reprit la mère, en riant d'un rire
saccadé, mais regarde-la donc, tranquille sous l'avanie; est-ce que ?... »

Mais Claude :

« Laissez-la parler, mère, laissez-la parler ! » dit-il,
avec un calme dont la froideur n'était qu'apparente.

La mère pâlit en regardant son fils, et put comprendre que par la violence elle venait encore une
fois de compromettre ses avantages.

« Non, reprit tranquillement la jeune fille, ce n'est
pas parce que l'empêchement est de mon côté que je
vous dis de renoncer ; mais parce que je le vois du
vôtre, et que je crains que vous n'en ayez point raison. De même, entendez-moi bien, que je n'oserais
pas songer à me marier contre le vœu de mon père,
de même je pense que vous...

— Ah ! voilà qu'enfin elle en vient là où elle voulait venir ! s'écria la mère impuissante à se maîtriser.
L'écouteras-tu encore, Claude? »

Claude ne répondit que par un mouvement d'impatience contenue; et la jeune fille continua aussi calme qu'auparavant :

« De même, je pense, vous ne songeriez pas à faire un mariage que votre mère désapprouverait. Et, s'il vous pouvait arriver d'y songer, eh bien ! je vous dis moi que je m'y refuserais. »

La mère fit entendre un sourd ricanement d'incrédulité.

« Oui, je m'y refuserais, réitéra gravement la jeune fille qui, cette fois parut vouloir, indirectement du moins, repousser les blessantes suspicions de la mère, — et quand il devrait sembler que les serments ne me coûtent guère, c'en est encore un que je fais, non-seulement pour moi, mais encore pour mon père dont je connais les sentiments; maintenant je vais vous quitter, mais pour que vous sachiez en quel endroit me retrouver, si quelque jour vous le croyez devoir faire, je veux vous dire et le nom du pays où je retourne, et le nom de mon père. Le pays, qui est un village à une quinzaine de lieues d'ici, dans la montagne, on l'appelle le Charmil; quant au nom de mon père, — dont vous saurez aisément vous souvenir, je pense, — c'est Claude Rivet.

— Claude Rivet! répétèrent à la fois la mère et le fils, mais avec des expressions bien différentes, car pendant que le fils semblait jeté dans une sorte de

doux ravissement, les traits de la mère se contrac-
taient sous l'influence d'une émotion aussi pénible
que violente.

— Ah! j'aurais dû m'en douter! s'écria-t-elle tout
à coup, de l'accent le plus amer; j'aurais dû penser
que cette dernière épreuve du malheur me venait de
lui! A la fausseté de la fille, n'ai-je pas reconnu le
père? L'un ne peut point renier l'autre. Ah! que le
voilà bien servi dans sa rancune! Pour bien, je n'avais
plus que la paix de mon cœur : il m'a trouvée trop
riche encore, il m'a voulu dépouiller du peu qui me
restait. C'est fait! La fille a réussi pleinement en suivant les leçons du père. Voilà le frère que le bon
Dieu m'a donné, qui sera bien joyeux de savoir ma
peine; voilà ma nièce qui, joyeuse, ira lui conter sa
belle action. Oh! comme ils vont se réjouir ensemble!
Pour que leur fête méchante soit complète, il ne leur
manquera plus que de te voir avec eux, Claude!
Iras-tu? me préféreras-tu ceux-là qui n'ont que haineuses intentions contre moi. Aimeras-tu ceux qui
me détestent. Est-ce le triste prix que j'aurai de ma
longue amitié pour toi? Dis, Claude, dis! »

La jeune fille ne laissa pas à Claude le temps de répondre.

« Vous vous trompez, dit-elle doucement, quand
vous parlez de rancune, de haineuses intentions, et
de joie que devrait causer votre peine. C'est même

parce qu'au cœur de mon père il n'y a plus ni haine,
ni rancune que je suis venue ici.

— Elle est venue se couvrant d'un faux nom , dit
la mère comme se parlant à elle même, pour éviter
d'adresser directement la parole à la jeune fille.

— D'un faux nom! Eh quoi! ce nom de Marie
n'est-il pas aussi le mien? n'est-ce pas vous-même
qui me l'avez donné! N'êtes-vous pas ma marraine,
comme mon père est le parrain de votre fils. Si on
m'a ensuite appelée Claudette, n'est-ce pas seulement
parce que votre fils s'appelait Claude, et comme pour
mettre en lui et moi une cause d'amitié de plus; car
en ce temps la bonne amitié était entre nos familles.
— Cette bonne amitié, des jours de misère sont venus
qui l'ont rompue; — aujourd'hui qu'il a regagné
quelque aisance, mon père donnerait...

— Quelque aisance! interrompit la mère, et elle est
pauvrement vêtue, disant qu'elle ne s'était mise en
route que pour, au retour, rapporter du soulagement
à son père.

— Oui, et je ne m'en défends point. Mais entendez-
moi; et croyez qu'elles sont vraies, les choses que je
vais vous dire. J'étais toute jeune encore, quand mon
père et moi nous avons quitté le pays. Pourtant j'a-
vais gardé mémoire de vous, de Claude. Si, enfant,
il m'arrivait de vouloir en parler avec mon père, ou
il évitait de me répondre, ou il changeait vite de
propos.

— Comme vous, mère, remarqua Claude, dont l'attention semblait singulièrement captivée par les paroles de sa cousine.

— Alors, je ne pouvais pas m'étonner trop, reprit la jeune fille, mais plus tard, quant je sus un peu réfléchir, je voulus savoir pourquoi il ne trouvait pas de plaisir à une souvenance qui m'était douce, à moi; force lui fut bien de me donner, ou plutôt de tâcher à me donner une raison... mais il était grandement embarrassé si je lui demandais les premiers, les véritables motifs de cette aversion.

— Comme vous, mère, dit encore Claude.

— Et plus l'âge me mettait à même de comprendre, et plus mon père avait d'embarras pour m'expliquer le sujet de la brouille, et pour me faire entendre qu'elle ne devait jamais finir. A tout coup je jugeais piètres, mauvais, les motifs qu'il trouvait, — quand toutefois il en savait trouver ; et du reste il me semblait que trop d'ans avaient passé pour qu'une rancune, aux si chétives raisons, pût encore être vivante. Alors il était réduit à me dire que je ne pouvais pas, que je ne savais pas comprendre, que mieux valait laisser cette chose sans en parler... Et il refusait d'en parler davantage.

— Comme vous, mère, dit Claude une troisième fois.

— Et je m'étonnais de voir obstiné dans un méchant

sentiment mon père que je savais d'ailleurs si bon,
si aimant. Et mainte fois je lui disais : « Non. ce
n'est plus dans votre cœur ; si vous vouliez être franc,
vous m'en feriez l'aveu ; mais c'est comme une honte
qui vous empêche de convenir que vous avez pu garder
une haine sans raison ; et si l'occasion du rapatriage
se trouvait, j'en suis sûre, vous ne la laisseriez point
échapper. » Et toujours il me démentait avec des airs
de colère, mais toujours aussi il évitait de parler
longuement sur ce point, parce qu'il sentait sa fausse
colère en risque de lui faire défaut, et, je le devinais
bien, parce qu'il y avait pour lui une souffrance à
rester sur ces tristes pensées d'aversion, dont il aurait
tant voulu être déchargé,

— Comme vous, mère, toujours comme vous !
s'écria Claude, qui poursuivit avec une grande animation : Oui, tous deux, chacun de votre côté, vous
vous êtes... »

Mais la jeune fille étendant la main vers lui, et de
l'accent le plus doux :

« Patience, Claude. »

Puis, s'adressant encore à la mère qui, on le comprenait, avait besoin de toute son énergie pour réussir
imparfaitement à faire que l'impassibilité de son visage ne laissât rien se traduire des sentiments qui
s'agitaient en elle :

« Un jour, il y a environ un mois de ça ; c'était le

dimanche comme aujourd'hui, nous revenions tous deux des vêpres de la paroisse, et, pour gagner notre maison qui est quelque peu écartée du village, nous suivions une sente du bois. Voilà que nous rencontrons deux enfants, le frère et la sœur. Le frère pouvait avoir six ans, la petite un peu plus de trois; nus pieds tous deux. Ils revenaient de courir la campagne : la petite était lasse, le petit la portait à cheval sur son cou. La petite avait les mains pleines de grandes marguerites des prés, qu'elle piquait dans les cheveux de son frère. Sur sa tête, à elle, il y avait un de ces chapeaux de joncs verts que les enfants vont tresser au marais. Dans la chemise bouffante du garçon, contre ses flancs, une nitée d'oiseaux bougeait, piaulait. Il s'en allait fier, lui, faisant le fort, le brave, sous son faix lourd. Elle riait, la petite. Un peu après nous avoir croisé, à un endroit où de l'eau coulait en travers du chemin, le petit posa la petite à terre et il la fit boire dans sa main. Nous nous étions retournés pour les regarder. Moi, je m'étais déjà remise à marcher, que mon père les regardait encore. Et comme il me rejoignait je l'entendis qui disait, parlant en lui : « Où est-il ce temps?... » S'apercevant que je l'écoutais, il s'arrêta, mais je dis : « Le temps, n'est-ce pas, où vous alliez comme ça avec votre sœur? » Il ne me répondit pas, mais je le voyais tout troublé, et même ses yeux, qu'il cachait, étaient mouillés. Je le pres-

·sai.., et enfin cette fois j'eus raison contre sa mauvaise honte. « Oui, fit-il, oui, c'est triste de penser qu'on a été ainsi en pleine amitié, et qu'à présent qu'on est vieux, on se déteste, on se souhaite du mal. — Et non! vous ne vous détestez pas, vous ne vous souhaitez point de mal, pas plus votre sœur que vous, j'en ai l'assurance. » Il me dit : « Oh! si je pouvais donc l'avoir aussi cette assurance, moi, je serais bien heureux, va. Ça me serait une dernière consolation de vieillesse, tandis qu'il y a sur mon cœur maintenant comme un reproche. De la rancune, non, je n'en sens plus; je me suis défendu jusqu'aujourd'hui de l'avouer, mais je ne peux plus m'en défendre. De la rancune, eh pourquoi? Est-ce que je m'en souviendrais, est-ce qu'il n'y a pas si longtemps que ça ne signifie plus rien? » En parlant ainsi, il laissait tous ses pleurs couler. Alors je lui demandai pourquoi il ne tenterait pas le rapatriage; pourquoi nous ne partirions pas un jour tous deux pour venir ici, savoir si cette chose était possible, en faisant s'entremettre quelques anciens amis. Il me répondit : « Moi, chercher le rapatriage, moi, faire la première avance, dire que j'ai eu tort, demander pardon en quelque façon; et peut-être pour risquer de me voir rebuté! Non, je ne pourrais pas, je ne voudrais pas. Il n'y faut pas songer; c'est inutile. » Je connais la fierté de cœur de mon père et je compris que je ne gagnerais rien à vouloir l'en faire départir. Je lui dis : « Pourtant, n'est-ce pas ? vous seriez content de savoir que chez votre sœur, la rancune est finie comme chez vous. — Oui, fit-il, oui, c'est même tout ce que je désirerais, pour m'ôter cet ennui dont je suis chargé. A quoi bon d'ailleurs un rapatriage du moment qu'elle est pour vivre dans un pays, moi dans l'autre. Savoir que sa rancune est finie comme la mienne me suffirait ; je voudrais le savoir ; le jour où je l'apprendrais me serait un beau jour. » Alors je lui dis : « Eh bien ! laissez-moi partir, j'irai là-bas où personne ne peut me connaître, et, soyez tranquille, je saurai bien trouver le moyen d'avoir la bonne nouvelle à vous apporter. » D'abord il refusa, disant que je ferais sans profit le voyage, et qu'il aimait mieux rester dans le doute, que risquer d'apprendre que sa sœur n'avait rien oublié. Je lui en reparlai le lendemain, et plusieurs autres fois encore, jusqu'à ce qu'il consentît. Si je ne m'étais pas rebutée, c'est qu'une espérance me riait, de trouver peut-être plus que je n'allais chercher. Je m'imaginais que j'obtiendrais peut-être de la sœur ce que je n'avais pas pu obtenir du frère, parce que je me disais : « C'est une femme, les femmes n'ont pas le rude amour-propre des hommes, cette fierté entière, cette peur de sembler faibles ; elles n'ont pas comme les hommes cette crainte de se laisser voir pleurant... » Je me disais :

« Quand je lui aurai fait entendre que ce n'est rien que ces pauvres sentiments qui empêchent mon père de s'avancer, même alors qu'il en est grandement désireux, si elle n'a plus de rancune, comme j'espère, elle saura trouver, nous saurons trouver ensemble, le moyen d'éviter à elle et à lui la gêne de l'aveu. » Je me disais aussi : » D'ailleurs elle est la cadette, et enfin dans tout ça, n'est-ce pas celui qui aura fait le premier pas qui sera en droit de dire : « C'est moi qui suis le meilleur ; » et mon père en conviendra bien sûr, quand il aura vu sa sœur avoir le courage de ses pensées... » Puis enfin que j'aille, moi, au-devant du rapatriage, n'est-ce pas un peu comme si mon père y allait? du moment qu'il me laisse aller, n'est-ce pas un peu comme s'il m'envoyait? Je faisais tous ces comptes en moi, mais sans en rien dire à mon père, parce que la crainte aurait pu le prendre, en pensant que je ferais trop d'avance pour lui. Oui, c'était la surprise que je lui gardais, ce grand soulagement que j'espérais lui rapporter au retour, et dont je me réjouissais, quand vous me faisiez si bon accueil le soir de mon arrivée ici. Mais je n'ai plus pu me réjouir, quand je vous ai entendue dire votre rancune, le lendemain, à la dînée du moissonnage. Depuis il ne m'a guère été possible de savoir si c'était bien selon votre pensée que vous aviez parlé. — Et maintenant que je vous ai tout expliqué, ne disant rien autre que

la seule vérité, voilà que je retourne vers mon père,
vers votre frère, qui n'a plus de rancune, et qui voudrait apprendre que vous l'avez oubliée comme lui.
Quand il me demandera ce que j'ai su connaître de
vos sentiments, dites, qu'est-ce qu'il me faudra lui
répondre? »

En parlant, la jeune fille avait sans cesse tenu ses
regards fixés sur le visage de la mère, où sans doute
elle comptait toujours surprendre quelque indice
d'attendrissement, premier gage du succès. Claude
aussi épiait avidement; mais tous deux avaient pu
voir qu'au lieu de s'abandonner graduellement aux
émotions qui d'abord avaient paru la gagner, depuis
quelques instants au contraire elle s'était comme in-
vinciblement armée d'une glaciale assurance.

— Ce qu'il faudra lui répondre? dit-elle d'une voix
sèche, brève, aussitôt que la jeune fille eut achevé sa
question, que s'il a sa fierté, j'ai la mienne comme
lui, et plus que lui, même, d'autant qu'il est dans
l'aisance, et que, moi, je suis pauvre, et que ça ne
serait pas seulement un pardon que j'aurais l'air
d'aller demander, mais bien encore la charité, l'assistance. Voilà ce qu'il lui faudra répondre.

— Rien autre? dit la jeune fille d'un ton si plein
de fière détermination que Claude la regarda avec une
sorte d'effroi, et que la mère elle-même fit un léger
mouvement de surprise.

— Non, rien autre.

— Alors, adieu ! »

Et la jeune fille sortit d'un pas rapide, résolu, laissant la mère et le fils se considérer interdits.

XV

Mais une heure plus tard environ l'on pouvait voir, au loin dans la campagne, le jeune homme et la jeune fille suivant côte à côte un chemin qui devait les ramener à la maison de la mère Anselme.

« M'a-t-il fallu courir pour te rejoindre ! — disait le jeune homme qui, haletant, d'une main essuyait son front mouillé de sueur, de l'autre s'appuyait avec une heureuse familiarité sur l'épaule de la jeune fille — ainsi, vraiment, tu t'en allais, fâchée, désespérée ?

— Fâchée, désespérée, répétait la jeune fille, tenant son doux regard franchement levé sur celui du jeune homme — non, mais au contraire joyeuse, pleine d'espoir. Oui, vraiment, je m'en allais, mais comptant revenir bientôt, et non point seule cette fois.

— Avec ton père ?

— Oui, avec mon père, vu que quand je lui aurais dit le motif de fierté que ta mère venait de me donner, sa fierté à lui n'aurait plus tenu. J'en suis sûre : je connais son cœur. Mais toi, comment as-tu pu la faire sitôt s'amender ? que lui as-tu dit ?

— Rien. J'avais déjà trop perdu de paroles pour en vouloir perdre encore. J'ai pensé que sa seule réflexion ferait plus que tous mes raisonnements. Et je la soupçonne à présent d'avoir jugé comme toi du parti que ton père prendrait, quand il saurait la cause qui la retenait.

— C'est au moins une marque certaine que la rancune n'est plus pour rien dans l'opinion qu'elle a de mon père.

— C'est la preuve aussi qu'elle voudrait éviter d'être en reste de bonté sur lui.

— Encore une fierté, mais que n'en ont-ils jamais eu d'autres !

— Écoute ce qu'elle m'a dit, tout simplement, après être demeurée longuement silencieuse : » D'ailleurs, n'est-ce pas, Claude, quant il doit y avoir un mariage entre un jeune garçon et une jeune fille, ce n'est point aux parents de la fille à faire la demande ?

— Non, mère, lui ai-je reparti. — Si donc ton intention était d'épouser ta cousine, ce serait moi qui devrais l'aller faire savoir à son père. — Oui mère. — Est-ce bien ton intention ? — Oui, mère. — Alors, j'irai. » Et elle a repris son silence ; et moi, j'ai couru te chercher. Mais, dis, n'est-elle pas bien trouvée sa raison ? et notre mariage ne vient-il pas bien à propos pour leur épargner la gêne à tous deux ?...

— Je ne voudrais point me vanter de trop de finesse, — répondit la jeune fille avec un petit rire sournois, — mais crois-tu donc que je ne savais pas ce que je faisais, alors que je m'efforçais à gagner ton attention, ton attachement ?...

— Que dis-tu, Claudette ?

— Que ce n'est peut-être pas sans raison si ta mère — et d'autres avec elle — ont pu me juger un peu... osée, un peu adroite avec toi... Mais que veux-tu ? j'avais mon dessein que je suivais, qui me conseillait... C'est drôle, comme en moi je ne me reconnaissais plus !... A vrai dire, je savais que la fin me ferait tout pardonner.

— Je n'ai rien vu.

— Tant mieux, Claude ! » dit la jeune fille, en posant sa main sur celle du jeune homme avec un mouvement de profonde dignité.

Et l'heureuse expression, un instant effacée, revint à son visage.

Tout à coup Claude s'arrêtant, et la regardant avec une morne inquiétude :

« Mais ce que j'ai peur de voir à présent, dit-il, c'est que tu n'aies rien fait qu'en pensant à ton père, pour l'amitié de lui, et sous le commandement de ton dessein...

— Méchant, qui me veut croire plus fausse que je ne suis ! répliqua-t-elle en le repoussant doucement ; puis elle ajouta, les paupières baissées, la voix entrecoupée, les joues teintes de la plus charmante rougeur : « Et d'ailleurs, comme s'il n'y avait pas des commandements qu'on n'a nulle peine à suivre ! »

Claude l'embrassa.

Et pour toute défense, elle lui disait :

« Voilà : tu profites que ta mère ne te voit pas.

— Comment l'entends-tu, Claudette ?

— J'entends que, si tu l'aimes bien, il ne faudra pas paraître m'aimer trop devant elle.

— Ah ! tu l'as donc su comprendre ?

— Certes ! Dès le premier soir. Et de ce mal, m'est avis qu'elle sera longue à en guérir : si toutefois elle en guérit jamais.

— Pauvre mère ! C'est que, vois-tu, le pli est si ancien !... »

Ainsi devisaient, en cheminant, le jeune homme et la jeune fille.

XVI

L'année d'ensuite, vers la fin d'une belle journée
d'automne, deux hommes, — l'un grisonnant, l'autre
en pleine jeunesse, — la veste sur l'épaule, le long
aiguillon de labour à la main, les sabots tout brunis
de glèbe, rentraient ensemble dans la petite enceinte
de pierres sèches formant cour au-devant d'une maison assise dans les châtaigniers, à mi-pente d'un
vallon coupé de prés et de guérets. Robe luisante,
muffle écumeux, deux couples de bœufs les précé-
daient, qu'ils se mirent en devoir de débarrasser du
joug.

Mais tout en déliant les courroies :

« Entends-tu ? dit à son compagnon le vieux paysan
qui souriait, en désignant d'un mouvement de tête
l'intérieur de la maison, d'où venait, par la porte
entre-bâillée, un bruit de voix assez animé. Voilà
qu'il y a là-bas, entre elles deux, quelque chamail-
lerie.

— Pardieu oui ! j'entends ; et il n'est pas besoin, je crois, d'en demander le sujet, repartit le jeune homme en souriant aussi.

— Ma foi, non ! »

Et pendant que, découplées, les bêtes se rendaient d'elles-mêmes à l'étable : « Holà ! les ménagères, là paix, s'il vous plaît ! » cria le vieux paysan, d'une voix plaisamment grossie.

Et bientôt, sur le seuil de la maison, une jeune et avenante femme parut, qui, d'un ton moitié riant, moitié sérieux :

« Que voulez-vous, père, je ne peux pourtant pas laisser la mère faire déjà toutes les volontés de cette enfant.

— Oh ! oh ! s'écria gaiement le jeune homme ; les volontés d'une enfant de deux mois !

— Ah ! tu crois qu'elle n'en a pas ! Eh bien ! figure-toi que la petite finaude n'est déjà plus en peine pour faire la différence du *bercer* des bras et du *bercer* du berceau ; et de celui-là, voilà qu'elle commence à n'en plus vouloir… mais plus du tout. Sitôt qu'on la pose dans sa corbeille, c'est des cris de perdue. Et ça, par la faute de grand'mère, qui ne la quitterait pas des bras si on l'écoutait. Encore un peu, et il la faudra tenir tout le jour.

— Eh bien ! le beau malheur, si ce n'est pas toi qui en as la peine ! répliqua la grand'mère, qui vint

à son tour sur la porte en dodelinant, avec un véritable appareil de soins, de précautions, la petite
accusée qui, rose et dodue, les yeux béatement clos,
semblait se prélasser sans le moindre scrupule, dans
sa délictueuse félicité. — Eh! mon Dieu! la pauvre
chérie! elle a bien le temps d'avoir du chagrin, de
pleurer. »

Puis la berceuse ajoutait tout bas, tout amoureu-
sement, en s'adressant à la dormeuse : « N'est-ce pas,
mon trésor ? N'est-ce pas, ma toute mignonne! Laisse
dire ta mère. C'est entre nous, ça. Si nous voulons,
nous, est-ce que ça la regarde ? De quoi se mêle-
t-elle! » Puis elle s'écria, mais en couvrant sa voix
pour ne pas troubler le précieux sommeil de son
idole : « Mais voyez-la, voyez-la donc! Est-ce qu'il
y en a une plus jolie, une plus charmante... Oh! non!
non! il n'y en a point, point dans tout le monde du
monde. Oui, oui, tu es la plus belle des belles...
Oh!... »

Et cette dernière exclamation, accompagnée d'une
sorte de frémissement convulsif, semblait être comme
l'irrécusable traduction de tous les plus merveilleux
parallèles, de tous les plus magnifiques éloges.

« Oui, oui, tout ça est bon ! reprit, comme par
innocente taquinerie la jeune mère qui se dirigeait
vers le jeune homme, dont le front rayonnait d'une
joie émue. Mais demandez à Claude s'il entend que
vous gâtiez sa fille comme ça.

— Heu ! je la gâte, je la gâte ! grommela la grand'mère. Ne dirait-on pas que je sois sans bon sens ?... D'ailleurs, Claude est bien comme moi, il ne peut pas l'entendre pleurer, tandis que toi, tu la laisserais, je crois, se désoler. Ce n'est pas bon que les enfants crient, et je ne veux pas, moi, qu'elle crie, *ma* petite ! Voilà !...

— Vous avez raison, mère, dit alors le jeune homme qui, en s'exprimant ainsi, entourait du cercle caressant de son bras la taille de la jeune femme, dont le front venait frôler ses lèvres. Cette sotte Claudette n'entend rien à l'élevage des enfants. Ne l'écoutez pas, faites à votre guise. Qu'elle donne le sein à *votre* petite, c'est tout ce qu'on lui demande ; le reste, c'est votre affaire ; et si elle vous querelle encore, c'est moi qu'elle trouvera pour lui parler. »

Et sur les joues de Claudette les longs baisers de Claude bruissaient, sans pouvoir distraire l'attention de la grand'mère, tout absorbée dans la délicieuse contemplation de son cher fardeau.

« Oh ! fit bravement l'aïeule, en secouant la tête d'un air insoucieux, tu te moques peut-être bien un peu de moi, toi aussi ; mais je n'y prends pas garde. Riez, moquez-vous, c'est comme s'il pleuvait dans la rivière : je ne m'en soucie nullement. Au surplus, vous me faites rester là, au serein du soir, et ma mignonne attrapera quelque mal ; et vous serez bien aises, n'est-ce pas ? »

Et, ramenant délicatement un pli de mousseline sur la face de l'enfant, elle disparut dans la maison avec des allures de fauve emportant sa proie. On ne la voyait plus, mais on l'entendait murmurant : « Laissons-les, va, laissons-les. Ils disent que je te gâte. Eh ! si je veux te gâter, moi ; si c'est mon plaisir !... Que me feront-ils ?... D'ailleurs, quand tu serais bien un peu chérie, caressée, pour tant de pauvrets qui ne le sont pas !... »

Prêtant l'oreille à ce monologue passionné, le jeune homme et la jeune femme s'entre-regardaient souriants, la main dans la main.

Le vieux paysan vint près d'eux qui leur dit : « Eh bien ? enfants, cette jalousie qui vous a d'abord causé tant de contrainte, où est-elle maintenant ? Êtes-vous encore réduits à ne vous embrasser qu'en cachette ?

— Et nous qui croyions qu'elle n'en guérirait jamais ! dit Claudette.

— Jamais ! non, petite, il ne fallait pas croire ça. Le dicton de nos anciens est que le bon Dieu a coutume de mettre le remède à côté du mal.

— Eh ! sûrement, dit Claude le regard tendrement fixé sur sa femme ; le remède y est souvent ; mais encore faut-il avoir la bonne chance de le savoir trouver.

III

LES VANNIERS

.Ces braves gens — le mari et la femme, deux vieillards — avaient établi leur campement à l'entrée du village, sur une pointe de terrain vague, à l'angle des chemins. D'un côté, cet angle est bordé par un pan de mur ébréché, lézardé, reste d'une ancienne clôture; à l'autre bord, se dresse un gros orme ébouriffé.

Ils avaient arrêté leur voiture, on plutôt leur demeure ambulante, à quelque distance de la muraille, et, l'espace laissé, la ruelle, couverte par un vieux carré de toile autrefois goudronnée, servait d'écurie à leur petit bidet.

Vous voyez, n'est-ce pas? la physionomie de cet humble bivouac industriel!

Vos regards s'arrêtent d'abord sur une carriole longue, sorte de grand coffre, dont l'ensemble penche en bloc sur ses montants un peu disloqués.

La porte à demi-vitrée s'ouvre à l'arrière sur un petit balcon, où l'on monte par un escabeau à trois marches,

Vous voyez sur ce balcon, ou à l'abri de la voiture, quelques ustensiles de cuisine, un réchaud, des pots de terre, une marmite de fer-blanc...

La femme, une petite vieille, toute maigriotte, toute sèche, toute grise, vêtue d'une robe d'indienne rapiécée, une cornette de toile brune pour coiffure, les pieds nus dans des galoches, va, vient, autour de son château roulant, étalant au soleil quelques pièces de linge, qu'elle est allée laver dans le ruisseau, ravaudant quelque nippe frippée, surveillant un brouet qui fume sur le réchaud.....

L'homme, un petit vieux ridé, blanchi, mais encore droit et nerveux, s'est installé au pied de l'orme : il a posé là un plateau sur lequel il s'assied, les jambes allongées. Il y a près de lui une double botte de brins d'osier blanc ou brun, dont il se sert pour tresser à neuf ou rhabiller panniers, mannes ou corbeilles. Son nez est chargé de grosses besicles de fer, et ses lèvres pincent, en se rentrant, le tuyau court d'une pipe de bruyère.

Ajoutez un grand épagneul roux, qui tantôt rôde autour de la femme, dont il lèche les mains ou frôle joyeusement le jupon, et tantôt vient s'étaler à plat, comme pour dormir, près de l'homme qui lui parle, et auquel il répond sans se déranger, en frappant la terre de sa longue queue en panache.

Ce n'était pas la première fois que ces gens venaient au village. Depuis quelques années, on les y voyait vers le millieu de chaque été, et tel du pays, qui passait ou se promenait du côté de leur campement, s'arrêtait à causer avec eux.

On savait même leur nom, — que j'ai, pour ma part, oublié, — et quelque chose de leur histoire.

Nés dans les montagnes du Jura-Suisse, les deux époux avaient commencé l'existence nomade presque au lendemain de leur mariage. En automne, ils descendaient dans le midi de la France, et, en hiver, poussaient même jusque sur les terres italiennes ou espagnoles, afin de se trouver constamment sous des latitudes où la vie et le travail en plein air fussent possibles. Au printemps, ils remontaient vers nos contrées, pour rétrograder aussitôt que les jours diminuaient. Et il y avait quelque trente années que durait ce manége, imité des hirondelles.

Ordinairement, leur séjour dans notre pays ne durait guère plus d'une demi-semaine, temps qui leur était bien suffisant pour que la petite vieille, offrant en vente des ouvrages de vannerie ou recueillant ceux que son mari devait réparer, eût exploré porte à porte tout le village.

Or, cette année-là, près de deux semaines s'étaient

écoulées sans qu'ils eussent quitté la place, et sans que même ils parussent disposés à se remettre en route, — non que la besogne donnât plus que de coutume, car depuis plusieurs jours déjà, non-seulement le vieux tresseur d'osier passait une partie du temps à se promener, en fumant sa pipe, sur la route, mais encore la femme ne faisait pas la moindre tournée, en vue de vendre ou de quérir du travail.

Habitant alors tout près de l'endroit où ce couple nomade était venu s'établir, je fus un de ceux qui remarquèrent cette prolongation de séjour, et qui furent désireux d'en connaître le motif.

Plusieurs fois, il m'était arrivé de lier conversation avec le vieil artisan, qui, d'ailleurs, raisonnait avec autant de sens que de bonhomie, et semblait se complaire à narrer tel ou tel des épisodes de ses longues et pittoresques pérégrinations.

Une après-midi, donc, il allait et venait aux alentours du campement, fidèlement escorté de l'épagneul, qui ne quittait les talons de son maître que pour aller flairer d'ici et de là, dans les champs avoisinant la route. J'abordai le vieillard et, après quelques propos indifférents, je sus avoir avec lui la franchise de ma curiosité.

— Ah ! voyez-vous, monsieur, c'est toute une histoire, me répondit-il, et je ne sais pas si elle vous intéresserait beaucoup.

— A tout hasard, contez-la moi.

— Je veux bien, et d'autant mieux que ça me soulagera un peu, je crois, de la dire. Nous n'avons pas
beaucoup d'occasions de confier nos affaires, nous
autres, qui ne voyons jamais que des figures étran-
gères. Pourtant, on a besoin d'ouvrir quelquefois son
cœur, surtout quand il est triste. C'est mon avis ;
mais ce n'est pas tout à fait celui de ma femme.
C'est pourquoi allons, en causant, du côté où elle
n'est pas.

— Allons.

Et il parla ainsi en remontant avec moi le long de
la route :

« Nous n'avons jamais eu qu'un enfant, un garçon,
et ce n'est pas parce que c'est mon fils, mais je crois
bien que le bon Dieu n'en fait pas souvent naître de
pareils. Vous n'avez pas idée de cette droiture de caractère ; vous n'imaginez pas quelle amitié pour
nous, quelle vaillance au travail, quel ordre de conduite ! Non, il n'y en a guère comme lui... Mais
prenons l'histoire à son commencement.

Un hiver — notre garçon avait alors une sixaine
d'années — nous étions sur les frontières d'Espagne ;
nous avions pris, à peu près comme ici, notre quartier au bout d'un village, à quelques pas d'une maison
où demeurait une femme veuve, très-pauvre, qui
avait une petite fille de trois ans.

La veuve, qui, d'ailleurs, était tout maladive, venait quelquefois causer avec ma femme, qui s'entend un peu à certains remèdes, et qui lui en conseillait. Mais la misère était le premier mal de la veuve, et ce mal avait fait son œuvre.

Pendant que les femmes parlaient, les deux enfants jouaient ensemble, et semblaient se convenir à merveille.

Un matin, la veuve ne paraissant pas, ma femme entra chez elle, et la trouva n'ayant plus que l'âme à rendre. Elle lui donna quelques soins; je courus chercher des gens. Mais, une heure plus tard, et malgré tout ce qu'on put faire, elle était morte.

Voilà l'enfant orpheline, seule au monde; si seule même que personne ne se trouvant dans le pays pour la recueillir, le maire allait la faire conduire aux Enfants-Trouvés, à la ville.

La petite était gentille; ma femme, qui avait passé de la compassion à une sorte d'amitié pour la pauvre mère, pleurait à l'idée de voir cette enfant ainsi abandonnée; puis notre garçon, qui déjà était d'âge à comprendre, s'avisa de dire, en nous caressant : « Prenez-la; elle sera ma petite sœur. » Ma foi! nous la prîmes, et Dieu sait que nous n'eûmes pas à nous en repentir.

Nous nous étions bien juré, en l'adoptant, de ne point faire de différence entre elle et notre fils, et il

nous fut facile de nous tenir parole. C'était une de
ces enfants qu'on serait forcé d'aimer pour ainsi dire
à contre-cœur ; vive et douce, soumise et folâtre, et
combien caressante! et combien riche en gentil babil!
Bref, nous avions eu la main heureuse, et nous ne
tardâmes pas à ressentir pour notre enfant d'adoption la même amitié que si elle eût été notre fille véritable.

Les deux enfants s'élevèrent donc, s'appelant frère
et sœur, mais sachant bien qu'ils ne l'étaient pas ; et
tout en avançant en âge, chacun d'eux prenait
les qualités qui font les honnêtes gens. Je montrai
mon état au petit, qui était, d'ailleurs, fort adroit, et
la petite, en aidant la mère, devenait une soigneuse
et vigilante ménagère, en même temps qu'une mar-
chande avenante et entendue.

Quand notre fils eut une quinzaine d'années et notre
fille une douzaine (vous lui auriez, du reste, donné
beaucoup plus), outre que l'entretien de quatre grandes personnes demandait un surcroît de profits, nous
pensâmes que la vie commune avait peut-être des
inconvénients pour les deux enfants, et il fut résolu
que nous voyagerions deux par deux ; mon fils avec
sa mère, moi avec la jeune fille.

Nos économies passèrent à l'achat d'un second cheval et d'une seconde voiture, et pendant cinq années
environ, nous allâmes les uns d'un côté, les autres

de l'autre. A vrai dire, nous convenions toujours pour le dimanche d'un rendez-vous, où nous nous trouvions réunis. Nous allions ainsi de pays en pays, faisant quelque chose comme des *huit* pour nous rejoindre après nous être écartés.

Or, pendant ces cinq années, il me fut plus que jamais possible d'apprécier les trésors de bonté, de douceur, de vigilance, d'attachement de notre enfant adoptive. Il n'y avait pas de jour où il ne m'arrivât de recevoir d'elle quelque témoignage de son excellent esprit et de son bon cœur. Oh! la charmante compagne que j'avais là! Oh! l'heureuse vie que nous passions alors! Cette vie était faite de douces privations et de vives joies. Je veux dire que sitôt que nous étions séparés des autres voyageurs, nous employions notre temps à parler d'eux, à les désirer, et que, lorsque nous nous rejoignions, c'était pour chacun de nous une véritable grande fête.

Si vous saviez les jolies choses que trouvait le jeune cœur de ma fille, lorsqu'elle était loin de sa mère et de son frère! Il m'arrivait souvent, le soir par exemple, quand nous étions là, tous deux en tête à tête, il m'arrivait de l'écouter, et de suivre la gentille parole de ses grands yeux vifs pendant des heures, comme j'aurais fait d'une belle musique.

Il fallait l'entendre parler de sa mère, de sa bonne mère! A vrai dire, son entière amitié pour son frère pouvait répondre de ses sentiments sur ce point ; car vous n'imagineriez que difficilement ce qu'était la tendresse de mon fils pour sa mère. C'était, à proprement parler de l'adoration, et cela depuis l'âge où il avait pu comprendre les devoirs d'un enfant. Le bon Dieu, voyez-vous, s'il descendait en personne sur la terre, ne serait ni plus admiré, ni mieux servi ni mieux obéi que ma femme ne l'était par mon fils. Il était déjà homme fait que nous n'avions pas souvenir qu'il lui eût laissé voir la moindre mauvaise humeur, qu'il eût douté d'une seule de ses paroles, qu'il eût manqué à prévenir un de ses désirs.... Je vous l'ai dit, une vraie adoration. Or, la jeune fille étant depuis l'enfance en communauté d'idées avec le jeune homme, cela vous explique qu'elle dut tenir les plus affectueux propos sur le compte de la mère.

Puis, quand venait le tour du frère, oh! alors c'était quelque chose d'aussi doux, mais de tout différent. On comprenait que, sans savoir pourquoi, elle trouvait en elle une timidité à dire tout ce qu'elle pensait. Le plus souvent, elle ne faisait rien de plus que me répéter les moindres propos, les moindres faits de son frère à la dernière rencontre. Et moi, je ne me lassais pas de l'entendre, encore qu'elle revînt maintes fois sur des choses toutes simples, qui avaient cependant autant de valeur pour moi que pour elle, puisqu'elles me rappelaient mon cher enfant, et puisqu'elles la rendaient heureuse.

Je pouvais donc croire, n'est-ce pas? connaître à fond le cœur de la jeune fille; car sinon moi, qui donc l'aurait connu ?

Ajoutez que le dimanche, encore que le frère ne fût guère d'humeur à la perdre de vue, elle trouvait moyen de passer quelques bons instants seule à seule avec la mère, pour causer, et lui laisser voir, à elle aussi, toutes les belles richesses de son âme.

Un jour donc, ma femme me dit : « Il a bientôt vingt ans ; elle en a dix-sept : il faut les marier. »

— C'est ce que j'allais te proposer, lui répondis-je.

Alors nous fîmes venir les deux enfants devant nous, et je leur demandai si la résolution que nous venions de prendre leur agréait.

Mon fils, lui, nous répondit en sautant à notre cou.

Quant à la jeune fille, elle semblait tout interdite, tout ébahie. Nous pûmes même croire un moment que nous nous étions trop avancés avant de l'avoir indirectement consultée. Mais quand elle fut un peu remise du premier saisissement : « Est-ce possible ! s'écria-t-elle les yeux pleins de larmes ; je serai donc votre fille vraiment à présent ! J'aurai donc tous les bonheurs ! Est-ce que je pourrais jamais vous montrer assez d'amitié, de reconnaissance ?... »

Et elle ne sut plus que pleurer en nous embrassant.

Nous allâmes célébrer le mariage dans son pays,

et là, en présence des personnes que nous avions priées d'être témoins, elle renouvela d'elle-même toutes ses protestations d'affection et de gratitude.

Nous donnâmes aux nouveaux mariés une des deux voitures. La mère revint avec moi, et la jeune femme la remplaça auprès du fils. Puis, nous continuâmes de voyager comme auparavant en prenant toujours rendez-vous pour le dimanche. Et à chaque rencontre nouvelle, nous avions le plaisir de retrouver nos enfants bien unis et nous témoignant les mêmes sentiments qu'autrefois.

Aussi était-ce pour nous, comme autrefois, grande fête chaque dimanche.

Puis, la famille s'augmenta. Il vint d'abord un gros garçon, et ensuite une mignonne fillette qui firent plus vive encore la joie de nos réunions.

Ces enfants s'élevaient à merveille, et devenaient de jour en jour plus gentils, plus caressants.

C'était vraiment trop de bonheur ; ma femme et moi. nous en étions trop fiers, trop vains ; nous ne songions peut-être pas assez à en remercier le bon Dieu.. Il nous semblait que cela dût toujours durer. A vrai dire, cela dura cinq années, — cinq années où rien ne manqua aux désirs de notre cœur. Mais depuis, oh ! les rudes privations! oh ! les tristes moments !

Comment cet affreux malheur nous arriva, je

vais vous le dire, et vous verrez à quoi tient parfois la félicité.

Lès enfants avaient, comme tous les enfants, des instants de fantaisie et de caprice. Oh ! des riens ! Et après tout, les enfants sont des enfants ; on ne saurait leur demander d'avoir une raison de grande personne : ce qu'on exige d'eux parfois ne les amuse guère... Il faut se mettre un peu à leur place.

— Oui, dis-je ; et les grands-papas et les grand' mamans se mettent souvent à cette place-là...

— Oh ! pas nous, pas nous ! répliqua vivement le bonhomme ; non, nous savons qu'il ne faut pas gâter les enfants. Toujours est-il qu'un dimanche, pendant que nous prenions, comme d'habitude, notre repas en commun, la jeune mère dit au petit garçon d'aller chercher je ne sais quoi qui manquait. L'enfant, — qui n'avait peut-être pas entendu, ne bougea pas. La mère répéta, et, comme l'enfant n'obéissait pas encore, la grand'mère, qui se levait à ce moment même, voulut aller quérir la chose. Mais la bru, courant au-devant d'elle :

— Non, restez, mère ; dit-elle ; je veux qu'il m'obéisse.

— Mais puisque j'ai à aller par là, à quoi bon le déranger ?

— N'importe ! c'est un mauvais service à lui rendre ; restez, il ira.

Là grand'mère, qui avait vraiment à faire de ce côté, chercha la chose, et l'apporta en disant : « Voilà, n'en parlons plus. »

Mais la bru, sans rien dire, et en laissant voir un vif dépit, prit l'enfant par la main, l'alla enfermer dans leur voiture, et revint s'asseoir à table.

Mais le pauvre petit prisonnier criait : « Grand papa ! grand'maman ! »

Ces cris me crevaient le cœur, à moi, mais je faisais de mon mieux pour ne pas trop les entendre. Ma femme n'eut par le même courage. Elle se leva donc pour aller délivrer le petit. La bru, aussitôt s'élança vers la voiture et ôta la clef de la porte. Mais la mère : « Donnez-moi cette clef. »

— Non, mère, ne la demandez pas.

— Comment, non ! c'est la première fois que je t'entends me parler de la sorte !

— Parce que, pour la première fois, ce que vous voulez faire n'est pas raisonnable.

Vous avouerez que, d'une fille à sa mère, le mot était un peu fort. Mon fils et moi, nous étions jusque-là restés muets. Je me levai, et doucement, je demandai la clef à mon tour, pour mettre fin à cette déplaisante affaire.

La bru me la tendit en disant : « Puisque vous vous obstinez tous deux, il faut céder ; faites ce que vous voudrez. Mais c'est là certainement une chose dont vous vous repentirez un jour. »

Et elle s'en alla à l'écart dans des arbres, qui étaient à quelque distance.

Alors, la mère, s'adressant à son fils : « Tu entends comme on nous traite, et tu ne dis rien. »

Il répondit : « Que dirais-je? puisque je trouve que vous avez tort. »

— C'est ta manière de voir? fit la mère, tristement étonnée.

— Oui, répondit-il encore.

Sur cette parole, ma femme rentra dans notre voiture : je la suivis, et la trouvai fondant en larmes.

Je revins vers mon fils, pour lui reprocher vivement sa conduite, et aussi celle de sa femme : mais il parla le premier : « Que fait ma mère? » me demanda-t-il. « Elle pleure, lui répondis-je, et elle dit ajoutai-je, qu'elle ne te pardonnera jamais. »

Vous comprenez bien qu'en m'exprimant ainsi, je n'avais d'autre intention que de le frapper là où je savais qu'il était sensible : car vous pensez si ma pauvre femme, tant affligée fût-elle, avait pu me rien dire de semblabe.

Toujours est-il que ce mot avait produit son effet, car mon fils, cachant son visage dans ses mains, s'en alla de son côté. Et je pus comprendre qu'il pleurait.

Ici, je dois vous avouer qu'il n'en fallait pas davantage pour me faire regretter de lui avoir parlé ainsi. Mon Dieu ! si âgés que soient les enfants, on croit toujours les voir encore petits, et on fait avec eux comme on faisait quand ils l'étaient réellement; ensuite on se ravise, on se repent, mais il est trop tard.

A vrai dire, je ne manquai pas de me remontrer que la leçon était méritée et profiterait; toutefois je ne dis rien de ce qui s'était passé à ma femme, car elle m'eût certainement reproché d'être allé trop loin.

J'étais persuadé d'ailleurs que la chose n'aurait pas de suite. Et comme, après tout, ce n'était pas à nous à faire le premier pas, nous restâmes chez nous pour attendre.

A la nuit tombante, les deux petits enfants vinrent ainsi que d'habitude, nous dire bonsoir, avant d'aller au lit... mais nous dûmes nous coucher sans avoir vu les autres.

Au milieu de la nuit, — nous ne dormions qu'à demi: — « Entends-tu? fit ma femme; on dirait qu'ils partent.

— Oui, on le dirait.

— Lève-toi, reprit-elle, appelle-les. Il ne faut pas les laisser s'en aller ainsi.

— Non, lui dis-je, le rendez-vous de dimanche prochain était déjà fixé quand la discussion a eu lieu. La semaine fera ce que la nuit n'a pas fait; elle portera conseil. Quand huit jours auront passé là-dessus, il n'y paraîtra plus : sois tranquille.

Ils partirent donc. Le dimanche suivant, nous les attendîmes. Ils ne vinrent pas. Depuis, nous ne les avons pas revus; et il y a de cela près de deux ans.

Comprenez-vous quel a dû être notre ennui ? Comprenez-vous tout ce temps écoulé sans qu'un grand-père et une grand'mère aient reçu les moindres caresses de leurs petits enfants, alors qu'ils étaient accoutumés à passer auprès d'eux un jour par semaine ? — Ah ! ces deux années nous ont vieillis de dix ans ! Plus rien ne nous plaît dans le monde. Quand nous nous trouvons seul à seul le soir, le dimanche surtout, nous ne savons que nous regarder en soupirant... ou bien chercher autour de nous ceux qui n'y sont pas; et alors nos yeux se mouillent... Le plus souvent, sans rien dire, nous tirons chacun de notre côté, pour pleurer à notre aise... Ensemble, nous hésitons presque à nous parler, parce qu'au premier mot l'entretien arriverait sur eux; et que pourrions-nous dire, sinon des choses navrantes, pénibles?... Ah ! notre vie, qui avait été si belle, si pleine de joie pendant bien des années, est devenue ensuite toute pleine de tristesse... A notre âge, voyez-vous, ce sort est bien affreux, et plus les jours s'écoulent, plus la peine nous est lourde.

Ici, le vieillard passa une main sur ses yeux. Puis, hochant lentement la tête :

— Et songer, reprit-il, que tout cela est l'ouvrage d'une ingrate, que nous avons tant aimée, et qui, sans que nous le lui demandions, ne cessait jamais autrefois de nous jurer une éternelle amitié, une entière soumission ! Qui aurait pu croire qu'elle agirait ainsi, qu'elle oublierait de la sorte toutes ses promesses? Mais, — comme dit encore ma femme, — affaire de vanité blessée, désir de commander seule. Quand elle s'est vue dominée, contrainte, elle a laissé entendre ce mot : « Vous pourrez vous en repentir un jour. » Ah ! ce jour ne devait pas tarder à venir ! D'ailleurs, — comme dit encore ma femme, — en y réfléchissant, en se rappelant le passé, on arrive à reconnaître qu'elle n'attendait que l'occasion d'en venir là où elle en est venue.

Plusieurs fois déjà, avant la grande discussion, et toujours à propos des enfants, elle avait montré son désir d'autorité ; jusque-là elle avait cédé ; mais enfin elle n'y a plus tenu. Et il est arrivé ce que vous savez. Puis, a-t-il fallu qu'elle travaillât contre nous, pour amener son mari à la soutenir, à permettre cette séparation, à souffrir cet éloignement ! Lui, qui n'avait jamais paru penser que par nous et pour nous, elle l'a su détourner ainsi, elle nous l'a pris tout entier. Elle était sans doute jalouse qu'il partageât son amitié entre elle et nous. »

Je vous le répète, c'est là le dire de ma femme; car

moi, voyez-vous, j'ai beau avoir les preuves sous les
yeux, ou plutôt dans le cœur, dans mon pauvre vieux
cœur qui languit, — eh bien! je ne veux pas me
figurer que ce qui est vrai soit vrai. Non, je me dis
que c'est un mensonge du hasard, que je fais un mauvais rêve, que j'ai un cauchemar. En dépit de tout,
je ne saurais croire oublieuse, ingrate, méchante,
celle que j'ai connue si douce, si aimante, si bonne...
C'est même un sujet de discussion entre ma femme
et moi. Elle me dit : « Cela est pourtant. » Je ré-
ponds : « Oui ! » mais je reprends mon rêve. — C'est
un rêve.

Mais il y a longtemps que je vous entretiens de
tout cela, et je n'arrive pas à ce que vous vouliez
savoir ; la cause de notre long séjour ici. J'y viens
donc.

Pendant ces deux ans, nous n'avions eu d'eux d'autres nouvelles que celles que nous avaient pu donner
des gens qui voyagent comme nous, et qui les avaient
par hasard rencontrés. Mais, il y a un mois environ,
un de ces voyageurs nous apprit que ma bru, sachant
qu'il avait chance de nous trouver sur sa route (car
elle connaît la marche que nous tenons aux diverses
époques), l'avait chargé de nous dire qu'ils seraient
de passage par ici vers le 15 de juillet.

Ma femme, remarquant que c'était ma bru, et non
mon fils, qui avait parlé, s'est avisée de demander si

le mari était là quand la femme avait donné la commission et quel air elle avait.

— Oui, lui fut-il répondu, le mari était là, en parlant, elle le regardait de côté et semblait fort gênée.

Et là-dessus, la grand'mère de me dire, toute joyeuse :

— A la bonne heure ! c'est qu'il a enfin repris le dessus ! c'est qu'il a su enfin imposer sa volonté ; et pour commencer, tu vois, il a exigé que ce soit sa femme elle-même qui nous fît faire la commission. Ah ! j'ai retrouvé mon fils tel qu'auparavant ! L'ingrate en sera pour ses frais de méchanceté.

Ma pauvre femme ne se sentait pas d'aise. Mais ce ne devait être qu'une fausse alerte de joie.

De crainte de les manquer, nous sommes arrivés ici près de huit jours à l'avance, et il y a huit jours que le 15 est passé. Ils ne sont pas venus ; ils ne viendront pas ! Toujours comme dit ma femme : « l'ingrate » a regagné la victoire ; notre fils n'aura eu qu'un instant de courage. Elle a ensuite pris sa revanche. Elle le tient, il ne saura plus avoir raison d'elle. Demain, nous nous remettrons en route. C'est fini, bien fini de notre bonheur ; nous n'espérons plus, et nous ne nous consolerons pas ! »

D'ailleurs, reprit le bonhomme, une main tendue vers l'épagneul, qui, pendant que nous nous promenions sur la route, allait furetant d'ici et de là dans

les champs, — comment nous pourrions-nous con-
soler, nous, alors que cette brave bête n'y parvient
pas elle-même? — Oui, monsieur, vous refuserez
peut-être de le croire : c'est pourtant la pure vérité.
Depuis que les enfants ne sont plus là, notre pauvre
Brillant n'est plus le même. La gaîté l'a quitté, lui
aussi. Il avait d'ailleurs été élevé avec eux. C'était
entre eux trois une amitié qu'on n'imagine pas. Par
exemple, quand nous voulions, mon fils ou moi,
montrer quelque chose à Brillant, nous étions sûrs
de perdre notre temps; tandis que l'un des enfants
n'avait qu'à l'entreprendre, pour qu'il apprît toutes
sortes d'exercices. Il faisait l'étonnement de tout le
monde : aujourd'hui, il semble ne se souvenir de rien,
à moins qu'on n'emploie certain moyen... Vous allez
voir.

Le chien était, en ce moment, à quelque vingt pas
de nous, dans une prairie, où il rôdait, indolent :
« Tiens ! dit le vieillard, à mi-voix, je crois que voilà
Pierre, et aussi Jeanne ! »

Aussitôt l'épagneul, faisant un bond sur lui-même,
se redressa, le nez en l'air, les oreilles écartées, et
tourna vers son maître un regard ardent de curiosité
et de plaisir.

« Beau pour Pierre ! dit encore le vannier. Et le
chien, après avoir sauté trois fois, en jetant autant de
joyeux aboiements, se leva droit sur ses pattes de

derrière, et fit ainsi une sorte de tour de valse, avec un entrain vraiment risible.

« Beau pour Jeanne ! » Le chien recommença son petit manége, et le maître me dit :

— Vous allez maintenant juger de la différence.

— Beau pour grand-père !

Brillant, qui venait de retomber sur ses quatre pieds, ne parut tenir aucun compte de ce dernier commandement, et se reprit à vaguer indifférent par le champ herbeux.

Mais, comme le maître, branlant significativement la tête, semblait me dire du regrrd : « Eh bien, vous voyez ! » soudain, l'intelligent animal dressa de nouveau la tête, parut prêter l'oreille à un tintement de grelots, flaira dans le vent ; puis, jetant une suite de longs cris entrecoupés, il partit à grands sauts, et gagna, en biaisant, la route, où l'instant d'après, nous le voyions galoper ventre à terre, dans la direc tion d'une voiture qui venait au loin.

— O mon Dieu ! s'écria le vieillard d'une voix émue, en levant ses bras qui tremblaient, ce sont eux, les voilà !

Et il fit précipitamment quelques pas du même côté que le chien ; mais, bientôt se ravisant

— Non, dit-il, il vaut mieux que j'aille prévenir ma femme.

Et, après s'être excusé envers moi d'un geste, il

prit sa course en sens contraire, avec une agilité de jeune homme.

Outre que j'aurais eu peine à le suivre, une certaine discrétion m'était commandée en face de la réunion tout intime qui se préparait.

Au lieu de redescendre au village par la route, je pris un sentier qui, en cet endroit, s'engageait dans le taillis de la colline. De là, d'ailleurs, je pus assister au défilé de la petite caravane.

Défilé, dis-je; l'expression est assez exacte.

Tout d'abord, un peu en avant du cheval, marchait d'un pas ferme et le front bien levé, la jeune mère, — une femme brune, élancée, dont le profil, aux lignes droites et correctes, pouvait paraître quelque peu sévère, mais dont le visage, quand il était vu de face, recevait, d'un regard à la fois vif et profond, une sorte de rêveuse douceur.

Le mari, un grand et solide garçon, aux cheveux blonds, aux joues pâles, suivait à distance la voiture. Son allure était machinale. Il marchait la tête inclinée, comme sous le poids d'une active et difficile réflexion.

Puis venaient les enfants, — deux charmants espiègles — et leur ami l'épagneul, qui gambadait, qui aboyait autour d'eux, qui se dressait pour leur lécher les mains et le visage, et à qui, tout en marchant, le petit garçon et la petite fille faisaient

déjà répéter tout son répertoire d'amusants exercices.
Il valsait au commandement de beau ! Il bondissait
par-dessus le bras étendu de son petit maître, gobait
en l'air des bribes de pain, que lançait sa petite maîtresse... Que sais-je? — Et les enfants de rire, de
l'embrasser...

De temps en temps, le père se retournait pour les
appeler, quand ils s'attardaient trop. Et eux, alors de
courir : ce qui fournissait à Brillant un nouveau sujet
de folle et tapageuse manifestation.

Ils passèrent.

Le soir, à la nuit close, la curiosité me porta encore vers le bivouac des vanniers. J'y pensais trouver de la joie et du bruit. Point. Un fallot, suspendu
à l'une des voitures, jetait ses pauvres lueurs sur un
tableau silencieux et morne.

Près d'une table que desservait la jeune femme,
qui allait et venait d'un air automatique, était assis,
le chapeau sur les yeux, le jeune homme, qui paraissait tout occupé à contempler mélancoliquement la
petite fille, qui s'était endormie sur le dossier d'une
chaise.

La grand'mère, comme accroupie à deux pas de
là, tenait, appuyé contre elle, le petit garçon, avec
qui elle causait à voix basse. L'épagneul, le museau
posé sur un escabeau, dormait ou attendait qu'on le
gratifiât de quelques débris du repas.

Je ne vis pas le grand-père, mais je le rencontrai un peu plus loin, sur la route, fumant sa pipe à l'écart. Il me reconnut.

— Eh bien ! lui dis-je, vous avez vos enfants; vous devez être heureux ?

— Non; au contraire.

— Au contraire !

— Oui, car si la réunion d'aujourd'hui n'avait pas eu lieu, nous pourrions encore, en dépit de tout, ma femme et moi, garder l'espérance que le jour viendrait où nous retrouverions notre belle union d'autrefois; tandis qu'à présent, voyez-vous, c'est fini, bien fini !

— Eh quoi ! tout n'est donc pas oublié ! vous n'avez donc pas eu une explication franche et nette ?

— Non, monsieur, rien de tout cela. L'explication, vous le comprenez, ce n'était pas à nous à la provoquer. Et d'ailleurs nous aurions pu les en dispenser pour peu qu'il eût paru quelque abandon dans leur façon d'être avec nous, en arrivant..... Mais non : nous n'avons trouvé que réserve et contrainte. Sans le petit entrain des embrassades, du babil des enfants, ah ! quelle pénible journée !... Comme me disait ma femme tantôt, c'est à n'y rien comprendre : le fils et la bru semblent aussi gênés l'un que l'autre en face de nous.

Evidemment, après avoir eu, lui, la force d'exiger cette rencontre, — et Dieu sait que sans doute il a dû soutenir plus d'un rude combat pour qu'elle cède ! — une fois ici, c'est-à-dire quand il aurait fallu la faire s'excuser, s'expliquer, il ne s'est plus senti assez maître d'elle... Et voilà la raison de son embarras, de l'espèce de sauvagerie qu'il montre. Quant à elle, sa froideur, sa contrainte ont un motif aisé à deviner. Ce n'est pas sans souffrir dans son orgueil qu'elle a dû consentir à ce rapprochement qu'elle ne voulait pas. Elle n'est venue qu'à contre-cœur; mais, arrivée et voyant la faiblesse de son mari, elle n'est pas fâchée de laisser paraître une sorte de morgue. C'est la vengeance qu'elle tire de son mari et de nous.

Aussi vous comprenez si, de notre côté, nous avons pu nous abandonner au plaisir de les revoir !

Nous nous sommes trouvés comme eux gênés, embarrassés. J'ai bien vu que ma femme en était toute suffoquée. C'est pour la forme qu'elle a embrassé son fils ainsi que sa bru. Tout l'élan a tourné vers les enfants; heureusement, ils étaient là; sans eux, quelle contenance aurions-nous eue tous ?

Quoi qu'il en soit, demain, ils doivent repartir. Nous n'avons pas parlé, eux non plus, d'un autre rendez-vous. Tout bien réfléchi, j'ai hâte qu'ils soient loin. Après, à la garde du bon Dieu ! il en sera ce qu'il pourra de notre misérable existence !... »

« Et pourtant, — reprit le vieillard, après un silence douloureusement significatif. — je vous le dis du fond de mon cœur attristé; non, je ne peux pas croire ce que je vois. Ce n'est pas mon fils qui agit ainsi envers nous; ce n'est pas la douce jeune fille d'autrefois. Je me perds dans ces pensées. Mon vilain rêve, toujours mon vilain rêve !... Ah ! j'aurai été trop vain de mon bonheur: Dieu me fait maintenant payer cher cet orgueil... »

Et le pauvre vieux me quitta.

. . . .

Le lendemain, vers le milieu du jour, du seuil de notre porte, je pus voir que tout se préparait pour la séparation. Les deux voitures attendaient, mais tournées en sens contraire. Celle du fils allait reprendre le chemin qu'elle avait suivi la veille; celle du père viendrait traverser le village, pour gagner, au-delà, quelque localité voisine.

Vint le moment des adieux, qui, autant que je pus le comprendre, se ressentirent de cette même réserve, dont le vieillard m'avait parlé la veille. Entre le fils et la bru, le grand-père et la grand'mère, tout se passa avec une singulière froideur. A peine s'embrassa-t-on, à peine s'adressa-t-on quelques paroles. Mais les enfants étaient là pour sauver encore l'embarras de cette situation. Il y eut, grâce à eux, quelque mouvement, quelque animation dans ce départ

Chose étrauge! l'épagneul semblait manifester une véritable consternation, il allait et venait d'un équipage à l'autre, la tête basse, la queue pendante, le pas incertain.

La voiture du fils, dans laquelle les enfants étaient montés, quitta la place la première. De même que la veille, à la tête du cheval marchait la femme; derrière la voiture, le mari.

Je remarquai que le chien suivait aussi cette voiture, mais à distance, mais en conservant son allure morne et machinale. Nul n'y prenait garde, car les grands-parents, avec intention sans doute, pour ne pas tourner les yeux vers les partants, s'occupaient à inspecter leur attelage, et le fils paraissait, comme la veille, cheminer tout pensif.

Au moment de donner à son tour le signal du départ, le vieux vannier s'aperçut de l'absence du chien. Il chercha autour de lui, il appela, siffla. Mais il y avait longtemps déjà que l'épagneul avait disparu, au tournant de la route, sur les pas du fils.

Les deux vieillards parurent se consulter et se dire :

« Attendons, il va revenir sans doute; on le renverra. »

Ils attendirent, en effet; mais ce ne fut guère qu'an bout d'un quart d'heure environ que le chien reparut. Il revenait lentement, tristement.

Dès qu'il l'aperçut, le grand-père secoua la bride du bidet, qui se mit en marche.

Quelques instants après, comme l'humble attelage passait près de moi :

— Eh bien ! dis-je au vieillard, vous voilà donc partis ?

— Hélas ! oui, monsieur. Et plût à Dieu que nous ne fussions pas restés aussi longtemps. Nous emportons la mort au cœur.

Il avait la voix toute troublée, le brave homme, et de grosses larmes roulaient sur les joues de sa femme.

Je voulus essayer quelques paroles de consolation :

— Peut-être qu'à une prochaine rencontre...

La vieille ne m'en laissa pas dire davantage :

— Oh ! il n'y en aura pas d'autres : nous l'avons bien décidé !

— Bah ! vous reviendrez sur cette décision ; rancune de père et de mère n'est pas si tenace.

— Oui, reprit-elle : mais rancune de belle-fille, vous ne savez pas ce que c'est, vous n'imaginez pas de quoi est capable une... »

Le mari à son tour interrompit, qui venait d'arrêter brusquement le cheval :

— Oh ! vois donc, regarde donc, femme. Qu'est-ce qu'il a, notre pauvre Brillant ?

— Oh! mon Dieu ! s'écria la femme alarmée.

Exclamation bien motivée, car en ce moment l'épagneul, comme en proie à une sorte d'ivresse, de vertige, allait en long, en large du chemin, trébuchant, se relevant pour butter encore au premier pas, et prenant ensuite une course folle, qui s'achevait par une chute nouvelle.

Le mari et la femme se précipitent pour le saisir ; mais à plusieurs reprises, quand ils croient l'avoir arrêté, il leur échappe en se débattant, et court ou se jeter dans les roues de la voiture, ou heurter les murailles.

Enfin, il tombe sur le flanc, et reste haletant, la langue tirée, l'œil hagard.

Les vieillards veulent s'approcher : mais des gens qui sont sortis des maisons voisines les en empêchent.

— Prenez garde ! disent-ils ; si c'était la rage !

— Non, répond le vannier, j'ai vu des chiens enragés, ils ne sont pas ainsi ; et d'ailleurs, je suis sûr que, même étant enragé, Brillant me reconnaîtrait et ne me mordrait pas. Laissez-moi le prendre, le soigner. Je ne veux pas le voir souffrir sans rien faire pour le soulager.

Il va au chien, il se baisse sur lui, le flatte de la main, lui parle ; mais l'animal, qui ne semble ni le voir, ni l'entendre, se relève encore affolé et va s'abattre de l'autre côté de la rue, où il se tord dans de cruelles convulsions.

Une personne avisée a eu l'idée de courir aussitôt chez le maréchal-ferrant, qui a quelques notions de médecine vétérinaire, et qui demeure dans le voisinage. Celui-ci arrive, regarde l'animal et croit pouvoir affirmer qu'il est empoisonné.

— Empoisonné ! répète la vieille; et elle ajoute, les yeux au ciel, les mains écartées :

— Ah ! la malheureuse ! voilà comme elle se venge !

Mais, le vieux :

— Oh ! tais-toi, femme, tais-toi ! que vas-tu supposer? Non, le chien aura, sans savoir, mangé quelque mauvaise chose...

— Il est bien rare, observe le maréchal, qu'un animal, un chien surtout, s'empoisonne de son chef, par accident; l'instinct le préserve.

— Sans doute, dit la femme.

— On jette peut-être du poison dans les rues ici, dit encore le vieillard.

— Oh ! jamais ! repart le maréchal.

— Quoi qu'il en soit, que faire ?

Et l'artisan : « Pour répondre, il faudrait savoir quel poison il a pris. Je crois qu'en tout cas, nous pouvons lui faire avaler du lait. »

Une femme en apporta, et déjà l'on s'apprêtait à

administrer ce calmant, quand le pauvre animal, après s'être tordu dans un spasme plus fort et plus douloureux, rejeta, par la gorge, une sorte de boulette pâteuse, que le maréchal divisa, pour l'examiner, avec une bûchette trouvée à ses pieds.

— C'est certainement là qu'est le poison, dit-il; nous allons peut-être savoir... Et bientôt il reprit, en montrant quelque chose qui ressemblait à un grain de raisin noir à demi écrasé : « Voyez, ne dirait-on pas des fruits de *belle dame*, vous savez, de l'herbe qu'on appelle *empoisonneuse*... ? » (1).

— Mais oui, répondent plusieurs personnes.

— Il est bien évident, reprend le maréchal, que le chien n'aurait pas mangé ces fruits de lui-même; d'ailleurs, nous voyons qu'on les avait mêlés avec de la mie de pain.

— Je savais bien, murmura la veille femme. Ah ! elle nous avait bien dit que nous nous repentirions... Il lui fallait une revanche pour le dernier froissement de sa vanité.

Et elle resta à considérer, éplorée, le chien qui, la gueule ouverte et desséchée, l'œil tourné, la poitrine

---

(1) L'*Atropa belladone*, qui se trouve à l'état spontané dans beaucoup de nos champs, et qui produit des espèces de petites baies noires d'un goût douceâtre, lesquelles ont très-souvent causé de fâcheuses méprises.

haletante, paraissait livré aux plus atroces douleurs.

Le vieux semblait atterré, confondu...

— Attendez, reprit le maréchal ; il me souvient qu'un jour, mon jeune frère avait mangé de ces fruits ; le médecin qu'on appela le sauva avec de l'eau miellée et vinaigrée : qu'on en fasse donc au plus vite.

On se fut bientôt procuré ce mélange, dont on se mit à gorger le pauvre animal.

Et pendant qu'on s'évertuait à faire le possible pour le soulager, les deux vieillards regardaient, immobiles, comme rendus incapables d'agir par la profonde peine qu'ils éprouvaient à voir souffrir leur fidèle et cher compagnon. Par moments, j'entendais la femme répéter entre ses lèvres : « Oh ! la malheureuse ! la malheureuse ! » Une fois, elle ajouta : « Dieu la punira, il la frappera là où elle nous a frappés, au cœur. »

Alors le mari : « Oh ! tais toi ! ne songes-tu pas que pour qu'elle fût frappée au cœur, il faudrait que nous le fussions aussi ? Tous ceux qu'elle peut aimer, nous les aimons. »

Sur cette remarque, la femme sembla rentrer en elle-même, et regretter ses propos inconsidérés.

Cependant l'antidote employé commençait à produire quelques heureux effets ; les spasmes perdaient de leur violence, la respiration était moins pénible, la langue moins tirée, moins sèche ; et le maréchal, qui d'ailleurs continuait en personne l'administration du remède conseillé par lui, laissait entendre qu'il avait quelque espoir de sauver l'animal.

Tout cela, nous le savons, se passait en pleine rue du village ; une foule assez compacte s'était rassemblée, et faisait cercle autour du lit de paille sur lequel reposait le malheureux épagneul.

Voilà que, tout à coup, l'attention de cette foule fut détournée par un bruit de pas précipités. Un jeune homme, la tête nue, agitant les bras, portant les mains à son front d'un air désespéré, venait en courant sur la route.

Les deux vieillards, tout occupés de leur ami, furent les derniers à lever les yeux. Ils regardèrent enfin, au moment où l'on pouvait entendre le jeune homme, qui n'était plus qu'à une courte distance, crier d'une voix entrecoupée :

— Un médecin ! un médecin ! dites-moi, indiquez-moi où trouver un médecin ?

— Mon Dieu ! s'écria la grand'mère qui venait de reconnaître son fils, et qui s'était élancée au-devant de lui. Que dit-il ? Qu'y a-t-il ?

— Mes enfants ! mes pauvres enfants ! ils se meurent, mère, ils se meurent ! répond le jeune homme. Tous deux en même temps ; ils se tordent, ils délirent, ils crient, ils s'agitent. Nous ne savons pas ce que c'est ; un médecin nous dira... Où faut-il aller ?... Que faire ?

— Sans doute, dit le maréchal, ils auront mangé de ces mêmes fruits. C'est pourquoi, hâtons-nous ; le remède est, je crois, bon. Où sont ces enfants ?

— Dans une maison au haut de la montée, dit le père ; de bonnes gens nous ont fait entrer, quand ils ont vu notre chagrin.

— Eh bien ! reprend l'artisan, qu'on aille cependant chercher le médecin. Toi, Jacques (il s'adressait à un jeune garçon), cours, et dis au docteur de quoi il s'agit, pour qu'au besoin, il prenne avec lui quelques drogues.

Le garçon partit à toutes jambes.

Puis le maréchal, parlant à d'autres :

— Vous, continuez à donner de ce mélange au chien : il va déjà bien mieux. Quant à nous, allons...

Vingt personnes le suivent, en tête desquelles marchent les deux vieillards, qui semblent avoir oublié le poids des ans.

En arrivant dans la maison, nous voyons les deux enfants couchés sur un matelas qu'on a étendu par terre. Ils sont hâves, défaits, et une espèce de lourd balancement fait osciller leurs têtes sur l'oreiller où elles reposent.

« Eh bien ! eh bien ! demande, anxieux, le père à la jeune femme, qui se tient agenouillée, tremblante, près de ces petits êtres, que la mort semble avoir déjà marqués pour les prendre bientôt.

— Tu vois, répond-elle, les crises sont passées ; ils dorment, du moins on le dirait, car, est-ce un sommeil ?... Le médecin vient-il ?

— Il ne tardera pas sans doute, réplique l'artisan que le hasard a donné pour suppléant à l'homme de science ; mais en l'attendant, nous allons essayer quelque chose qui peut-être les soulagera.

On soulève les enfants ; mais ils se débattent aux mais qui les tiennent, comme impérieusement dominés par le besoin de retomber dans leur accablante torpeur. Ce n'est qu'à grand'peine qu'on entr'ouvre leur bouche, pour y glisser quelques cuillerées du breuvage, qu'ils rejettent avec des efforts effrayants.

Le maréchal branle piteusement la tête : la grand'mère le voit :

— O mon Dieu ! s'écria-t-elle, on ne les sauvera pas, le remède ne fera rien !

— Je ne dis pas cela, madame, se hâta de répliquer le brave homme ; mais je vois qu'il est impossible de leur faire rien avaler ; je pense qu'ils auront dû manger beaucoup de ces fruits, alors l'effet est plus fort ; la gorge est prise, l'eau ne passe pas ; d'ailleurs, vous comprenez, ce que j'en fais, moi, c'est

par simple souvenir, de ma propre idée ; il y a peut-
être d'autres moyens que je ne connais pas, mais
le médecin ne tardera pas sans doute; le bourg n'est
pas loin.

— Ne nous lassons pas encore, dit à son tour le
grand-père, qui, aidé de plusieurs personnes, recom-
mence les tentatives, mais sans plus de résultats ;
car, en voulant contraindre les pauvrets à recevoir
le liquide bienfaisant, on ne parvient qu'à leur causer de douloureuses suffocations.

On les laisse.

« Ainsi, dit avec une déchirante expression la
jeune mère, qui joint ses mains crispées, il n'y a
donc qu'à les regarder mourir. Rien, on ne pourra
donc rien faire ! »

Et elle reste accablée, anéantie, les yeux fixés sur
ces visages blafards, tirés, creusés par la souffrance.

Et, comme la plupart des assistants ne peuvent
que partager ou admettre son désespoir, il s'établit
autour des deux petits patients, livrés au seul secours de la nature, un cercle de gens immobiles, silencieux.

Les deux vieillards, agenouillés au pied de la
couche où sont étendus les enfants, pleurent la face
dans leurs mains. Le père est debout, les bras croi-
sés, le front courbé. On dirait qu'il ne ressent aucune
émotion, car alors ses yeux sont secs, et les muscles
de son visage ont comme une stupide rigidité.

Mais tout à coup, éclatant en sanglots :

« Mes pauvres enfants! s'écria t-il, la mort me les prend! C'est fini, c'est fini ! »

Puis, après une pause douloureuse, et, d'une voix sombre, profonde :

« Ah ! je l'ai bien mérité ! Dieu est juste, c'est le châtiment! »

Sur ces mots, les deux vieillards se sont vivement relevés et le regardent. Sa femme court à lui et, jetant ses bras autour de son cou, semble vouloir lui commander le silence. Mais il s'échappe doucement à cette étreinte et, avec une navrante solennité : « Oh! tous peuvent m'entendre! reprend-il; mais l'aveu devant tous ne suffira pas à laver ma faute. Oui, c'est le châtiment. J'ai fait pleurer ma mère! et la sotte honte m'a retenu, je n'ai pas osé m'humilier. Je n'ai su que fuir. Je n'ai pas voulu écouter la voix qui me disait : « Va, accuse-toi, et tu seras pardonné. » Je n'ai pas même voulu que ce pardon fût demandé en mon nom. Et Dieu a fait comme ma mère, il ne m'a jamais pardonné! Dieu est juste. Malédiction sur qui fait pleurer sa mère. La malédiction est sur moi depuis ce jour. »

Les sanglots lui coupent la parole.

Cependant la vieille femme était allée près de son fils :

— Enfant, que dis-tu? de quoi parles-tu? lui de-

mande-t-elle, en paraissant faire un pénible et difficile effort de réflexion, je ne comprends pas, je ne
sais pas... Qui, moi, je ne t'ai pas pardonné? Qui,
moi, je t'ai maudit?... Oh! sûrement, le chagrin
trouble ta raison. Oui, j'ai pleuré un jour, mais ce
jour est loin, oublié. Crois-tu donc qu'on ait tant de
mémoire pour les fautes des enfants? Ah! tu devrais
bien par toi-même savoir que non. Moi, te garder
rancune! moi, te maudire! Ah!...

Et, prenant dans ses deux mains la tête du jeune
homme, qui s'était humblement incliné devant elle,
elle couvrait son visage de longs et bruyants baisers.

Alors le grand-père douloureusement:

— Un mot que j'ai dit à tout fait. C'est moi le
coupable. Pauvre enfant! qu'il a dû souffrir!

— Oh oui! soupire le fils. Oh! j'ai été bien puni!

Puis la grand'mère, montrant la jeune femme, en
ce moment penchée sur les enfants, dont l'un venait
de faire un mouvement convulsif: « Et moi qui
l'accusais, murmura-t-elle à l'oreille de son fils —
moi qui la jugeais ingrate, méchante!...

— Elle, dit le fils avec une pénible stupéfaction,
elle! Oh! que ne l'ai-je écoutée! que n'ai-je cédé à
ses prières! que n'ai-je eu pitié de son chagrin!
Mais je l'ai rebutée, mais j'ai été méchant avec elle,
parce que j'avais été méchant avec vous. Lorsque,

enfin, elle l'a emporté sur moi, pour me ramener ici, que ne l'ai-je laissée agir comme elle voulait! mais non, je lui avais défendu de parler, de s'humilier pour moi, car je comptais savoir, pouvoir le faire... Et je n'ai pas su, je n'ai pas pu; la honte m'accablait; j'étais fou! En arrivant ici, j'ai cru voir que rien n'était oublié, que vous me haïssiez. Ma tête s'est perdue davantage; j'ai regretté d'être venu. J'ai voulu encore une fois partir la nuit. Elle m'a retenu... mais le lendemain, nouveaux efforts perdus... Je l'ai menacée, si elle parlait... Elle m'a obéi en pleurant. — Et vous l'avez pu soupçonner!... Et voilà qu'elle partage mon châtiment! Voyez! voilà qu'elle n'a plus que deux pauvres cadavres à embrasser! »

Le jeune homme, qui se frappait le front, avait parlé ainsi, parce qu'il avait vu sa femme frémir en posant ses lèvres sur celles des enfants.

La jeune mère n'avait rien entendu. En se retournant, elle trouva la vieille femme qui lui dit, agenouillée à côté d'elle : « Ma fille, ma chère, ma bien-aimée fille, pardonne-moi! »

Comme si une vision impossible l'eût tout à coup frappée, la jeune femme resta d'abord ébahie, les bras écartés, le regard effaré; mais bientôt on la vit, comme effrayée par le spectacle d'une profanation, étreindre l'aïeule dans ses bras et la relever, en se redressant dans un impétueux élan; puis, lui prenant les mains, qu'elle baisa pieusement : « Oh ! il me semble qu'à présent Dieu m'entendra mieux, fitelle, avec une sorte de fervent et heureux transport ; merci, mère, merci ! »

Et elle retomba sur ses genoux et parut prier, tout en couvant des yeux les deux petits êtres, toujours plongés dans leur sinistre torpeur...

En ce moment, le pas d'un cheval retentit et s'arrêta au dehors :

— C'est le médecin !... dirent plusieurs voix.

On s'écarta, on se serra pour livrer passage au docteur, qui s'approcha des enfants et les examina en homme qui n'a pas à questionner sur les causes de l'accident. Il toucha le visage, mit la main sur la poitrine, prit le pouls et dit :

— Plus de convulsions, n'est-ce pas ? Quelques secousses nerveuses seulement en dormant ?

— Oui, répondit la mère, mais quel sommeil !

— C'est le dernier effet du poison, madame.

— Leurs lèvres sont déjà froides, reprit la jeune femme, sur qui les paroles du médecin venaient de produire une terrible commotion.

— Oui, mais le pouls n'est pas mauvais. Tranquillisez-vous, madame. Evidemment, la dose n'était pas forte. Tout danger est passé. Quelques soins les remettront. Nous allons faire ce qu'il faut.

En se jetant au cou de la grand'mère, la jeune femme s'évanouit.

Nous l'emportâmes dehors, et nous l'assîmes sur le banc de pierre à côté de la porte. Elle ne tarda pas à reprendre ses sens, et elle voulait aussitôt retourner auprès de ses enfants ; mais le mari nous pria de la retenir, pour la soustraire à de nouvelles émotions, et il venait de temps en temps lui annoncer les bons résultats des soins dirigés par le médecin.

Quand on lui permit de rentrer, la mère put voir une coloration normale revenue au visage des enfants, qui ne semblaient plus dormir que d'une sorte de demi-sommeil. Et, d'ailleurs, quand elle se baissa sur eux pour les embrasser, ils entr'ouvrirent d'eux-mêmes leurs paupières encore alourdies, et laissèrent voir le tranquille éclat d'un regard intelligent.

L'effet soporifique de la substance vénéneuse allait s'affaiblissant peu à peu.

Deux heures environ après l'arrivée du médecin, le petit garçon se mettait sur son séant, cherchant, tout étonné, à comprendre ce qui s'était passé. La petite fille ne tarda pas à l'imiter.

Et comme le père, la mère et les grands-parents, agenouillés autour d'eux, les couvraient à l'envi de baisers, les comblaient de caresses, tout à coup le pour le jour où ils auraient donné dans le travers.

— C'est bien pensé, lui disais-je.

Et il me répliquait avec une douce fierté :

— C'est que, voyez-vous, elle a autant de droiture dans l'esprit que de bonté dans le cœur, notre fille ! »

FIN

TABLE

Le Secret de Marguerite. 1

La Moissonneuse 175

Les Vanniers. 311

DOLE, IMPRIMERIE BLUZET-QUINIER

9 782011 934895